Die Kompetenzverteilung zwischen Verwaltung und Hauptversammlung bei Strukturänderungen im deutschen und englischen Aktienrecht

# Europäische Hochschulschriften

Publications Universitaires Européennes
European University Studies

**Reihe II**
**Rechtswissenschaft**

Série II Series II
Droit
Law

**Bd./Vol. 4554**

PETER LANG
Frankfurt am Main · Berlin · Bern · Bruxelles · New York · Oxford · Wien

Sven Labudda

# Die Kompetenzverteilung zwischen Verwaltung und Hauptversammlung bei Strukturänderungen im deutschen und englischen Aktienrecht

PETER LANG
Internationaler Verlag der Wissenschaften

**Bibliografische Information der Deutschen Nationalbibliothek**
Die Deutsche Nationalbibliothek verzeichnet diese Publikation in der Deutschen Nationalbibliografie; detaillierte bibliografische Daten sind im Internet über <http://www.d-nb.de> abrufbar.

Zugl.: Münster (Westfalen), Univ., Diss., 2006

D 6
ISSN 0531-7312
ISBN 978-3-631-56614-5



www.peterlang.de

Meiner Familie

# VORWORT

Die vorliegende Arbeit wurde im Wintersemester 2006 von der Rechtswissenschaftlichen Fakultät der Westfälischen Wilhelms-Universität zu Münster als Dissertation angenommen.
Gesetzgebung, Rechtsprechung und Literatur konnten bis März 2006 berücksichtigt werden.

Meinem verehrten Doktorvater, Herrn Professor Dr. Thomas Lundmark, danke ich recht herzlich für die wissenschaftliche Betreuung und Förderung der Arbeit. Bei Herrn Professor Dr. Wolfram Timm möchte ich mich für die freundliche Übernahme des Zweitgutachtens bedanken.

Den Herren Rechtsanwälten Dr. Tobias Empting, Dr. Daniel Tiwisina sowie Herrn Dipl.-Chem. Dr. Thorsten Hanhoff danke ich für die Unterstützung bei der abschließenden Korrekturdurchsicht der Arbeit. Bei Herrn Rechtsanwalt Axel Rinjes, LL.M. bedanke ich mich für die freundschaftlichen und aufmunternden Gespräche sowie gewinnbringenden Diskussionen während der gesamten Promotionszeit.

Besonderer Dank gebührt meinen lieben Eltern, die mich über die langen Jahre meiner Ausbildung finanziell unterstützt und auch in aller sonstigen Weise gefordert haben. Den größten Dank aber möchte ich gegenüber meiner lieben Frau Linda aussprechen, die mir immer mit großer Geduld und unzerstörbaren Optimismus zur Seite stand. Meinen Eltern, insbesondere meiner Mutter, welche die Fertigstellung dieser Arbeit leider nicht mehr erleben konnte, sowie meiner Frau und meinem Sohn Nils möchte ich deshalb diese Arbeit widmen.

Frankfurt a.M., im Januar 2007

*Sven Labudda*

# INHALTSÜBERSICHT

# INHALTSVERZEICHNIS

## ABKÜRZUNGSVERZEICHNIS

**A**

A.A./a.A. ........................ andere Auffassung
ABl EG .......................... Amtsblatt der Europäischen Gemeinschaften
Abs. .............................. Absatz
A.C. .............................. Appeal Cases
a.E. ............................... am Ende
a.F. ............................... alte Fassung
AG ................................ Aktiengesellschaft, Die Aktiengesellschaft (Zeitschrift)
AktG.............................. Aktiengesetz (v. 6.10.1965, BGBl. I S. 1089, in der heute geltenden Fassung)
All E.R. .......................... All England Law Reports
Allg. A./allg. A. ........... allgemeine Auffassung
Alt. ............................... Alternative
Anh. .............................. Anhang
App.Cas. ....................... Appeal Cases
Arbeitshdb/HV ............. Arbeitshandbuch der Hauptversammlung
Art. ............................... Artikel
Az. ................................ Aktenzeichen

**B**

BB ................................ Betriebs-Berater (Zeitschrift)
B.C.C. .......................... British Company Law Cases
B.C.L.C. ....................... Butterworth Company Law Cases
Bd. ................................ Band
BDI ............................... Bundesverband der Deutschen Industrie e.V.
BegrRegE...................... Begründung Regierungsentwurf
BGB ............................. Bürgerliches Gesetzbuch (v. 18.8.1896, RGBl. S. 195, in der heute geltenden Fassung)
BGBl. ........................... Bundesgesetzblatt
BGH ............................. Bundesgerichtshof
BGHZ .......................... Entscheidungen des Bundesgerichtshofs in Zivilsachen (Entscheidungssammlung)

BörsG ............................ Börsengesetz (v. 21.6.2001, BGBl. I S. 2010, in der heute geltenden Fassung)
BörsO FWB .................. Börsenordnung für die Frankfurter Wertpapierbörse (Stand: 1.7.2005)
bspw. ............................ beispielsweise
BT-Drucks. .................. Bundestags-Drucksache
BVerfGE ...................... Entscheidungen des Bundesverfassungsgerichts (Entscheidungssammlung)
bzgl. ............................. bezüglich
bzw. ............................. beziehungsweise

**C**
C.A. .............................. Court of Appeal
CA 1985 ....................... Company Act 1985
CEO .............................. Chief Executive Officer
Ch. ................................ Chancery Division (Third Series)
Ch.App. ........................ Chancery Appeal Cases
Ch.D. ............................ Chancery Division (Second Series)

**D**
DB ................................ Der Betrieb (Zeitschrift)
Ders./ders. .................... Derselbe
d.h. ............................... das heißt
DStR ............................ Deutsches Steuerrecht (Zeitschrift)
DTI ............................... Department of Trade and Industry
DIHK ............................ Deutscher Industrie- und Handelskammertag

**E**
EGAktG ........................ Einführungsgesetz zum Aktiengesetz (v. 6.9.1965, BGBl. I S. 1185, in der heute geltenden Fassung)
EG-Komm.-Doc...........
Einl. ............................. Einleitung
EL ................................ Ergänzungslieferung
EU ................................ Europäische Union
EWG ............................ Europäische Wirtschaftsgemeinschaft

**F**

f ..................................... folgende, folgender
FAZ ................................... Frankfurter Allgemeine Zeitung
ff ...................................... folgende
Fn. .................................... Fußnote
FS ..................................... Festschrift
FSA ................................... Financial Service Authority
FSMA ................................. Financial Service and Markets Act

**G**

gem. .................................. gemäß
GG .................................... Grundgesetz für die Bundesrepublik Deutschland (v. 23.5.1949, BGBl. S. 1, in der heute geltenden Fassung)
GmbH ................................ Gesellschaft mit beschränkter Haftung
GmbHG ............................. Gesetz betreffend die Gesellschaften mit beschränkter Haftung (v. 20.4.1892, RGBl. S. 477, in der heute geltenden Fassung)
GmbH & Co. KG .......... Gesellschaft mit beschränkter Haftung und Compagnie (Kommanditgesellschaft)
Großkomm/AktG .......... Großkommentar zum Aktiengesetz

**H**

H.L. ................................... House of Lords
h.M. ................................... herrschende Meinung
Hrsg. ................................. Herausgeber
hrsg. .................................. herausgegeben
HS. .................................... Halbsatz

**I**

IA 1986 ............................ Insolvency Act 1986
i.d.R. ................................. in der Regel
i.E. .................................... im Ergebnis
InsO .................................. Insolvenzordnung (v. 5.10.1994, BGBl. I S. 2866, in der heute geltenden Fassung)

i.S.d. ............................ im Sinne des/der

i.S.v. ............................ im Sinne von
i.V.m. ........................... in Verbindung mit

**J**
JZ.................................. Juristen Zeitung

**K**
K.B. .............................. King's Bench Devision
KG................................. Kammergericht, Kommanditgesellschaft
KGaA ............................ Kommanditgesellschaft auf Aktien
KölnerKomm/AktG ...... Kölner Kommentar zum Aktiengesetz
KölnerKomm/WpÜG ... Kölner Kommentar zum WpÜG
KonzernR...................... Konzernrecht
KStG ............................ Körperschaftssteuergesetz (v. 31.8.1976, BGBl I S. 2597, 2599, in der heute geltenden Fassung)

**L**
LG ................................. Landgericht
L.R. ............................. Law Report's

**M**
MünchHdb/AG ............. Münchener Handbuch zum Aktienrecht
MünchHdbGesR/AG .... Münchener Handbuch zum Gesellschaftsrecht: Band 4: Aktiengesellschaft
MünchKomm/AktG...... Münchener Kommentar zum Aktiengesetz
m.w.N. ......................... mit weiteren Nachweisen

**N**
NJW ............................ Neue Juristische Wochenschrift (Zeitschrift); früher: Juristische Wochenschrift (JW)
Nr. ............................... Nummer
NZG ............................ Neue Zeitschrift für Gesellschaftsrecht; früher: Wirtschaftliche Beratung (WiB)

**O**

OLG .............................. Oberlandesgericht

**P**

Para. .............................. Paragraph
P.L. .............................. Privy Council

**R**

RegE .............................. Regierungsentwurf
RGBl. .............................. Reichsgesetzblatt
RGZ .............................. Entscheidungen des Reichsgerichts in Zivilsachen (Entscheidungssammlung)
RIS .............................. Regulatory Information Services
RIW/AWD .............................. Recht der Internationalen Wirtschaft (Zeitschrift)
RL .............................. Richtlinie
Rn. .............................. Randnummer

**S**

S. .............................. Seite, Satz
s. .............................. siehe
S.C. .............................. Supreme Court, Session Cases
s.o. .............................. siehe oben
Sec. .............................. Section
SIPs .............................. Secondary Information Providers
sog. .............................. so genannt
SpruchG .............................. Spruchverfahrensgesetz (v. 12.6.2003 BGBl I S. 838, in der heute geltenden Fassung)
str. .............................. streitig

**T**

TransPubG .............................. Transparenz- und Publizitätsgesetz

**U**

u. .............................. und
u.a. .............................. unter anderem

UK ................................ United Kingdom
UKLA ............................ United Kingdom Listing Authority
UmwG............................ Umwandlungsgesetz (v. 28.10.1994, BGBL. I S. 3210, in der heute geltenden Fassung)

UmWR........................... Umwandlungsrecht
u.s.w. ............................. und so weiter

**V**

v. .................................... von, vom, vor, versus
vgl. ................................ vergleiche
Vorb. ............................. Vorbemerkung

**W**

W.L.R. ........................... Weekly Law Reports
WM ................................ Wertpapier-Mitteilungen (Zeitschrift)
WpHG............................ Gesetz über den Wertpapierhandel (v. 26.6.1994 BGBl. I S. 1794, in der heute geltenden Fassung)
WpÜG............................ Wertpapiererwerbs- und Übernahmegesetz (v. 20.12.2001, BGBl. I S. 3822, in der heute geltenden Fassung)

**Z**

z.B. ................................ zum Beispiel
ZBB................................ Zeitschrift für Bankrecht und Bankwirtschaft (Zeitschrift)
ZGR ............................... Zeitschrift für Unternehmens- und Gesellschaftsrecht (Zeitschrift)
ZHR .............................. Zeitschrift für das gesamte Handels- und Wirtschaftsrecht
ZIP ................................ Zeitschrift für Wirtschaftsrecht und Insolvenzrechtspraxis

# FÄLLE

# Teil 1. Einführung und Problemstellung

## A. Einleitung

Die in der jüngeren Vergangenheit aufgetretenen Bilanzskandale wie bei FlowTex und spektakulären Unternehmensinsolvenzen, auch von großen Traditionsunternehmen wie der Philip Holzmann AG oder der Walter Bau AG, werfen die zuvor schon oft gestellte Frage der Kontrollmöglichkeiten der Aktionäre in einer Aktiengesellschaft wieder verstärkt auf.

Kontrolle bedeutet dabei unter anderem der Schutz der Aktionäre hinsichtlich ihres getätigten Investments. Besonders gefährdet und deshalb schutzwürdig sind die Minderheits- und Kleinaktionäre, da deren Kontrollmöglichkeiten aufgrund ihres geringen Anteils oftmals gegen Null tendieren. Dieses ist insbesondere aufgrund der Entwicklung des deutschen Kapitalmarkts in den letzten Jahren bedenklich. Hatten 1997 erst 8,9% der Bürger in Aktien und Aktienfonds investiert, so sind es im Jahre 2004 bereits 16,2%[1], angetrieben durch die Ergänzung der traditionellen Altersvorsorge und sog. „Volksaktien" wie z.B. die „T-Aktie". Die Auflösung der zuvor bestehende „Deutschland AG", in der fast jede größere Kapitalgesellschaft an den Anderen irgendeine Beteiligung hielt, tat ihr Weiteres. Zudem strebten in den Jahren 2000 und 2001 immer mehr vorwiegend junge und innovative Unternehmen, häufig mit übertriebenen Erwartungen an den Markt und dessen Entwicklung, an die Börse. Der deutsche Kapitalmarkt nähert sich daher in seiner Struktur immer mehr den angelsächsischen Kapitalmärkten an, die durch eine Vielzahl von Publikumsgesellschaften mit einer Vielzahl von Aktionären geprägt sind. Dagegen war für den deutschen Aktienmarkt bisher die Gesellschaft mit dominanten Großaktionären typisch. Diese Entwicklung führt dazu, dass in Deutschland zu dem Problemkreis von Mehrheit und Minderheit hinsichtlich der Kontrolle der Mehrheitsmacht, die Frage der Kontrolle des Managements

[1] Zahlen aus Deutschen Aktieninstitut (DAI), DAI-Factbook, Frankfurt am Main 2004.

durch die Anteilseigner hinzukommt. Schwierigkeiten bei der Kontrolle des Managements spielten bislang nur für die angelsächsischen Kapitalmärkte mit ihren typischen Publikumsgesellschaften und deren Aktien im Streubesitz eine größere Rolle. Das erhöhte Aufkommen von Publikumsgesellschaften auch in Deutschland und eine damit verbundene Machtverschiebung zum Management hin, verlangt nun auch eine Möglichkeit der verschärften Kontrolle dieses Managements durch die Aktionäre in Deutschland.

Ein Bedürfnis für eine Kontrolle sieht man gerade in der letzten Zeit an den spektakulären Unternehmensinsolvenzen, häufig eingeleitet durch schweres Missmanagement, und der damit in Gang gesetzten Diskussion über ein Corporate Governance System und der Einführung eines solchen Systems in das Aktiengesetz. Trotz dieser Diskussion und Einführung eines solchen Systems stellt sich nach wie vor die Frage, welche Instrumente der Aktionär neben dem Corporate Governance System besitzt, um das Management wirksam zu kontrollieren.

Dabei sind das Kontrollinteresse der Aktionäre für Ihre Investition auf der einen Seite und die Gestaltungs- und Entscheidungsfreiheit des Managements auf der anderen Seite gegeneinander abzuwägen. Wird die Geschäftsführungskompetenz des Managements zulasten der Kontrolle der Aktionäre zu weit eingeschränkt, kommt der Geschäftsbetrieb früher oder später zum erliegen. Dadurch würde wiederum die Investition der Aktionäre als Eigentümer der Gesellschaft gefährdet. Fraglich ist auch, ob der einzelne Aktionär die Fähigkeit und das Interesse besitzt, das Management wirksam zu kontrollieren oder ob andere Kontrollgremien nicht eher im Stande sind eine solche Kontrolle wirksam durchzuführen.

Im Aktiengesetz und Umwandlungsgesetz gibt es eine Vielzahl von Vorschriften, die eine Beteiligung der Hauptversammlung und damit der Aktionäre an bestimmten Maßnahmen vorsehen. Zudem ist die Anfechtungsklage des Aktionärs ein wichtiges Kontrollinstrument, mit dem der einzelne Aktionär seinen Einfluss in der Aktiengesellschaft geltend machen und Hauptversammlungsbeschlüsse gerichtlich angehen kann. Was aber, wenn der Vorstand vorbei an der Hauptversammlung, d.h. ohne das Wissen und die Befragung der Anteilseigner entscheidet? Diese Problematik ist vom Gesetzgeber des Aktiengesetzes nicht geregelt worden. Durch die „Holzmüller"- oder auch „Seehafenbetrieb"-Entscheidung des BGH[2] billigte dieser dem einzelnen Aktionär ein Klagerecht auf Überprüfung und Feststellung zu, dass grundlegende Geschäftsangelegenheiten der Hauptversammlung vorzulegen sind, wenn sie „(...) so tief in die Mitgliedschaftsrechte der Aktionäre und deren im Anteilseigentum verkörpertes Vermögensinteresse eingreifen, dass der Vorstand vernünftigerweise nicht annehmen kann, er dürfe sie in ausschließlicher eigener Verantwortung treffen, ohne die Hauptversammlung zu beteiligen."[3].

Diese Entscheidung wurde nunmehr, nach 22 Jahren durch zwei weitere parallele Entscheidungen des BGH in den Grundsätzen bestätigt.[4] In diesen sog. „Gelatine"-Entscheidungen konkretisierte der BGH die Voraussetzungen für einen Eingriff in die Mitgliedschaftsrechte der Aktionäre und stellte sich teilweise gegen die in der untergerichtlichen Rechtsprechung und Literatur entwickelten Tendenzen, die nach der „Holzmüller"-Entscheidung entstanden waren. Trotz teilweiser Konkretisierung, führte der BGH weder die einzelnen Geschäftsführungsmaßnahmen auf, die qualitativ eine Entscheidungszuständigkeit der Hauptversammlung begründen können, noch hat er eine exakte Prozentschwelle und die Parameter für die Bestimmung der quantitativen Eingriffsgrenzen festgelegt. Qualitativ wurde von Instanzgerichten und der Literatur eine „Holzmüller"-Kompetenz der Hauptversammlung auf weitere in den Entscheidungen des BGH nicht ausdrücklich erwähnten Sachverhalten, wie z.B. die Veräußerung und der Erwerb nennenswerter Unternehmensbeteiligungen, die erstmalige Börsennotierung einer Aktiengesellschaft oder deren Tochtergesellschaften sowie eine Konzernbildungskontrolle ausgeweitet. Quantitativ gab es Prozentschwellenwerte, die von 10% bis 75% gemessen an

---

[2] vgl. BGHZ 83, S. 122ff.

[3] BGHZ 83, S. 122, 131.

[4] vgl. BGHZ 159, S. 30ff.

unterschiedlichsten Unternehmenskennzahlen wie bspw. der Bilanzsumme oder dem Umsatz reichten.

Klarheit besteht mittlerweile einzig und allein darüber, dass ein entsprechendes Erfordernis einer Mitwirkung der Hauptversammlung in bestimmten nicht ausdrücklich im Aktiengesetz geregelten Bereichen zu bejahen ist.

Trotzdem ist, auch nach den „Gelatine"-Entscheidungen des BGH, weder die Frage nach der Höhe der Eingriffsschwelle geklärt jenseits der die Alleinentscheidungskompetenz des Vorstands endet, noch welche Maßnahmen unter die ungeschriebenen Hauptversammlungskompetenzen fallen.

Auch der Gesetzgeber ist bislang in diesem Bereich, trotz der Kenntnis der Problematik, nicht tätig geworden. So hat er die zuvor erwähnten außerordentlichen Hauptversammlungskompetenzen in dem in großen Teilen den Empfehlungen des Berichts der Regierungskommission Corporate Governance folgenden Entwurf des Gesetzes zur Unternehmensintegrität und Modernisierung des Anfechtungsrechts (UMAG) nicht geregelt. In dem Bericht der Regierungskommission Corporate Governance heißt es dazu: „Die Regierungskommission ist in Anbetracht dessen nach reiflicher Überlegung zu dem Ergebnis gelangt, dass von einer Empfehlung zur gesetzlichen Regelung der Holzmüller-Problematik abgesehen, und die weitere Präzisierung dieser Grundsätze wie bisher und wie im US-amerikanischen Recht der wissenschaftlichen Literatur und der Rechtsprechung überlassen bleiben sollen."[5]
In den auf die „Holzmüller"-Entscheidung folgenden Jahren haben sich Wissenschaft und Praxis umfangreich den oben beschriebenen Problemen der ungeschriebenen Hauptversammlungskompetenzen angenommen. Dabei wurde anhand von unterschiedlichsten Ansatzpunkten auf die „Holzmüller"-Rechtsprechung Bezug genommen und diese jeweils unterschiedlich interpre-

[5] vgl. Baums, Bericht der Regierungskommission, S. 123, Rn. 82 a.E.

tiert.[6] Teilweise wurde sie dem neuen Umwandlungsrecht gegenübergestellt,[7] teilweise als Grundlagenentscheidung zur Weiterentwicklung des Konzernrechts bemüht.[8] Auch die „Gelatine“-Entscheidungen haben bereits ein Echo in der Literatur gefunden.[9] Trotz alledem sind weiterhin viele Fragen bei der Abgrenzung der Vorstands- und Hauptversammlungszuständigkeiten ungeklärt. Zudem existiert keine grundsätzliche monographische rechtsvergleichende Arbeit zu diesem Themenkomplex.

## B. Gegenstand der Untersuchung und Zielsetzung

Diese Arbeit hat die Reichweite von Verwaltungskompetenzen bei Strukturänderungen unter besonderer Berücksichtigung der „Holzmüller“-Doktrin und der daran anknüpfenden Rechtsprechung zum Untersuchungsgegenstand. Der Vorstand wird zusammen mit dem Aufsichtsrat auch als Verwaltung der Aktiengesellschaft bezeichnet.[10] Dabei konzentriert sich diese Untersuchung allerdings auf den Vorstand als Verwaltungsorgan.

Unter Strukturänderungen werden dabei - in Anlehnung an *Wiedemann* - alle Angelegenheiten einer Gesellschaft verstanden, die die Organisation und den Aufbau der Gesellschaft als solche unmittelbar berühren und neu festlegen.[11] Wiedemann verwendete dabei allerdings diesen Begriff enger, da er unter Strukturänderungen nur identitätswahrende Maßnahmen versteht. Der hier verwendete Begriff der Strukturänderung geht aber weiter, da er auch identitätsaufhebende Maßnahmen, wie etwa die Verschmelzung, die Aufspaltung oder Auflösung erfassen soll. Eine gesetzliche Definition des Begriffes Struk-

---

[6] Zu einem Überblick über den Stand der Diskussion s. etwa Kubis, in: MünchKomm/AktG § 119 AktG, Rn. 31ff, m.w.N.; Mülbert, in: Großkomm/AktG § 119, Rn. 17ff, m.w.N.

[7] vgl. Dietz, Die Ausgliederung.

[8] vgl. Ebenroth, Konzernbildungs- und Konzernleitungskontrolle; Wahlers, Konzernbildungskontrolle; Obst, Der Schutz des Kleinaktionärs.

[9] siehe etwa Reichert, AG 2005, S. 150ff; Habersack, AG 2005, S. 137ff; Altmeppen, ZIP 2004, S. 999ff; Bungert, BB 2004, S. 1345ff; Fleischer, NJW 2004, S. 2335ff, Fuhrmann, AG 2004, S. 339ff; Liebscher, ZGR 2005, S. 1ff.

[10] vgl. Wiesner, in: MünchHdbGesR/AG, § 19, Rn. 1.

[11] vgl. Wiedemann, Gesellschaftsrecht I, § 3 I 3., S. 154.

turänderungen existiert nicht.[12] In der Literatur werden Strukturänderungen im hier gemeinten Sinn auch als Strukturmaßnahmen[13] oder Strukturentscheidungen[14] bezeichnet. Da es sich aber um grundlegende Maßnahmen der Reorganisation der Gesellschaft handelt, ist jedoch der Begriff Strukturänderung treffender. Unter den hier verwendeten Begriff Strukturänderung fallen somit u.a. die Satzungsänderung, Vermögensübertragung, Auflösung, Eingliederung, Verschmelzung, Spaltung, Ausgliederung und der Abschluss von Unternehmensverträgen. Weiterhin sind darunter auch die ungeschriebenen Hauptversammlungskompetenzen nach der „Holzmüller"-Rechtsprechung zu fassen, da sie nach der Begründung des Bundesgerichtshofs so tief in die Mitgliedschaftsrechte und das Anteilseigentum der Aktionäre eingreifen, dass der Vorstand die Hauptversammlung wie bei den übrigen Strukturänderungen zu beteiligen hat. Satzungsänderungen fallen ebenfalls unter den Begriff Strukturänderung, wenn durch sie die Organisation oder der Aufbau der Gesellschaft berührt wird, wie insbesondere bei einer Änderung des Unternehmensgegenstandes. Zudem haben sonstige Strukturänderungen fast immer eine Satzungsänderung zur Folge.

Die Untersuchung soll unter anderem herausarbeiten, wie eine Kompetenzabgrenzung zwischen Vorstand und Hauptversammlung bei „Holzmüller"-Fällen erfolgen kann und wann der Vorstand die Hauptversammlung bei seiner Entscheidungsfindung mit einzubeziehen hat.

Dazu sind unter anderem die Aktionärsinteressen und deren bestmögliche Verwirklichung aufzuzeigen und zu untersuchen. Dort ist insbesondere zu berücksichtigen, ob ein Interesse und die Fähigkeit der Aktionäre als Investoren bestehen, Strukturänderungen zu beurteilen und mitbestimmen zu können. Ist

---

[12] Der Begriff „Strukturänderung" findet sich bei Geßler, in: Geßler/Hefermehl, AktG, § 291, Rn. 35; Westermann, FS Semler, S. 651, 670; Henze, FS Boujong, S. 233, 237; Decher, ZHR 158 (1994), S. 473, 492; Wiedemann, in: Großkomm/AktG, § 179, Rn. 45ff; Kort, Bestandschutz, S. 1ff.

[13] vgl. Timm, ZGR 1987, S. 403, 426ff; Hirte, DB 1993, S. 77.

[14] vgl. Schmidt, ZGR 1997, S. 493, 494.

ein Interesse an und eine Fähigkeit zur Beurteilung von Strukturänderungen generell zu verneinen, sollte die Entscheidung über solche Maßnahmen dem Vorstand vorbehalten sein.

Da sich die obigen Probleme der Kompetenzverteilung nur in Publikumsgesellschaften ergeben, beschränkt sich diese Untersuchung auf die Form der Aktiengesellschaft. Publikumsgesellschaften sind Handelsunternehmen, die zur Kapitalbeschaffung Mitgliedschaftsrechte auf dem öffentlichen Kapitalmarkt verkaufen. Sie sind auf einen beliebigen Mitgliederkreis zugeschnitten und ihre Anteile sind in der Regel frei übertragbar.[15] Grund für eine spezielle Problematik der Kompetenzverteilung in Publikumsgesellschaften ist das Auseinanderfallen von Eigentum und Kontrolle,[16] während bei sog. geschlossenen (Familien-)Gesellschaften, an denen ausschließlich untereinander verbundene Personen beteiligt sind, Eigentum und Kontrolle größtenteils einhergehen.

Nicht Gegenstand dieser Arbeit sind Maßnahmen der Kapitalerhöhung, -beschaffung und –herabsetzung sowie damit verbundene Themenkomplexe, obwohl sie ebenfalls zu den Strukturänderungen gezählt werden.[17] Diese Maßnahmen betreffen zuvorderst die Struktur der Anteilseigner und stehen grundsätzlich nicht unmittelbar mit der Organisation und dem Aufbau einer Gesellschaft im Zusammenhang.

Anhand eines Rechtsvergleichs mit dem englischen Recht fließen die dort gemachten Erfahrungen und Lösungsansätze hinsichtlich der Kompetenzaufteilung bei Strukturänderungen zwischen Aktionären und Management in diese Arbeit ein. Aufgabe der Rechtsvergleichung ist der funktionelle Vergleich, wonach, ungeachtet etwaiger Systemzusammenhänge, die Funktion von Rechtssätzen zur Lösung eines bestimmten sozialen Problems gegenüberge-

---

[15] vgl. Wiedemann, Gesellschaftsrecht I, § 2 II 2c), S. 121.
[16] grundlegend dazu, Berle/Means, The Modern Corporation, S. 69ff, 78ff.
[17] vgl. Mülbert, in: Großkomm/AktG, § 119, Rn. 14f.

stellt und anhand dieses Vergleichs eine gerechte Lösung gesucht wird.[18] Folglich ist Voraussetzung eines jeden Rechtsvergleichs eine Vergleichbarkeit. Vergleichbar ist im Recht nur, was dieselbe Aufgabe, dieselbe Funktion erfüllt.[19]

Das englische Recht bietet sich zu einem Vergleich an, da das Problem der Kontrolle des Managements bislang für die angelsächsischen Kapitalmärkte mit ihren typischen Publikumsgesellschaften und deren Aktien im Streubesitz eine größere Rolle spielte. Das erhöhte Aufkommen von Publikumsgesellschaften mit Streubesitz in Deutschland und eine damit verbundene Machtverschiebung zum Management hin, führt zu denselben Problemen und deshalb zu einer mit England vergleichbaren Lage.

Als Form der funktionellen Rechtsvergleichung kommen die Makro- und die Mikrovergleichung in Betracht. Die Makrovergleichung befasst sich dabei mit dem Vergleich von verschiedenen Rechtsordnungen und -systemen im Ganzen und die in ihnen gebräuchlichen Denkmethoden und Verfahrensweisen, während die Mikrovergleichung spezielle Rechtsinstitute oder Rechtsnormen vergleichend gegenüberstellt.[20] Bei der Auswahl der richtigen Methode kommt es auf den jeweiligen Lösungsansatz der Rechtsordnungen an, wobei die Grenze zwischen Makro- und Mikrovergleichung fließend ist.[21]

Diese Arbeit nimmt einen Mikrovergleich vor, da die Kompetenzabgrenzung zwischen Vorstand als Verwaltungsorgan der Aktiengesellschaft und Aktionären im deutschen sowie im englischen Recht einzelne Rechtsnormen und Rechtsinstitute zugewiesen ist.

---

[18] vgl. Zweigert/Kötz, Einführung Rechtsvergleichung, § 3 II, S. 33ff; Rheinstein/von Borries, S. 25ff.

[19] vgl. Zweigert/Kötz, Einführung Rechtsvergleichung, § 3 II, S. 33.

[20] vgl. Zweigert/Kötz, Einführung Rechtsvergleichung, § 1 II, S. 4f; Rheinstein/von Borries, Einführung Rechtsvergleichung, S. 31.

[21] vgl. Zweigert/Kötz, Einführung Rechtsvergleichung, § 1 II, S. 5.

Dabei beschränkt sich diese Untersuchung auf die *public limited company by shares* (plc), da diese der deutschen Aktiengesellschaft am ehesten von ihrem Aufbau und ihrer Funktionsweise entspricht.[22]

Zudem ist im Rahmen des Vergleichs nur das englische Recht Gegenstand der Arbeit und nicht das meist nur mit geringen Unterschieden[23] einhergehende Recht des restlichen Vereinigten Königreichs mit Wales, Schottland, Nordirland, der Insel Man und den Kanalinseln. Eine Ausweitung auf das gesamte britische Recht verspricht keinen nennenswerten Gewinn im Rahmen dieser Untersuchung.

## C. Gang der Untersuchung

Am Beginn der Arbeit steht die Untersuchung der Kompetenzverteilung zwischen dem Vorstand als Verwaltungsorgan der Aktiengesellschaft und der Hauptversammlung in Deutschland. Dabei wird dargestellt wieweit dem Vorstand die Leitung und Gestaltung des Unternehmens obliegen, und, bei welchen Maßnahmen der Vorstand die Zustimmung der Hauptversammlung einzuholen hat bzw. die Maßnahme ganz dem Kompetenzbereich der Hauptversammlung unterliegt.

Daran anschließend erfolgt die Darstellung der Kompetenzverteilung in England. Vorangestellt ist eine kurze grundlegende Darstellung der Gesellschaftsrechtsordnung in England. Danach wird auf die Reichweite der alleinigen Kompetenz des *board of directors* als Verwaltung der *public limited company* und Zustimmungspflichtigkeit bestimmter Maßnahmen durch die Hauptversammlung eingegangen.

Sodann erfolgt ein Vergleich beider Rechtssysteme und eine Diskussion hinsichtlich aus dem englischen System ableitbarer Lösungsansätze für die Probleme im deutschen Aktienrecht.

---

22 s. dazu später Teil 3, S. 94f.

23 s. zu den Einzelheiten, Gower/Davies, Principles, S. 104ff.

Die Arbeit endet mit einer kurzen Schlussbetrachtung der Untersuchungsergebnisse.

# Teil 2. Kompetenzverteilung bei Strukturänderungen in Deutschland

## A. Grundlagen

Das Aktiengesetz gliedert die Organisation einer Aktiengesellschaft (AG) in drei Organe: Vorstand, Aufsichtsrat und Hauptversammlung. Dieser Organisationsaufbau ist nach dem Aktiengesetz zwingend.[24] Dem Vorstand obliegt dabei die eigenverantwortliche Leitung der Gesellschaft (§ 76 Abs. 1 AktG). Er ist damit das eigentliche Führungsorgans des Unternehmens. Er unterliegt der laufenden Kontrolle durch den Aufsichtsrat, der die Mitglieder des Vorstands bestellt und abberuft (§ 84 AktG) und die Geschäftsführung des Vorstands überwacht (§ 111 Abs. 1 AktG). Das gesetzliche Organisationsschema geht vom Typus einer Publikumsgesellschaft aus, deren Aktien sich im Streubesitz zahlreicher Aktionäre befinden, ohne, dass ein Großaktionär vorhanden ist.[25]

Das Vermögen ist unmittelbar der Aktiengesellschaft als juristischer Person zugeordnet. Eigentümer des Gesellschaftsvermögens im sachenrechtlichen Sinn sind somit nicht die Aktionäre. Sie sind als Inhaber eines Mitgliedschaftsrechts lediglich Anteilseigner.[26] Vorstand und Aufsichtsrat werden zusammen auch als die Verwaltung der Aktiengesellschaft bezeichnet.[27] Die dualistische Konzeption der Verwaltung der Aktiengesellschaft mit Vorstand und Aufsichtsrat ist durch eine strikte personelle (§ 105 AktG) und im Wesentlichen auch sachliche Trennung (§ 111 Abs. 4 AktG) von Vorstand und Aufsichtsrat, dem sog. Trennungsprinzip, gekennzeichnet. Danach können Mitglieder des Vorstandes nicht gleichzeitig Mitglieder des Aufsichtsrates sein.

---

[24] vgl. Kort, in: Großkomm/AktG, Vor § 76 AktG, Rn. 70.

[25] vgl. Schmidt, Gesellschaftsrecht, § 26 III. 2., S. 771.

[26] vgl. Hefermehl/Semler, in: MünchKomm/AktG, Vor § 76 AktG, Rn. 3.

[27] vgl. Wiesner, in: MünchHdbGesR/AG, § 19, Rn. 1.

Die Hauptversammlung entscheidet über einen Katalog von im Gesetz aufgezählten Maßnahmen. Darüber hinaus beschließt die Hauptversammlung über in den in der Satzung ausdrücklich bestimmten Fällen (§ 119 Abs. 1 2. Alt. AktG). Über Fragen der Geschäftsführung kann sie grundsätzlich nur entscheiden, wenn der Vorstand es verlangt (§§ 119 Abs. 2, 111 Abs. 4 S. 3 AktG). Der Gesetzgeber wollte auf diese Weise das Unternehmen vor dem bedenklichen Einfluss unqualifizierter und eigennütziger Aktionäre schützen.[28] Zudem wollte er die ihm angemessen erscheinende Machtverteilung zwischen der Hauptversammlung und den Verwaltungsorganen stabilisieren.[29] Ob und wie ihm durch diese Vorschrift eine angemessene und hinreichend konkretisierte Machtverteilung bei Strukturänderungen gelungen ist, zeigt der Fortgang dieser Untersuchung auf.

## B. Verwaltungskompetenzen

Nach § 76 Abs. 1 AktG hat der Vorstand, als Teil der Verwaltung, die Gesellschaft unter eigener Verantwortung zu leiten. Dem Vorstand steht deshalb die alleinige Leitungskompetenz und Vertretungsmacht zu, die im Rahmen von § 78 AktG zugewiesen wird.

### I. Leitung

Der Vorstand hat gem. § 76 Abs. 1 AktG das Recht und die Pflicht die Gesellschaft zu leiten. Das Gesetz unterscheidet deutlich zwischen Leitung der Aktiengesellschaft, die zwingend dem Vorstand zugewiesen ist, und der Geschäftsführung nach § 77 AktG, die auch übertragbar ist, sowohl im Gesamtvorstand auf einzelne Vorstandsmitglieder, als auch auf nachgeordnete Ebenen.[30] Leitung bedeutet dabei, dass der Vorstand die Richtlinien der Unternehmenspolitik festlegt und die geschäftlichen Initiativen ergreift, d.h. die ei-

---

[28] vgl. Raiser, Recht der Kapitalgesellschaften, § 13, Rn. 10.
[29] vgl. Mülbert, in: Großkomm/AktG, § 119, Rn. 7.
[30] vgl. Hüffer, AktG, § 76, Rn. 7; Fleischer, ZIP 2003, 1, 2f.

gentliche unternehmerische Funktion wahrnimmt.[31] Dabei lassen sich die Leitungsaufgaben unterteilen in Maßnahmen der Unternehmensplanung, der Unternehmensstruktur, Unternehmenskontrolle, d.h. der Überwachung von Geschäfts- und Ergebnisentwicklung, der Geschäfte von außergewöhnlicher Bedeutung und mit ungewöhnlichem Risiko sowie die Besetzung von Führungspositionen.[32]

## 1. Unternehmensplanung

Mit der Unternehmensplanung werden, ausgehend von der Lage des Unternehmens im Planungszeitraum, die Entscheidungen dargestellt, die notwendig sind, um das Unternehmen während und am Ende des Planungszeitraums in den gewünschten Zustand zu versetzen.[33] Die Unternehmensplanung umfasst somit die Zielsetzung sowie die mittel- und langfristige Festlegung der Unternehmenspolitik.[34] Dabei hat der Vorstand die Grundzüge der Markt-, Produkt-, Finanz-, Investitions-, Ertrags- und Personalpolitik zu bestimmen.[35] Teilweise werden diese Grundzüge der Planung als Leitungsaufgabe des Vorstands auch unter dem Begriff Maßnahmen der Unternehmensstruktur aufgeführt.[36] Sie gehören dennoch in den Bereich der Planung, da auch die Vorgaben von Strukturen unmittelbar im Bereich der Planung anzusiedeln ist. Inwiefern der Vorstand allerdings allein über die Unternehmensstruktur entscheiden kann, wird im weiteren Verlauf dieser Arbeit zu untersuchen sein.

## 2. Unternehmensstruktur

Die Festlegung der Unternehmensstruktur bzw. Unternehmenskoordinierung ist die Feststellung von Grundsätzen für die Verteilung der Aufgaben auf

---

[31] Zum Leitungsbegriff s. Semler, Leitung und Überwachung; Mertens, in: KölnerKomm/AktG, § 76 AktG, Rn. 4ff; Druey, FS Zöllner Bd. 1, S. 129ff.

[32] vgl. Henze, BB 2000, 209, 210; Kort, in: Großkomm/AktG, § 76 Akt, Rn. 36.

[33] vgl. Semler, Leitung und Überwachung, Rn. 16.

[34] vgl. Kallmeyer, ZGR 1993, S. 105, 108.

[35] vgl. Lutter, AG 1991, S. 249, 251.

[36] vgl. Kort, in: Großkomm/AktG, § 76, Rn. 36; Henze, BB 2000, 209, 210.

nachgeordnete Stellen und für die Kontrolle ihrer Durchführung und Ausführung. Dabei hat die Unternehmensleitung die Vielzahl der im Unternehmen waltenden Kräfte zu bündeln und gezielt einzusetzen.[37]

### 3. Unternehmenskontrolle

Mit der Unternehmenskontrolle erfüllt der Vorstand die unternehmerische Aufgabe, ständig den Fortschritt aller Unternehmensbereiche in der Ausführung der Pläne und bei der Durchführung aller geplanten Maßnahmen zu verfolgen.[38] Mit der Kontrolle müssen aber auch neue Chancen erkannt, erfasst und verfolgt werden, die der Markt und Wettbewerb bieten.

### 4. Führungspositionbesetzung

Letztendlich hat der Verstand die ihm nachgeordneten Führungsstellen mit geeigneten Persönlichkeiten zu besetzen, aus- und fortzubilden, zu beurteilen, zu befördern und unter Umständen auch wieder abzuberufen.[39]

## II. Geschäftsführung und Vertretung

Neben der Leitungskompetenz steht dem Vorstand die Geschäftsführung und Vertretung der Gesellschaft zu, §§ 77 Abs. 1, 78 Abs. 1 AktG. Dabei ist die Geschäftsführungskompetenz nicht ohne weiteres von der Leitungskompetenz abzugrenzen. Die Leitung ist eher ein herausgehobener Teilbereich der Geschäftsführung. Die Geschäftsführung beinhaltet somit als Teilmenge die Leitung der Gesellschaft.[40] Geschäftsführung ist deshalb jede rechtsgeschäftliche oder tatsächliche Tätigkeit für die Aktiengesellschaft, während die Leitung die Führung der Gesellschaft darstellt.[41] Vertretung ist demgegenüber das nach außen wirkende Recht des Vorstands die Gesellschaft gesetzlich und

---

[37] vgl. Semler, ZGR 1983, S. 1, 15.

[38] vgl. Semler, Leitung und Überwachung, Rn. 18.

[39] vgl. Semler, ZGR 1983, S. 1, 13f.

[40] vgl. Kort, in: Großkomm/AktG, § 76 AktG, Rn. 29; Hüffer, AktG, § 76 Rn. 7.

[41] vgl. Wiesener, in: MünchHdbGesR/AG, § 19, Rn. 12; Hefermehl/Spindler, in: MünchKomm/AktG, § 76 AktG, Rn. 17.

rechtsgeschäftlich zu verpflichten (§ 78 Abs. 1 AktG). Sie ist somit das Gegenstück des dem Vorstand nach innen zustehenden Rechts auf Geschäftsführung und Leitung des Unternehmens, um diese Rechte gegenüber Dritten ausüben zu können. Diese Unterscheidung ist, insbesondere bei der Beschränkung der Vorstandskompetenzen, von entscheidender Bedeutung. Stellt eine Geschäftsführungsmaßnahme gleichzeitig einen Vertretungsakt gegenüber Dritten dar, so ist nämlich zu unterscheiden, ob der Vorstand einerseits befugt war, für die Gesellschaft wirksam nach außen zu handeln und ob er andererseits im Innenverhältnis gegenüber der Gesellschaft zur Vornahme der Maßnahme berechtigt war. Im ersten Fall geht es um die Vertretungsbefugnis und somit um die Frage des rechtlichen Könnens im Außenverhältnis, im zweiten Fall um der Geschäftsführungsbefugnis, d.h. das rechtliche Dürfen im Innenverhältnis.[42]

Nach § 76 Abs. 1 AktG hat der Vorstand die Gesellschaft unter eigener Verantwortung zu leiten. Eigenverantwortlichkeit bedeutet, dass der Vorstand die Gesellschaft selbständig leitet und weder direkt noch indirekt an die Weisungen Dritter, sei es die des Mehrheitsaktionärs, eines sonstigen Aktionärs, einer Aktionärsgruppe oder der Hauptversammlung gebunden ist.[43] Auch der Aufsichtsrat kann dem Vorstand im Rahmen seiner Überwachungstätigkeit keine Weisungen erteilen.

### III. Beschränkungen

Die Kompetenz des Vorstands zur Leitung- und Geschäftsführung wird durch die gesetzliche Zuständigkeitsordnung, d.h. die Kompetenzen der Hauptversammlung und des Aufsichtsrates, sowie durch die Satzung begrenzt (§ 82 Abs. 2 AktG).

Dagegen kann die Vertretungsbefugnis des Vorstands gegenüber Dritten nicht beschränkt werden (§ 82 Abs. 1 AktG). Dritte brauchen sich somit grundsätz-

---

[42] vgl. Hefermehl/Spindler, in: MünchKomm/AktG, § 82, Rn. 2.
[43] vgl. Kort, in: Großkomm/AktG, § 76 AktG, Rn. 42; Hüffer, AktG, § 76 AktG, Rn. 2.

lich nicht mit dem sachlichen Umfang der Vertretungsbefugnis des Vorstands zu beschäftigen.[44]

## 1. Gesetzliche Zuständigkeitsordnung

Eine Begrenzung der Vertretungsbefugnis, auch gegenüber Dritten, ist allerdings immer bei Maßnahmen des Vorstands geben, die durch zwingende Vorschriften anderen Organen zugewiesen sind oder nur mit Zustimmung anderer Organe getätigt werden können. Bei Vornahme solcher Maßnahmen durch den Vorstand wird die Gesellschaft gegenüber Dritten nicht wirksam verpflichtet.[45] Die Vertretungsbefugnis und damit auch die Geschäftsführungs- und Leitungsbefugnis ist in diesen Fällen gesetzlich beschränkt.

Schließt der Vorstand ein Rechtsgeschäft im Namen der Gesellschaft, ohne die gesetzlichen Zustimmungsbeschränkungen einzuhalten, so gelten grundsätzlich die §§ 177 ff BGB.[46] Die Maßnahme ist bis zur Genehmigung durch das zur Zustimmung verpflichtet Organ schwebend unwirksam.

Nimmt der Vorstand eine Maßnahme unter Verstoß gegen die gesetzliche Zuständigkeitsordnung vor, d.h. führt er eine Maßnahme durch, die nur von einem anderen Organ der Aktiengesellschaft durchgeführt werden kann, ist diese Maßnahme nach § 134 BGB von Anfang an nichtig.[47]

## 2. Vorbereitung und Ausführung von Hauptversammlungsbeschlüssen

Der Vorstand hat auf Verlangen auch Maßnahmen, die in die Zuständigkeit der Hauptversammlung fallen, vorzubereiten (§ 83 Abs. 1 S. 1 AktG). Das gleiche gilt nach § 83 Abs. 1 S. 2 AktG für die Vorbereitung und den Ab-

---

44 vgl. OLG Celle AG 2001, S. 357, 358.

45 vgl. Hefermehl/Spindler, in: MünchKomm/AktG, § 82, Rn. 14, 17.

46 vgl. Wiesener, in: MünchHdbGesR/AG, § 23, Rn. 18; Schmidt, Gesellschaftsrecht, § 28 II.

47 vgl. Mertens, in: KölnerKomm/AktG, § 82, Rn. 4; Hefermehl/Spindler, in: MünchKomm/AktG, § 82, Rn. 20.

schluss von Verträgen, die nur mit der Zustimmung der Hauptversammlung wirksam werden. Genauso hat der Vorstand Maßnamen, die von der Hauptversammlung einmal beschlossen wurden gem. § 83 Abs. 2 AktG auszuführen.

Beschlüsse der Hauptversammlung bedürfen der Vorbereitung. Dazu ist die Hauptversammlung wenig geeignet und auch häufig nicht imstande.[48] Ohne eine gesetzliche Regelung könnte es deshalb fraglich sein, ob die Hauptversammlung, die von der Geschäftsführung grundsätzlich ausgeschlossen ist, den Vorstand anweisen kann, einen Beschluss vorzubereiten. Die Hauptversammlung wäre so gehindert, von ihren Kompetenzen auf Grund eigener Initiative Gebrauch zu machten. § 83 Abs. 1 AktG begründet deshalb eine innergesellschaftliche Pflicht des Vorstands zur Vorbereitung von Maßnahmen und Verträge, über welche die Hauptversammlung entscheidet. Die Hauptversammlung hat somit auch ein Initiativrecht für Maßnahmen und Verträge, die in ihren Zuständigkeitsbereich fallen und kann die Ausführung solcher Maßnahmen und den Abschluss solcher Verträge verlangen.[49]

### 3. Satzung

Zudem bindet die Satzung den Vorstand hinsichtlich seiner Geschäftsführungs- und Leitungsbefugnis.

#### a) Unternehmensgegenstand

Die Geschäftsführungs- und Leitungsbefugnis wird in der Satzung zunächst durch den Unternehmensgegenstand i.S.d. § 23 Abs. 3 Nr. 2 AktG begrenzt.[50] Der Vorstand darf intern gegenüber der Gesellschaft keine Handlungen vornehmen, die zu dem in der Satzung festgelegten Gegenstand des Unternehmens im Gegensatz stehen. So überschreitet der Vorstand beispielsweise sei-

48 vgl. Hefermehl/Spindler, in: MünchKomm/AktG, § 83, Rn. 1.

49 vgl. Mertens, in: KölnerKomm/AktG, § 83, Rn. 3.

50 vgl. BGH WM 1981, S. 163, 164; BGHZ 144, S. 290, 292f; Tieves, Unternehmensgegenstand, S. 268ff, m.w.N.

ne Geschäftsführungsbefugnis, wenn er andere als die in der Satzung genannten Waren herstellt oder handelt.[51]

Allerdings kann nicht in jeder Maßnahme, die sich außerhalb des eigentlichen Unternehmensgegenstands bewegt, eine Überschreitung der Geschäftsführungsbefugnis gesehen werden. Es ist deshalb für den jeweiligen Einzelfall im Wege der Auslegung der Satzung und unter Berücksichtigung der Verkehrsauffassung zu ermitteln, ob der Vorstand die durch den Unternehmensgegenstand gezogenen Grenzen überschritten hat.[52]

## aa) Beschränkende Regelungen

Nach § 23 Abs. 3 Nr. 2 AktG charakterisiert der Unternehmensgegenstand bei Industrie- und Handelsunternehmen die Art der Erzeugnisse und Waren, die hergestellt und gehandelt werden sollen. Somit hat der Unternehmensgegenstand eines erwerbswirtschaftlichen Unternehmens in erster Linie die Funktion, es anhand seines Leistungsbeitrags im Bereich der Produktion bzw. des Handels von Waren oder auch der Erbringung von Dienstleistungen zu individualisieren.[53]

Er grenzt somit denjenigen Tätigkeitsbereich ein, auf dem der Vorstand versuchen darf den Erfolg des Unternehmens durch Herstellung und Handel von Erzeugnissen und Waren oder durch die Erbringung von Dienstleistungen herbeizuführen.[54] Noch vom Unternehmensgegenstand gedeckt sind daher Geschäfte, welche die Identität des Unternehmens als Marktteilnehmer erhalten, wie die räumliche Ausdehnung der geschäftlichen Tätigkeit[55], der Wechsel von Produktions- und Vertriebsmethoden[56] sowie die Vornahme von

---

[51] vgl. Habersack, in: Großkomm/AktG, § 82, Rn. 23.
[52] vgl. Habersack, in: Großkomm/AktG, § 82, Rn. 24.
[53] vgl. Mertens, in: KölnerKomm/AktG, § 82, Rn. 15.
[54] vgl. Wiedemann, ZGR 1975, S. 385, 416f.
[55] vgl. Hüffer, AktG, § 82, Rn. 9.
[56] vgl. Habersack, in: Großkomm/AktG, § 82, Rn. 24.

Hilfsgeschäften, etwa solche, welche die Vermarktung der Gesellschaftsprodukte fördern.[57]

### bb) Grenzen der Satzungsautonomie

Je genauer der Unternehmensgegenstand demnach gefasst ist, desto präziser und weiter wird die Geschäftsführungsbefugnis des Vorstands begrenzt. Allerdings findet die Möglichkeit der Ausgestaltung des Unternehmensgegenstands in dem Recht und der Pflicht des Vorstandes zur eigenverantwortlichen Geschäftsleitung aus § 76 Abs. 1 AktG ihre Grenze.

Als Ausgangspunkt gilt, dass die Aktionäre die Befugnis haben, den Unternehmensgegenstand in der Weise zu präzisieren und einzuschränken, dass der Unternehmensgegenstand die Gesellschaft und damit den Vorstand auf bestimmte Geschäfte, Produktions- bzw. Vertriebsmethoden und räumliche Märkte begrenzt.[58] Allerdings steht die Zulässigkeit solcher Einschränkungen des Unternehmensgegenstandes unter dem Vorbehalt, dass dem Vorstand eine sinnvolle Ausübung selbstverantwortlicher Leitungsmacht durch die satzungsmäßige Regelung des Unternehmensgegenstands nicht praktisch unmöglich gemacht wird.[59] Weiterhin kann die Satzung dem Vorstand auch keine Maßnahmen der Geschäftsführung vorschreiben oder untersagen, die zum satzungsmäßigen festgelegten Tätigkeitsbereich des Unternehmens gehören.[60]

### cc) Rechtsfolgen der Überschreitung

Nach § 82 Abs. 1 AktG ist die Vertretungsmacht des Vorstands gegenüber Dritten unbeschränkbar. Deshalb ist grundsätzlich eine Überschreitung des Unternehmensgegenstandes durch den Vorstand gegenüber Dritten unbeachtlich. Mithin sind Geschäfte, die der Vorstand entgegen dem Unternehmens-

---

[57] vgl. BGHZ 144, S. 290, 292f.

[58] vgl. Röhricht, in: Großkomm/AktG, § 23, Rn. 84 ff; Habersack, in: Großkomm/AktG, § 82, Rn. 26.

[59] vgl. Mertens, in KölnerKomm/AktG, § 82, Rn. 19.

[60] vgl. Hefermehl/Spindler, in: MünchKomm/AktG, § 82, Rn. 27.

gegenstand getätigt hat, grundsätzlich wirksam.[61] Dem Verkehrschutz wird der Vorrang vor dem Schutz der Gesellschaft und deren Gesellschaftern gegeben.[62] Das Interesse an der Leichtigkeit und Sicherheit des Rechtsverkehrs wird somit über das Interesse der Gesellschaft an einer auch nach außen wirksame Koppelung der Vertretungs- an die Geschäftsführungsbefugnis gestellt.[63]

Allerdings besteht für ein solches Interesse nur bei Schutzbedürftigkeit des Dritten Anlass. Deshalb ist anerkannt, dass ein interne Bindungen missachtendes und damit pflichtwidriges Vertreterhandeln, obwohl es an sich von der vom Innenverhältnis abstrahierenden Vertretungsmacht gedeckt ist, unter bestimmten Voraussetzungen auf das Außenverhältnis durchschlägt.[64]

Aus diesem Grund sind Geschäfte des Vorstands mit Dritten, bei denen der Dritte arglistig mit dem Vorstand zusammenwirkt, um die Gesellschaft zu schädigen, ein sog. Fall der Kollusion, wegen Sittenwidrigkeit nach § 138 BGB nichtig.[65] Zumindest steht bei solchen Geschäften der Gesellschaft die Einrede des unerlaubten Rechtserwerbs nach § 242 BGB zu.[66]

Fehlt es an einem kollusiven Zusammenwirken, kann sich der Dritte trotzdem nicht auf das Geschäft und die Unbeschränkbarkeit der Vertretungsmacht des Vorstands berufen, wenn der Missbrauch der Vertretungsmacht für den Dritten evident war. Streitig ist dabei, ob der Vertreter, d.h. der Vorstand bewusst zum Nachteil der Gesellschaft handeln muss oder ob es ausreicht, dass er, bewusst oder unbewusst, unter Überschreitung der sich aus dem Innenverhältnis ergebenden Schranken handelt. Zum anderen ist umstritten, welcher

---

61 vgl. Habersack, in: Großkomm/AktG, § 82, Rn. 5; Mertens, in: KölnerKomm/AktG, § 82 Rn. 5.

62 vgl. Hüffer, AktG, § 82, Rn. 1, Hefermehl/Spindler, in: MünchKomm/AktG, § 82, Rn. 3, 37.

63 vgl. Habersack, in: Großkomm/AktG, § 82, Rn. 9.

64 vgl. Schmidt, Gesellschaftsrecht, § 10 II 2, S. 256ff; Mertens, in: KölnerKomm/AktG, § 82, Rn. 39f.

65 vgl. Hefermehl/Spindler, in: MünchKomm/AktG, § 82, Rn. 39; Hüffer, AktG, § 82, Rn. 6.

66 vgl. BGH NJW 1966, 1911; BGHZ 50, 112, 114.

Grad von Kenntnis oder Erkennbarkeit der Pflichtwidrigkeit auf Seiten des Dritten vorliegen muss.[67] Letztendlich sind die Rechtsfolgen strittig, die sich aus einem Verlust der Schutzwürdigkeit und demnach dem Verlust des sich Berufenkönnens auf § 82 Abs. 1 AktG seitens des Dritten ergeben. Nach einer Ansicht kann die Gesellschaft dem Dritten die Schutzwirkung aus § 242 BGB entgegenhalten[68], der anderen Meinung nach ist das mit dem Dritten abgeschlossene Rechtsgeschäft nach § 177 ff BGB zu behandeln.[69]

Nach hier vertretener Auffassung reicht für einen Verlust der Schutzwürdigkeit des Dritten eine objektive Überschreitung der Geschäftsführungsbefugnis des Vorstands ohne Schädigungsabsicht der Gesellschaft sowie der Kenntnis oder evidente Erkennbarkeit dieser Überschreitung auf Seiten des Dritten. Letzteres liegt vor, wenn der Missbrauch wegen massiver Verdachtsmomente klar und sofort, also ohne Nachforschungen, erkennbar war. Vor dem Hintergrund des Normzwecks des § 82 Abs. 1 AktG kann es nicht darauf ankommen, ob der Vorstand als organschaftlicher Vertreter der Gesellschaft seine internen Bindungen bewusst oder unbewusst überschreitet. Der Dritte ist nicht mehr schutzbedürftig, wenn sich ihm die Überschreitung der Geschäftsführungsbefugnis des Vorstands wegen massiver Verdachtsmomente aufdrängen müsste. Hinsichtlich der Rechtsfolgen bei einer Unternehmensgegenstandsüberschreitung ist die Meinung, nach der die Gesellschaft dem Dritten gem. § 242 BGB treuwidriges Verhalten entgegenhalten kann, vorzuziehen, denn eine gesetzlich unbeschränkbare Vertretungsmacht kann nicht überschritten, sondern nur missbraucht werden.

### b) Zustimmung des Aufsichtsrats (§ 111 Abs. 4 S. 2 AktG)

Die Geschäftsführungs- und Leitungsbefugnis des Vorstands wird des Weiteren gem. § 111 Abs. 4 S. 2 AktG beschränkt. Danach haben die Satzung oder

---

[67] s. zu den Einzelheiten: von Gumpert, Rechtsfolgen der Überschreitung, S. 152ff.

[68] vgl. BGH NJW 1995, S. 250, 251; Hüffer, AktG, § 82, Rn. 7; Hefermehl/Spindler, in: MünchKomm/AktG, § 82, Rn. 42.

[69] vgl. OLG Zweibrücken NZG 2001, S. 763; Habersack, in: Großkomm/AktG, § 82, Rn. 14; Lutter/Hommelhoff, GmbHG, § 35, Rn. 14.

der Aufsichtsrat zu bestimmen, dass bestimmte Arten von Geschäften nur mit der Zustimmung des Aufsichtsrats vorgenommen werden können.

Hauptversammlung und Aufsichtsrat sind nach § 111 Abs. 4 S. 2 AktG zur Erstellung eines Kataloges unabhängiger Geschäfte verpflichtet. Solange die Satzung dazu schweigt, obliegt es dem Aufsichtsrat, die gesetzlich vorgeschriebenen Zustimmungsvorbehalte zu bestimmen.[70] Aussagen darüber, welche Geschäfte einem Zustimmungsvorbehalt unterstellt werden müssen, sind dem Gesetzeswortlaut nicht zu entnehmen. Nach der Begründung zum Regierungsentwurf des Transparenz- und Publizitätsgesetzes, das die Notwendigkeit der Erstellung eines Zustimmungskataloges in das Aktiengesetz einfügte, muss es sich um Maßnahmen handeln, die von „(…) existenzieller Bedeutung für das künftige Schicksal der Gesellschaft sind. Mehr oder weniger willkürlich zusammengestellte und mehr oder weniger bedeutsame Maßnahmen wie die Erteilung einer Prokura oder einzelne Grundstücksgeschäfte minderer Bedeutung (…)“ [71] seien damit nicht gemeint. Welche Entscheidungen von existenzieller Bedeutung sind, ist bislang nicht geklärt und umstritten.[72] Klar ist nur, dass bedeutsame und der Art nach bestimmte Geschäfte einem Zustimmungsvorbehalt unterworfen werden dürfen. Routinegeschäfte oder andere gewöhnliche Geschäftsführungsmaßnahmen scheiden aus.[73] Ansonsten würde die Funktions- und Kompetenzverteilung in der Aktiengesellschaft außer Kraft gesetzt, wonach dem Vorstand die grundsätzliche selbstständige und eigenverantwortliche Unternehmensleitung obliegt.

Der Zustimmungsvorbehalt des Aufsichtsrats hat keine Auswirkung auf die Vertretungsbefugnis des Vorstands. Seine Wirkung beschränkt sich auf die nur nach innen wirkende Geschäftsführungsbefugnis.[74] Eine ohne Zustim-

---

[70] vgl. Semler, in: MünchKomm/AktG, § 111, Rn. 411.

[71] Begründung zum Regierungsentwurf des TransPubG, BT-Drucks. 14/8769, S. 17.

[72] s. zu den Einzelheiten: Lieder, Zustimmungsvorbehalte des Aufsichtsrats, DB 2004, S. 2251ff.

[73] vgl. Semler, in: MünchKomm/AktG, § 111, Rn. 399.

[74] vgl. Mertens, in: KölnerKomm/AktG, § 111, Rn. 86.

mung des Aufsichtsrats vorgenommen Maßnahme ist daher Dritten gegenüber wirksam.

## 4. Einholung der Zustimmung nach § 119 Abs. 2 AktG

Eine weitere Ausnahme der unbegrenzten Geschäftsführungs- und Leitungskompetenz des Vorstands, nach welcher der Vorstand an keinerlei Weisung Dritter gebunden ist, bildet § 119 Abs. 2 AktG. Danach hat der Vorstand das Recht die Hauptversammlung zu von ihm bestimmten Geschäftsführungsfragen anzurufen. Der Vorstand trifft seine Anhörungsentscheidung nach freiem Ermessen.[75] Daraus folgt, dass der Vorstand prinzipiell keine Pflicht zur Anhörung der Hauptversammlung hat. Die Ermessensfreiheit des Vorstands endet allerdings dort, wo eine vollständige Verlagerung der Leitungskompetenzen auf die Hauptversammlung erfolgen würde.[76]

Trifft die Hauptversammlung eine Sachentscheidung in der von dem Vorstand vorgelegten Geschäftsführungsmaßnahme bindet der Hauptversammlungsbeschluss den Vorstand im Innenverhältnis.[77] Im Außenverhältnis entfaltet allerdings dieser Hauptversammlungsbeschluss keine Wirkung. Die mit dem Entscheidungsverlangen des Vorstands eintretende Verlagerung der internen Willensbildungszuständigkeit berührt nicht die organschaftliche Vertretungsbefugnis des Vorstands im Außenverhältnis.[78]

Verweigert der Vorstand beschlusswidrig den Abschluss eines Geschäfts, kann der in Aussicht genommene Vertragspartner aus dem positiven Hauptversammlungsbeschluss auch keinerlei Ansprüche herleiten.[79] Bei einer Ab-

---

75 vgl. Kubis, in: MünchKomm/AktG, § 119, Rn. 22; Semler, in: MünchHdGesR/AG, § 34, Rn. 15.

76 vgl. Kubis, in: MünchKomm/AktG, § 119, Rn. 22; Mülbert, in: Großkomm/AktG, § 119, Rn. 47.

77 vgl. BGH WM 1960, S. 803, 804f; Mülbert, in: Großkomm/AktG, § 119, Rn. 54.

78 vgl. BGH WM 1960, S. 803, 804f; Kubis, in: MünchKomm/AktG, § 119, Rn. 27.

79 vgl. Mülbert, in: Großkomm/AktG, § 119, Rn. 58; Zöllner, in: KölnerKomm/Akt, § 119, Rn. 41.

lehnung des Geschäfts durch die Hauptversammlung ist der mit dem Dritten geschlossene Vertrag grundsätzlich wirksam, sofern nicht die Grundsätze über den Missbrauch der Vertretungsbefugnis eingreifen und zu einem anderen Ergebnis führen.[80]

## C. Hauptversammlungskompetenzen

Wie oben bereits ausgeführt[81] wird die Kompetenz des Vorstands durch die zwingende Zuständigkeit der Hauptversammlung begrenzt. Dabei ergibt sich bereits eine zwingende Kompetenz der Hauptversammlung für bestimmte Strukturänderungen aus dem Gesetz.

### I. Satzungsänderung (§ 179 AktG)

Nach § 179 Abs. 1 S. 1 AktG bedarf grundsätzlich jede Satzungsänderung eines Beschlusses der Hauptversammlung. Die Hauptversammlung kann auf ihre Änderungszuständigkeit weder generell noch im Einzelfall verzichten. Auch das Recht zur Satzungsänderung kann weder durch die Satzung noch durch die Hauptversammlung einer anderen Person oder Stelle innerhalb oder außerhalb der Aktiengesellschaft übertragen werden.[82] Ausnahmen von der zwingenden Änderungszuständigkeit der Hauptversammlung bestehen nur, wo dies im Gesetz ausdrücklich vorgesehen oder zugelassen ist, beispielsweise gem. § 179 Abs. 1 Satz 2, § 237 Abs. 3 Nr. 3 AktG bei einer bloßen Fassungsänderung oder gem. § 4 Abs. 1 S. 2 EGAktG für die Euro-Umstellung.[83]

Auch Vorratsermächtigungen an den Vorstand, eine beschlossene Satzungsänderung sachlich oder zeitlich, vollständig oder teilweise auszuführen, sind unzulässig.[84] Die Hauptversammlung würde sich ansonsten ihrer zwingenden

---

[80] s.o. S. 20.

[81] s.o. S. 16.

[82] vgl. Stein, in: MünchKomm/AktG, § 179, Rn. 78; Wiedemann, in: Großkomm/AktG, § 179, Rn. 167.

[83] vgl. Wiedemann, in: Großkomm/AktG, § 179, Rn. 103

[84] vgl. Wiedemann, in: Großkomm/AktG, § 179, Rn. 105.

Zuständigkeit für Satzungsänderungen in rechtswidriger Weise begeben. Möglich sind dagegen exakte Befristungen oder Bedingungen, die dem Vorstand praktisch keinen inhaltlichen Gestaltungsspielraum belassen.[85]

Nach § 179 Abs. 2 S. 1 AktG bedürfen satzungsändernde Beschlüsse der Hauptversammlung einer Mehrheit, die mindestens drei Viertel des bei der Beschlussfassung vertretenen Grundkapitals umfasst. Nach § 179 Abs. 2 S. 2 AktG kann die Satzung für Satzungsänderungen eine andere als die in Absatz 2 S. 1 vorgeschriebene Kapitalmehrheit bestimmen. Dabei kann die Satzung grundsätzlich eine größere oder geringere als die in § 179 Abs. 2 S. 1 AktG vorgesehene Kapitalmehrheit festlegen. Allerdings ist eine einfache Kapitalmehrheit, d.h. die Zustimmung von mehr als 50% des bei der Beschlussfassung vertretenen Grundkapitals unverzichtbar.[86]

Die in § 179 Abs. 2 S. 1 AktG vorgeschriebene Kapitalmehrheit kann nicht für folgende gesetzlich geregelte Sonderfälle eingeschränkt werden: Änderung des Unternehmensgegenstands (§ 179 Abs. 2 S. 2 AktG), Übertragung des gesamten Gesellschaftsvermögens (§ 179a Abs. 1 S. 2 AktG), Kapitalerhöhung durch Ausgabe stimmrechtsloser Vorzugsaktion (§ 182 Abs. 1 S. 1 AktG), bedingte Kapitalerhöhung (§ 193 Abs. 1 AktG), Schaffung genehmigten Kapitals (§ 222 Abs. 1 S. 2 AktG), Kapitalherabsetzung (§ 237 Abs. 2 S. 1 AktG) sowie Verschmelzung und Formwechsel gem. §§ 65 Abs. 1 S. 2, 233, 252 UmwG.

Letztendlich bedarf der Beschluss über eine Verkürzung der satzungsmäßigen Gesellschaftsdauer mindestens der Dreiviertel-Kapitalmehrheit, da darin zugleich ein Beschluss über die Auflösung der Gesellschaft liegt.[87]

---

[85] vgl. Stein, in: MünchKomm/AktG, § 179, Rn. 80; Wiedemann, in: Großkomm/AktG, § 179, Rn. 105.

[86] vgl. BGH AG 1975, S. 16, 18; Stein, in: MünchKomm/AktG, § 179, Rn. 90, m.w.N.

[87] vgl. Hüffer, AktG, § 179, Rn. 38; Wiedemann, in: Großkomm/AktG, § 179, Rn. 81.

## II. Vermögensübertragung (§ 179a AktG)

Neben der Satzungsänderung bedarf die Übertragung des ganzen Gesellschaftsvermögens der Aktiengesellschaft eines Beschlusses der Hauptversammlung (§ 179a Abs. 1 S. 1 AktG).

Gegenstand des Hauptversammlungsbeschlusses ist der von der Gesellschaft abgeschlossenen oder noch abzuschließende schuldrechtliche Vertrag, durch den sich die Aktiengesellschaft zur Übertragung ihres ganzen Vermögens verpflichtet.[88] Der Übertragungsvorgang darf zudem nicht unter die Vorschriften des Umwandlungsgesetzes fallen, § 179a Abs. 1 S. 1 a.E. AktG. Deshalb muss sich die Aktiengesellschaft zur Übertragung im Wege der Einzelrechtsnachfolge verpflichten. Der Vertrag muss eine Vermögensübertragung nach allgemeinen rechtsgeschäftlichen Grundlagen zum Inhalt haben, bei dem die Erfüllung des Verpflichtungsgeschäfts durch Einzelübertragung der Vermögensgegenstände vollzogen werden soll.[89]

Allerdings muss sich die Aktiengesellschaft keineswegs zur restlosen Übertragung ihres Vermögens verpflichten. Vielmehr greift diese Vorschrift bereits dann ein, wenn das Gesellschaftsvermögen fast vollständig auf den Erwerber übertragen werden soll. Dass die Gesellschaft dabei einzelne, im Verhältnis unbedeutende Vermögensgegenstände zurückhält, ist unschädlich.[90]

Wann allerdings im Wesentlichen das ganze Gesellschaftsvermögen übertragen worden und somit § 179a AktG anwendbar ist, ist streitig. Während eine Ansicht sowohl auf quantitative und qualitative Maßstäbe abstellt,[91] sollen nach einer anderen Auffassung nur qualitative Maßstäbe die einzig maßgebli-

---

[88] vgl. Stein, in: MünchKomm/AktG, § 179a, Rn. 16.

[89] vgl. Stein, in: MünchKomm/AktG, § 179a, Rn. 22.

[90] vgl. BGHZ 83, S. 122, 128; RGZ 124, S. 279, 294f; Lutter/Leinenkugel, ZIP 1998, S. 225, 226 m.w.N.

[91] vgl. Timm, AG 1980, S. 172, 176f; ders., Die Aktiengesellschaft, S. 114ff; Stein, in: MünchKomm/AktG, § 179a, Rn. 18.

chen Kriterien sein[92]. Nach erst genannter Meinung findet § 179a AktG schon dann keine Anwendung, wenn zwar sämtliche der Aktiengesellschaft verbliebenen operativ eingesetzten Vermögensgegenstände veräußert werden sollen, diese jedoch nur noch einen quantitativ geringfügigen Teil des gesamten Gesellschaftsvermögens ausmachen. Erst wenn eine solche quantitative Betrachtung zu keinem eindeutigen Ergebnis führe, müsse darauf abgestellt werden, ob die Gesellschaft noch in der Lage ist, mit dem zurückbehaltenen Betriebsvermögen ihren satzungsmäßigen Unternehmensgegenstand, wenn auch möglicherweise nur in eingeschränktem Umfang, selbst zu verfolgen. Der zweiten Ansicht nach ist das einzige Abgrenzungskriterium, ob die Gesellschaft mit dem verbliebenen Betriebsvermögen den Unternehmensgegenstand fortführen kann. Dabei ist nicht der aus Anlass oder im Vorfeld des Veräußerungsvorgangs unter Umständen neu gefasste, sondern der bisherige Unternehmensgegenstand zu Grunde zu legen.[93]

Zu folgen ist der letztgenannten Auffassung, da die erstgenannte Meinung aufgrund des Fehlens genauer quantitativer Wertmaßstäbe für die Bestimmung der Übertragung des wesentlichen ganzen Gesellschaftsvermögens keine ausreichende Rechtssicherheit bietet.

Solange der Hauptversammlungsbeschluss mit der Zustimmung zum Übertragungsvertrag fehlt, ist der Vertrag schweben unwirksam.[94] Ohne wirksame Zustimmung zum Übertragungsvertrag erlangt der Vertrag somit im Außenverhältnis keine Wirksamkeit.[95] Das Zustimmungserfordernis schränkt folglich die Geschäftsführungs- als auch die organschaftliche Vertretungsbefugnis des Vorstands nach § 82 Abs. 1 AktG kraft Gesetzes ein.[96] Der Zustimmungsbeschuss verlangt eine Dreiviertelmehrheit des bei der Beschlussfas-

---

92 vgl. BGHZ 83, S. 122, 128; OLG München AG 1995, S. 232f; OLG Düsseldorf WM 1994, S. 337, 343; Hüffer, AktG, § 179a, Rn. 5; Raiser, Recht der Kapitalgesellschaften, § 49, Rn. 5; Schilling, in: Großkomm/AktG (3. Auflage), § 361, Rn. 4; Henze, FS Boujong, S. 233, 245.

93 vgl. Henze, FS Boujong, S. 233, 245; Stein, in: MünchKomm/AktG, § 179a, Rn. 19.

94 vgl. BGH NJW 1995, S. 596; Stein, in: MünchKomm/AktG, § 179a, Rn. 33.

95 vgl. BGHZ 82, S. 188, 197; Hüffer, AktG, § 179a, Rn. 13.

96 vgl. BGHZ 82, S. 188, 195; BGH NJW 1995, S. 596.

sung vertretenen Grundkapitals (§§ 179a Abs. 1 S. 1, 179 AktG). Die Satzung kann nur eine Erschwerung, nicht aber eine Erleichterung dieses Mehrheitserfordernisses vorsehen (§ 179a Abs. 1 S. 2 AktG).

### III. Auflösung der Gesellschaft (§ 262 AktG)

Die Auflösung der Gesellschaft bedarf gem. § 262 Abs. 1 Nr. 2 AktG eines Beschlusses der Hauptversammlung. Das Recht der Hauptversammlung über die Auflösung zu beschließen ist unentziehbar und nicht delegierbar (§ 23 Abs. 5 AktG). Das Recht zur Auflösung kann somit nicht durch die Satzung oder durch die Hauptversammlung selbst auf andere Instanzen übertragen oder an deren Mitwirkung gebunden werden. Es kann auch nicht durch die Satzung ausgeschlossen werden.[97]

Nach § 262 Abs. 1 Nr. 2, 2. Teilsatz AktG bedarf der Auflösungsbeschluss einer Mehrheit, die mindestens drei Viertel des bei der Beschlussfassung vertretenen Grundkapitals umfasst. Dazu gilt das Erfordernis der doppelten Mehrheit. Es muss die einfache Stimmmehrheit des § 133 AktG und zusätzlich die Mehrheit von 75% des vertretenen Grundkapitals erreicht werden.[98] Die Satzung kann nur Erschwernisse des Auflösungsbeschlusses festlegen. Dies kann bis zum Einstimmigkeitserfordernis und zwar bezogen auf das vertretene wie auf das gesamte Grundkapital gehen.[99]

### IV. Abschluss und Änderung eines Unternehmensvertrages (§§ 293 Abs.1, 295 Abs. 1 AktG)

Gem. §§ 293 Abs. 1, 295 Abs. 1 AktG bedarf des Weiteren der Abschluss und die Änderung eines Unternehmensvertrages der Zustimmung der Hauptversammlung.

---

[97] vgl. Kraft, in: KölnerKomm/AktG, § 262, Rn. 22; Hüffer, in: MünchKomm/AktG, § 262, Rn. 38.

[98] vgl. RGZ 125, 356, 359; BGH NJW 1975, 212.

[99] vgl. Hüffer, in: MünchKomm/AktG, § 262, Rn. 41; Wiedemann, in: Großkomm/AktG, § 179, Rn. 121.

### 1. Abschluss eines Unternehmensvertrages

Unternehmensverträge sind nach § 291 Abs. 1 S. 1 AktG zunächst der Beherrschungs- und Gewinnabführungsvertrag, sowie der Geschäftsführungsvertrag (§ 291 Abs. 2 AktG). Als weitere Unternehmensverträge benennt das Gesetz in § 292 Abs. 1 AktG die Gewinngemeinschaft, den Teilgewinnabführungsvertrag sowie den Betriebspacht- und Betriebsüberlassungsvertrag.[100] Dabei unterscheidet das Gesetz zwischen dem Beherrschungsvertrag gem. § 291 Abs. 1 S. 1 AktG und den anderen Unternehmensverträgen des § 292 AktG. Der zusätzlich in § 291 Abs. 1 S. 1 AktG geregelte Gewinnabführungsvertrag hat als Grundlage der körperschaftssteuerlichen Organschaft i.S.v. § 14 KStG in erster Linie steuerrechtliche Relevanz. Während der Beherrschungsvertrag als Grundlage des Vertragskonzerns vor allem konzernrechtliche Relevanz hat, sieht das Gesetz im Gegensatz dazu in den anderen Unternehmensverträgen des § 292 AktG grundsätzlich normale schuldrechtliche Austauschverträge, deren Abschluss nur mit geringfügigen Schutzverkehrungen zugunsten der Gesellschaft, ihrer Gesellschafter und ihrer Gläubiger verbunden wurde.[101]

Zuständig für die Entscheidung, ob und mit welchem Inhalt ein Unternehmensvertrag abgeschlossen werden soll, ist die Hauptversammlung. Allerdings obliegen die Vorbereitung und der Abschluss des Unternehmensvertrages dem Vertretungsorgan der Gesellschaft, mithin dem Vorstand der Aktiengesellschaft.[102] Dabei wird die Vertretungsmacht durch § 293 Abs. 1 und 2 AktG beschränkt, da ein vom Vorstand abgeschlossener Vertrag schwebend unwirksam ist, solange ihm nicht grundsätzlich beide Hauptversammlungen mit der erforderlichen Mehrheit zugestimmt haben.[103]

---

[100] s. zu den Einzelheiten der unterschiedlichen Unternehmensverträge Emmrich/Sonnenschein/Habersack, Konzernrecht, §§ 11-15, S. 156ff.

[101] vgl. Emmerich, in: Emmerich/Habersack, Aktien- und GmbH-KonzernR, Vor § 291, Rn. 3.

[102] vgl. BGHZ 122, S. 211, 217.

[103] vgl. Emmerich/Sonnenschein/Habersack, Konzernrecht, § 16, S. 213.

Nach § 83 Abs. 1 S. 2 AktG ist der Vorstand auch zur Vorbereitung und zum Abschluss von Unternehmensverträgen verpflichtet, wenn die Hauptversammlung ihn mit qualifizierter Mehrheit zum Abschluss angewiesen hat.[104] Der Vorstand muss somit der Initiative der Hauptversammlung auch dann folgen, wenn nur sie den Vertrag schließen will, während er selbst ihn nicht für angezeigt hält.[105] Der Anweisungsbeschluss der Hauptversammlung bedarf der für den Abschluss eines Unternehmensvertrags notwendigen Mehrheit (§ 82 Abs. 1 S. 2 AktG).

Bei der Zustimmung ist hinsichtlich der Zustimmung der Hauptversammlung der verpflichteten Gesellschaft gem. § 293 Abs. 1 AktG und der Zustimmung der Hauptversammlung der herrschenden Gesellschaft gem. § 293 Abs. 2 AktG zu unterscheiden. Nach § 293 Abs. 1 AktG bedarf jeder Unternehmensvertrag der Zustimmung der Hauptversammlung der verpflichteten Gesellschaft. Dagegen ist nur für Beherrschungs- und Gewinnabführungsverträge gem. § 292 Abs. 2 AktG die zusätzliche Zustimmung der Hauptversammlung der herrschenden Gesellschaft nötig, wenn es sich bei ihr um eine Aktiengesellschaft oder Kommanditgesellschaft auf Aktien (KGaA) handelt. Der Zustimmungsbeschluss bedarf nach § 293 Abs. 1 S. 2, sowohl seitens der verpflichteten Gesellschaft als auch seitens der herrschenden Gesellschaft, falls erforderlich, einer Mehrheit, die mindestens drei Viertel des bei der Beschlussfassung vertreten Grundkapitals umfasst. Nach § 293 Abs. 1 S. 3 AktG kann die Satzung das Zustandekommen des Beschlusses erschweren, aber nicht erleichtern.

Die Zustimmungsbeschlüsse beider Hauptversammlungen sind, soweit seitens der herrschenden Gesellschaft erforderlich, Wirksamkeitsvoraussetzungen für das Zustandekommen von Unternehmensverträgen. Die Unternehmensverträge sind schweben unwirksam, solange die Hauptversammlung

---

104 vgl. BGHZ 82, S. 188, 195; BGHZ 122, S. 211, 217; Emmerich, in: Emmerich/Habersack, Aktien- und GmbH-KonzernR, § 293, Rn. 16, m.w.N.

105 vgl. Mertens, in: KölnerKomm/AktG, § 82, Rn. 3.

noch nicht beschlossen hat, und werden endgültig unwirksam, wenn die Hauptversammlung die Zustimmung verweigert.[106]

## 2. Änderung und Beendigung eines Unternehmensvertrages

Auch die Änderung von Unternehmensverträgen bedarf nach § 295 Abs. 1 AktG der Zustimmung der Hauptversammlung.

Unter einer Änderung ist jede einverständliche, inhaltliche Abänderung des Vertrags zu verstehen, die noch während seiner Laufzeit wirksam werden soll.[107] Für den Änderungsvertrag gelten der Sache nach dieselben Wirksamkeitsvoraussetzungen wie für den Abschluss des ursprünglichen Vertrags, §§ 295 Abs. 1 i.V.m. §§ 293, 294 AktG. Dies bedeutet, dass der Vertragsänderung zumindest die Hauptversammlung derjenigen Gesellschaft mit qualifizierter Mehrheit zustimmen muss, die die vertragstypischen Leistungen erbringt. Bei einem Beherrschungs- oder Gewinnabführungsvertrag muss außerdem noch die Zustimmung der Hauptversammlung der herrschenden Gesellschaft, ebenfalls mit qualifizierter Mehrheit, hinzukommen, wenn diese die Rechtsform einer Aktiengesellschaft oder KGaA hat (§ 295 Abs. 1 S. 2 i.V.m. § 293 Abs. 2 AktG).

Dagegen liegt die Beendigung von Unternehmensverträgen durch Kündigung nach § 297 Abs. 2 S. 1 AktG oder Aufhebung nach § 296 Abs.1 AktG in der Hand des Vorstands der Gesellschaft, die den Unternehmensvertrag kündigen möchte bzw. der Vorstande beider Gesellschaften bei einem Aufhebungsvertrag. Möglich ist allerdings die Begrenzung dieser Kompetenz durch eine Zustimmungspflicht des Aufsichtsrats gem. § 111 Abs. 4 S. 2 AktG.[108] Daraus folgt, dass eine Beteiligung der Hauptversammlung der Gesellschaften für eine Beendigung nach dem Gesetz nicht vorgesehen ist. Einzige Einschränkung

---

106 vgl. Hüffer, AktG, § 293, Rn. 12.

107 vgl. BGH NJW 1979, S. 2103.

108 vgl. Emmerich, in: Emmerich/Habersack, Aktien- und GmbH-KonzernR, § 297, Rn. 7; Altmeppen, in: MünchKomm/AktG, § 297, Rn. 10, 13.

sind § 297 Abs. 2 S. 1 AktG und § 296 Abs. 2 S. 1 AktG, die für eine ordentliche Kündigung, bzw. für einen Aufhebungsvertrag einen Sonderbeschluss der außenstehenden Aktionäre verlangen, sofern der Unternehmensvertrag Ausgleichs- oder Abfindungsleistungen zugunsten der außenstehenden Aktionäre enthält. Unter außenstehenden Aktionären sind aller Aktionäre zu verstehen, die nach §§ 304, 305 AktG Ansprüche auf Ausgleich oder Abfindung haben.[109]

## V. Eingliederung der Gesellschaft und Beendigung der Eingliederung (§§ 319, 320, 327 Abs. 1 Nr. 1 AktG)

Die Hauptversammlung einer Aktiengesellschaft hat darüber hinaus die Kompetenz die Eingliederung der Gesellschaft in einen andere Aktiengesellschaft, der sog. Hauptgesellschaft, mit Sitz im Inland beschließen (§§ 319, 320 AktG).

Wirtschaftlich gesehen kommt die Eingliederung der Verschmelzung nahe. Rechtlich unterscheidet sie sich von der letzteren dadurch, dass bei ihr die eingegliederte Gesellschaft als selbständige juristische Person erhalten bleibt. Nach § 323 AktG erlangt allerdings die sog. Hauptgesellschaft, in welche die Eingliederung erfolgt, ein umfassendes Weisungsrecht. Zudem werden die Grundsätze über die Kapitalaufbringung und –erhaltung partiell aufgehoben.[110]

### 1. Eingliederung nach § 319 AktG

Nach § 319 Abs. 1 AktG kann die Hauptversammlung einer Aktiengesellschaft die Eingliederung dieser Gesellschaft in eine andere Aktiengesellschaft, die sog. Hauptgesellschaft, beschließen, wenn sich alle Aktien der Gesellschaft in der Hand der zukünftigen Hauptgesellschaft befinden. Die Eingliederung beruht nicht auf einem Vertrag zwischen den beiden Gesell-

---

109 vgl. Emmerich, in: Emmerich/Habersack, Aktien- und GmbH-KonzerR, § 295, Rn. 28.

110 s. zu den Einzelheiten: Emmerich/Sonnenschein/Habersack, Konzernrecht, § 10, S. 127ff.

schaft.[111] Vielmehr erfolgt sie durch den Beschluss der Hauptversammlung der einzugliedernden Gesellschaft. Der Eingliederungsbeschluss der einzugliedernden Gesellschaft kann, da die Hauptgesellschaft alleiniger Aktionär ist, nach dem stark vereinfachten Verfahren gem. §§ 121 Abs. 6, 130 Abs. 1 S. 3 AktG gefasst werden. Dafür genügt es, dass der Vorstand als gesetzlicher Vertreter der zukünftigen Hauptgesellschaft eine entsprechende Erklärung zur Niederschrift abgibt und der Aufsichtsratvorsitzende die Niederschrift unterzeichnet.[112]

Nach § 319 Abs. 2 AktG wird allerdings dieser Eingliederungsbeschluss nur wirksam, wenn ihm die Hauptversammlung der zukünftigen Hauptgesellschaft mit qualifizierter Mehrheit zustimmt. Der Beschluss über die Zustimmung bedarf einer Mehrheit, die mindestens drei Viertel des bei der Beschlussfassung vertretenen Grundkapitals umfasst. Die Satzung kann dabei nur eine größere Kapitalmehrheit und weitere Erfordernisse bestimmen (§ 319 Abs. 2 S. 2 AktG).

## 2. Eingliederung nach § 320 AktG

Neben der Eingliederung hundertprozentiger Tochtergesellschaften ist nach § 320 AktG auch die Eingliederung durch Mehrheitsbeschluss zulässig. Dafür muss die Hauptgesellschaft nach § 320 Abs. 1 S. 1 AktG an der einzugliedernden Gesellschaft Grundkapital in Höhe von mindestens 95% halten, wobei eigene Aktien der einzugliedernden Gesellschaft vom Grundkapital abzuziehen sind (§ 320 Abs. 1 S. 2 AktG). Mit Eintragung der Eingliederung gehen alle Aktien, die sich nicht in der Hand der Hauptgesellschaft befanden, auf diese über (§ 320a AktG). Die ausgeschiedenen Minderheitsaktionäre erhalten dafür nach § 320b AktG eine angemessene Abfindung.

Die Eingliederung bedarf dafür zunächst wiederum eines Beschlusses der einzugliedernden Gesellschaft, wobei hinsichtlich des Beschlusses allerdings

---

[111] vgl. OLG München, AG 1993, S. 430.

[112] vgl. Habersack, in: Emmerich/Habersack, Aktien- und GmbH-KonzernR, § 319, Rn. 11.

nicht die Vereinfachungen nach § 121 Abs. 6 AktG angewendet werden können, sondern sämtliche Bestimmungen nach §§ 121 ff. eingehalten werden müssen.[113]

Nach § 320 Abs. 1 S. 3 i.V.m. § 319 Abs. 2 AktG wird der Eingliederungsbeschluss auch im Fall der Mehrheitseingliederung nur mit der Zustimmung durch die Hauptversammlung der künftigen Hauptgesellschaft wirksam. Für diesen Beschluss gelten dieselben Mehrheitserfordernisse wie für die Eingliederung nach § 319 AktG.[114]

### 3. Beendigung der Eingliederung (§ 327 AktG)

Die Hauptversammlung der eingegliederten Gesellschaft kann nach § 327 Abs. 1 Nr. 1 AktG durch einen Beschluss die Eingliederung beenden. Da nach einer Eingliederung die Hauptgesellschaft ohnehin Alleinaktionär der eingegliederten Gesellschaft ist, verzichtet das Gesetz auf die Statuierung eines bestimmten Mehrheitserfordernisses. Auch die Mitwirkung der Hauptversammlung der Hauptgesellschaft ist nicht erforderlich.[115] Vorbehaltlich eines Zustimmungsvorbehalts im Sinne des § 111 Abs. 4 S. 2 AktG,[116] steht der Fortbestand der Eingliederung somit praktisch im Belieben des Vorstands der Hauptgesellschaft.

## VI. Verschmelzung (§§ 65, 73 UmwG)

Neben der Eingliederung bedarf die Verschmelzung zweier oder mehrerer Gesellschaften nach §§ 13 Abs. 1, 36, 65, 73 UmwG eines Zustimmungsbeschlusses der Anteilseigner der beteiligten Rechtsträger zum Verschmelzungsvertrag.

---

[113] vgl. Habersack, in: Emmerich/Habersack, Aktien- und GmbH-KonzernR, § 320, Rn. 5.

[114] s.o. S. 33.

[115] vgl. Emmerich/Sonnenschein/Habersack, Konzernrecht, § 10 S. 153; Grunewald, in: MünchKomm/AktG, § 327, Rn. 2; Habersack, in: Emmerich/Habersack, Aktien- und GmbH-KonzernR, § 327, Rn. 4.

[116] s. S. 22.

Durch eine Verschmelzung gehen zwei oder mehrer Rechtsträger ineinander auf, die bislang rechtlich selbstständig waren und deshalb auch wirtschaftlich und organisatorisch nur soweit unter einheitliche Leitung zusammengefasst werden konnten, wie es das Konzernrecht gestattete.[117]

Die Verschmelzung kann dabei in mehreren Formen durchgeführt werden. Bei der Verschmelzung durch Aufnahme nach §§ 2 Nr. 1, 4ff UmwG wird das Vermögen der übertragenden Gesellschaft durch Gesamtrechtsnachfolge auf die übernehmende Gesellschaft übertragen. Die übertragende Gesellschaft erlischt.[118] Demgegenüber übertragen bei der Verschmelzung durch Neugründung gem. §§ 2 Nr. 2, 36 i.V.m. 4 UmwG zwei oder mehr beteiligte Rechtsträger ihr Vermögen auf einen gleichzeitig neu gebildeten Rechtsträger. Die übertragenden Rechtsträger gehen unter, allein der neu gebildete Rechträger besteht weiter.[119] Dabei ist den Mitgliedern des untergehenden Rechtsträgers ein Ausgleich in Form von Anteilsrechten an dem übernehmenden bzw. aus der Verschmelzung neu hervorgegangenen Rechtsträger zu gewähren (§ 2 UmwG).[120]

## 1. Beschlussgegenstand

Der eigentliche Verschmelzungsvertrag, über den die Anteilseigener der beteiligten Rechtsträger zu beschließen haben, kann nur von den Vertretungsorganen der beteiligten Rechtsträgern, bei der Aktiengesellschaft vom Vorstand, abgeschlossen werden (§ 4 Abs. 1 UmwG, § 76 Abs. 1 AktG). Gegenstand des Beschlusses muss jedoch nicht ein bereits abgeschlossener Verschmelzungsvertrag sein. Die Versammlung kann auch einen Entwurf billigen.[121] Eine Ermächtigung an den Vorstand, den Vertrag nach seinem Ermes-

---

[117] vgl. Raiser, Recht der Kapitalgesellschaften, § 46, Rn. 3.

[118] vgl. Marsch-Barner, in: Kallmeyer, UmwG, § 2, Rn. 3.

[119] s. zu den Einzelheiten der Verschmelzung: Raiser, Recht der Kapitalgesellschaften, § 48, S. 770ff.

[120] vgl. Hirte, Kapitalgesellschaftsrecht, Rn. 6.016.

[121] vgl. Lutter/Drygala, in: Lutter/Winter, UmwG, § 13, Rn. 17; Zimmermann, in: Kallmeyer, UmwG, § 13, Rn. 7.

sen auszuhandeln und abzuschließen ist allerdings ausgeschlossen.[122] Bedingungen und Befristungen sind nur insoweit möglich, als dass sie dem Vorstand keinen eigenen Spielraum überlassen.[123]

## 2. Mehrheitserfordernisse

Der Beschluss über die Verschmelzung muss mindestens mit einer Mehrheit von drei Vierteln des bei der Abstimmung vertretenen Grundkapitals (§ 65 Abs. 1 UmwG) oder der abgegebenen Stimmen (§ 50 Abs. 1 UmwG) gefasst werden. Aus §§ 13 Abs. 2, 50 Abs. 2 sowie § 40 Abs. 2 S. 2 und § 50 UmwG kann sich weiter ein Zustimmungsvorbehalt zugunsten einzelner Gesellschafter ergeben. Die Satzung kann höhere Mehrheiten und weitere Erfordernisse bestimmen. Die Festlegung niedrigerer Mehrheiten ist hingegen ausgeschlossen (§ 65 Abs. 1 S. 2 UmwG).

## 3. Entbehrlichkeit der Zustimmung

Ausnahmsweise ist ein Zustimmungsbeschluss der aufnehmenden Gesellschaft entbehrlich, wenn sich wenigstens neun Zehntel des Grundkapitals der übertragenden in den Händen der übernehmenden Gesellschaft befinden (§ 62 Abs. 1 UmwG).

Ein Verschmelzungsbeschluss ist nur erforderlich, wenn ein fünfprozentige Aktionärsminderheit dies ausdrücklich beantragt (§ 62 Abs. 2 S. 1 UmwG). Dabei kann die Satzung auch eine geringere Quote als 5% für das Minderheitsverlangen auf Zustimmung der Hauptversammlung festlegen (§ 62 Abs. 2 S. 2 UmwG).

---

122 vgl. LG Frankfurt a.M. WM 1990, 237; Bermel, in: Goutier/Knopf/Tulloch, § 13, Rn. 14.

123 vgl. Lutter/Drygala, in: Lutter/Winter, UmwG, § 13, Rn. 17; Grunewald, AG 1990, S. 133, 137.

### 4. Wirkung des Zustimmungsbeschlusses

Der Verschmelzungsvertrag ist, wenn er wie im Regelfall vor der Entscheidung der Hauptversammlung geschlossen wird, schwebend unwirksam. Erst mit dem Zustimmungsbeschluss wird er intern sowie extern ex tunc bindend. Die Vertretungsmacht des Vorstands wird somit kraft Gesetzes beschränkt.[124]

## VII. Spaltung (§§ 125 i.V.m. §§ 13 UmwG)

Auch bei der Spaltung einer Aktiengesellschaft muss die Hauptversammlung jedes an der Spaltung beteiligten Rechtsträgers durch jeweils einen Beschluss über den Spaltungs- und Übernahmevertrag bzw. Spaltungsplan zustimmen (§ 125 i.V.m. § 13 UmwG).

### 1. Spaltungsarten

Bei der Spaltung gibt es drei Spaltungsmöglichkeiten: die Aufspaltung, die Abspaltung und die Ausgliederung. Allen gemeinsam ist, dass ein übertragender Rechtsträger sein Vermögen in mindestens zwei Teile spaltet, von denen mindestens ein Teil auf einen übernehmenden bzw. neuen Rechtsträger im Wege der sog. Gesamtsrechtnachfolge übertragen wird. Im Gegenzug werden - wie bei der Verschmelzung - im Ausgleich Anteile an dem aufnehmenden Rechtsträger gewährt.[125]

Bei einer Aufspaltung wird das gesamte Vermögen einer übertragenden Gesellschaft geteilt und ohne Abwicklung im Wege der partiellen Gesamtrechtsnachfolge auf mehrere andere Gesellschaften übertragen, wobei es sich um bereits bestehende Gesellschaften (§ 123 Abs. 1 Nr. 1 UmwG) oder eigens neu gegründete Gesellschaften handeln kann (§ 123 Abs. 1 Nr. 2 UmwG).[126]

---

[124] vgl. Bermel, in: Goutier/Knopf/Tulloch, § 13, Rn. 10; Zimmermann, in: Kallmeyer, UmwG, § 13, Rn. 2.

[125] vgl. Hirte, Kapitalgesellschaftsrecht, Rn. 6.167.

[126] vgl. Teichmann, in: Lutter/Winter, UmwG, § 123, Rn. 19.

Bei der Abspaltung werden von dem Vermögen eines übertragenden Rechtsträgers ein oder mehrere Teile abgespalten, die dann ebenfalls auf einen oder mehrere bestehende bzw. neue Rechtsträger gleicher oder anderer Rechtsform übertragen werden (§ 123 Abs. 2 UmwG). Der entscheidende Unterschied zur Aufspaltung besteht darin, dass die übertragende Gesellschaft als solche mit vermindertem Vermögen bestehen bleibt.[127]
Die Ausgliederung entspricht hinsichtlich der Vermögensteilung und der Möglichkeiten der Vermögensübertragung der Abspaltung. Die übertragende Gesellschaft besteht weiter. Der einzige und wesentliche Unterschied ist, dass bei der Ausgliederung nicht die Anteilseigner der übertragenden Gesellschaft, sondern die übertragende Gesellschaft selbst die Anteile als Gegenleistung für die Vermögensübertragung erhält (§ 123 Abs. 3 UmwG).[128]

## 2. Beschlussgegenstand

Gegenstand des Zustimmungsbeschlusses bzw. der Zustimmungsbeschlüsse sind der Spaltungs- und Übernahmevertrag zwischen den beteiligten Gesellschaften. Im Fall der Spaltung zur Neugründung tritt an die Stelle des Vertrages der Spaltungsplan, da nur die übertragende Gesellschaft an dem Vorgang beteiligt ist, ein mehrere Partner voraussetzender Vertrag demnach nicht in Betracht kommt (§ 136 UmwG).

Hinsichtlich der Ausarbeitung und Ausführung des Spaltungs-, Übernahmevertrages bzw. Spaltungsplans gilt das bereits zur Verschmelzung dargelegte.[129]

## 3. Mehrheitserfordernisse

Bei jeglicher Form der Spaltung ist dem Spaltungs- und Übernahmevertrag bzw. Spaltungsplan oder deren Entwurf mit einer qualifizierten Mehrheit von

---

[127] vgl. Kallmayer, in: Kallmayer, UmwG, § 123, Rn. 9.
[128] vgl. Hirte, Kapitalgesellschaftsrecht, Rn. 6.177.
[129] s.o. S. 35.

mindestens drei Vierteln des bei der Abstimmung vertreten Grundkapitals zuzüglich einer Stimmenmehrheit nach § 133 Abs. 1 AktG durch die Hauptversammlungen der beteiligten Rechtsträger zuzustimmen (§§ 125, 135 Abs. 1 i.V.m. §§ 13, 65 Abs. 1 UmwG). Für eine nicht verhältniswahrende Auf- oder Abspaltung ist nach § 128 UmwG eine Zustimmung aller Gesellschafter der übertragenden Gesellschaft erforderlich. Eine nicht verhältniswahrende Auf- oder Abspaltung liegt immer dann vor, wenn den Gesellschaftern der übertragenden Gesellschaft nicht die ihnen anteilsmäßig für die Übertragung zustehenden Anteilen an der übernehmenden Gesellschaft gewährt werden. Eine nicht verhältniswahrende Ausgliederung ist nicht denkbar, da übertragender Rechtsträger nur eine Gesellschaft sein kann, der alle Anteile zu gewähren sind.[130]

Die Satzung kann wie bei der Verschmelzung wiederum nur höhere Mehrheitserfordernisse hinsichtlich des Zustimmungsbeschlusses bestimmen (§§ 125 i.V.m. 65 Abs. 1 S. 2 UmwG).

### 4. Entbehrlichkeit der Zustimmung

Bei einer Spaltung ist ein Zustimmungsbeschluss der übernehmenden Aktiengesellschaft grundsätzlich entbehrlich, wenn sich mindestens neuen Zehntel des Grundkapitals der übertragenden Gesellschaft in ihren Händen befindet (§§ 125 S. 1, 62 Abs. 1 S. 1 UmwG).

Die Ansicht, dass § 62 Abs. 1 S. 1 UmwG bei Ausgliederungen zur Aufnahme nicht anzuwenden ist und deshalb immer auch ein Zustimmungsbeschluss der übernehmenden Aktiengesellschaft erforderlich sei,[131] ist abzulehnen.Diese Auffassung wurde im Gesetzgebungsverfahren ausführlich diskutiert und eine so gestaltete Ausnahmeregelung, trotz Kenntnis des Problems,

[130] vgl. Priester, in: Lutter/Winter, UmwG, § 128, Rn. 3; Kallmeyer, in Kallmeyer, UmwG, § 128, Rn. 1.

[131] vgl. Kallmeyer, in: Kallmeyer, UmwG, § 125, Rn. 71.

gerade nicht in das UmwG aufgenommen.[132] Trotzdem ist der Zustimmungsbeschluss in der oben beschriebenen Konstellation nach §§ 125 S. 1, 62 Abs. 2 UmwG dennoch erforderlich, wenn Aktionäre der übernehmenden Gesellschaft deren Anteile zusammen den zwanzigsten Teil des Grundkapitals erreichen, die Zustimmung der Hauptversammlung verlangen. Des Weiteren wurde im Gesetzgebungsverfahren eine in § 204 Abs. 1 des Diskussionsentwurfs zum Umwandlungsgesetz[133] diskutierte Bagatellgrenze bei Ausgliederungen nicht in das Umwandlungsgesetz übernommen. Bei Nichterreichen der Bagatellgrenze sollte ein Zustimmungsbeschluss der übertragenden Hauptversammlung entbehrlich sein. Es ist deshalb festzuhalten, dass es bei der nach dem Umwandlungsgesetz vorgenommen Ausgliederung auch zur Übertragung unbedeutender Vermögensteile eines Hauptversammlungsbeschlusses der übertragenden Gesellschaft nach § 125 S. 1, 65 Abs. 1, 13 Abs. 1 UmwG bedarf.[134]

### 5. Wirkung der Zustimmung

Der Spaltungs-, Übernahmevertrag bzw. Spaltungsplan ist wie bei der Verschmelzung bis zum Zustimmungsbeschluss der Hauptversammlungen der beteiligten Rechtsträger schwebend unwirksam. Die Vertretungsmacht des Vorstands wird demnach wiederum gesetzlich begrenzt.

## VIII. Vermögensübertragung nach UmwG (§ 176 i.V.m. §§ 65, 73 UmwG)

Neben der Spaltung bedarf die Vermögensübertragung nach § 174 UmwG eines Zustimmungsbeschlusses der Anteilseigner der beteiligten Gesellschaften.

---

[132] so auch die h.M. Feddersen/Kiem, ZIP 1994, S. 1078, 1082, Grunewald, in Lutter/Winter, UmwG, § 62 Rn.1, zu den Einzelheiten s. Dietz, Die Ausgliederung, S. 180ff.

[133] Diskussionsentwurf Gesetz zur Bereinigung des Umwandlungsrechts, Bundesministerium der Justiz, Az. III A1-3501/1 S. 110.

[134] s. zu den Einzelheiten: Dietz, Die Ausgliederung, S. 184 ff.

Grundsätzlich sind zwei Arten der Vermögensübertragung zulässig: zum einen als Vollübertragung, bei der das ganze Vermögen eines Rechtsträgers auf einen anderen übertragen wird (§ 174 Abs. 1 UmwG) und zum anderen als Teilübertragung, bei der nur ein abgespaltener Vermögensteil übertragen wird (§ 174 Abs. 2 UmwG). Die Vollübertragung ähnelt damit der Verschmelzung, die Teilübertragung der Spaltung, deren Regeln das Gesetz jeweils für entsprechend anwendbar erklärt (§§ 176 Abs. 1, 177 Abs. 1 UmwG). Insofern kann auf die Zustimmungserfordernisse der Hauptversammlung dort verwiesen werden.[135] Der Anwendungsbereich der Vermögensübertragung nach § 174 UmwG ist allerdings sehr eingeschränkt. Sie kann zum einen für die Übertragung des Vermögens oder von Vermögensteilen einer Kapitalgesellschaft auf die öffentliche Hand (§ 175 Nr.1 UmwG) und zum anderen für die Vermögensübertragung unter Versicherungsunternehmen (§ 175 Nr. 2 UmwG) genutzt werden. Unter Versicherungsunternehmen nach § 175 Nr. 2 UmwG fallen nur öffentlich-rechtliche Versicherungsunternehmen, Versicherungsvereine auf Gegenseitigkeit und Aktiengesellschaften, die den Betreib von Versicherungsgeschäften zum Gegenstand haben.

## IX. Formwechselnde Umwandlung (§§ 193ff UmwG)

Letztendlich bedarf der Formwechsel einer Aktiengesellschaft eines Zustimmungsbeschlusses der Hauptversammlung (§ 193 Abs. 1, 233, 240 UmwG). Die Besonderheit des Formwechsels liegt darin, dass die wirtschaftliche Identität der betroffenen Gesellschaft trotz des Umstrukturierungsvorgangs voll erhalten bleibt und es lediglich zu einem Wechsel des Rechtskleides kommt.[136]

Der Formwechsel zwischen zwei Kapitalgesellschaften, d.h. einer Aktiengesellschaft in eine GmbH oder KGaA bedarf der Mehrheit von mindestens drei Viertel des vertretenen Grundkapitals oder der abgegebenen Stimmen (§ 240 Abs. 1 S. 1 UmwG). Weiterhin bedarf der Formwechsel eine Aktiengesell-

---

[135] s. zur Verschmelzung S. 34ff, zur Spaltung S. 37ff.

[136] vgl. Hirte, Kapitalgesellschaftsrecht, Rn. 6.206.

schaft in eine KG der Zustimmung aller Aktionäre, die in der neuen Rechtsform der Gesellschaft die Stellung eines persönlich haftenden Gesellschafters haben sollen (§ 240 Abs. 2 UmwG). Die Satzung kann nur eine größere Mehrheit oder weiter Erfordernisse bestimmen (§ 240 Abs. 1 S. 2 UmwG). Im Einzelfall können zusätzliche Sonderbeschlüsse bestimmter Aktionärsgruppen oder die individuelle Zustimmung einzelner Aktionäre erforderlich sein.[137]

Für den Formwechsel in eine Personenhandelsgesellschaft verlangt das Gesetz dagegen grundsätzlich die Zustimmung sämtlicher Gesellschafter, §§ 217, 233 Abs. 1 UmwG. Soll allerdings eine Aktiengesellschaft in eine KG umgewandelt werden genügt stattdessen eine qualifizierte Mehrheit, d.h. drei Viertel des bei der Beschlussfassung vertreten Grundkapitals (§ 233 Abs. 2 UmwG). Allerdings müssen dem Formwechsel alle Aktionäre zustimmen, die in der KG die Stellung eines persönlich haftenden Gesellschafters haben sollen. Die Satzung kann nur eine größere Mehrheit oder weitere Erfordernisse bestimmen (§ 233 Abs. 2 S. 2 UmwG).

Der Zustimmungsbeschluss, auch die Zustimmung einzelner Aktionäre bzw. Aktionärsgruppen ist Wirksamkeitsvoraussetzung des Formwechsels. Bis zur erforderlichen Zustimmung der Hauptversammlung oder einzelner Aktionäre ist der Beschluss schwebend unwirksam.[138] Der Zustimmungsbeschluss ist zwingend in der Versammlung der Anteilseigner zu fassen. Die Satzung kann hiervon nicht abweichen. Die Vertretungsorgane, d.h. der Vorstand können den Beschluss lediglich vorbereiten, § 192 UmwG. Mithin wird die Vertretungsbefugnis des Vorstands wiederum gesetzlich beschränkt.

## X. Ungeschriebene Kompetenzen

Nach § 119 Abs. 1 AktG sind die in Gesetz und Satzung ausdrücklich beschriebenen Zuständigkeiten der Hauptversammlung insbesondere zur Zu-

---

[137] s. zu den Einzelheiten, Raiser, Recht der Kapitalgesellschaften, § 46, Rn. 51ff.

[138] vgl. Kallmeyer, in: Kallmeyer, UmwG, § 193, Rn. 2.

ständigkeit des Vorstands abschließender Natur.[139] Weiterreichende Kompetenzen der Hauptversammlung wären danach ausgeschlossen. Somit unterlägen selbst substantielle Eingriffe in die Organisationsstruktur oder in die Vermögenssubstanz der Aktiengesellschaft, als Teil der Unternehmensplanung und Unternehmensstrukturierung, der ausschließlich Leitungsbefugnis des Vorstands, sofern keine der oben dargestellten gesetzlichen Zuständigkeitszuweisungen an die Hauptversammlung einschlägig ist.

### 1. Problemstellung

Eine derart weitreichende Vorstandskompetenz ohne Mitwirkungsbefugnisse der Hauptversammlung erscheint insbesondere in zwei Konstellationen problematisch: Zum einen bei Maßnahmen des Vorstands, in denen erhebliche Vermögenswerte der Gesellschaft unterhalb der qualitativen bzw. quantitativen Grenzen des § 179a AktG[140] gegen Geld oder Gewährung von Gesellschaftsrecht veräußert werden. Zum anderen stellt sich die Frage der Hauptversammlungsmitwirkung bei Einflussverschiebung innerhalb eines schon bestehenden Konzerns, wie der Veräußerung von wirtschaftlich bedeutsamen Beteiligungen, dem Umhängen von Tochtergesellschaften auf Enkelgesellschaften sowie dem Kauf von wirtschaftlichen riskanten und bedeutsamen Beteiligungen. Allen beispielhaft aufgeführten Fällen ist gemein, dass es abseits der oben dargestellten umwandlungsrechtlichen und aktienrechtlichen Gestaltungsformen keine gesetzlich geregelten Hauptversammlungskompetenzen gibt. Dies gilt für diejenigen Konstellationen, in denen sich der Vorstand mit seinen Maßnahmen innerhalb des satzungsmäßigen Unternehmensgegenstands bewegt.[141] In der Praxis ist eine Begrenzung des Vorstands aufgrund vielfach verbreiteter Hilfszweck- und Dienlichkeitsklauseln nicht mehr gewährleistet.[142]

---

139 vgl. Kubis, in: MünchKomm/AktG, § 119, Rn. 9; Mülbert, in: Großkomm/AktG, § 119, Rn. 5.

140 s.o. S. 26ff.

141 s.o. S. 17ff.

142 s. auch Geßler, FS Stimpel, S. 771, 782f; Lutter, FS Stimpel, S. 825, 847; Rehbinder, FS Coing, S. 423, 434ff; Kubis, in: MünchKomm/AktG, § 119, Rn. 31.

## 2. Dogmatische Herleitung

Diese Probleme hinsichtlich einer Kompetenzbeschränkung des Vorstands und eines Schutzes der Aktionäre wurde nach Inkrafttreten des neuen Aktiengesetzes im Jahr 1965 im Schrifttum alsbald diskutiert.[143] Bisweilen hat der Gesetzgeber allerdings, trotz zahlreicher Änderungen im Aktiengesetz, wie z.B. der Neufassung des § 179a AktG und der Einführung des Umwandlungsgesetzes, nicht reagiert und den oben dargestellten Problemkreis nicht geregelt.

### a) Lösungsansätze der Rechtsprechung

Demgegenüber griff die Rechtsprechung die obigen Ansätze des Schrifttums schließlich auf und macht sie teilweise zur Grundlage seiner Entscheidungen, um den Aktionären einen Schutz zu gewähren, der über die gesetzlichen geregelten Fällen hinausgeht.

#### aa) Rechtsprechung des Bundesgerichtshofs

So hat der Bundesgerichtshof bislang drei Entscheidungen zu sog. ungeschriebenen Hauptversammlungskompetenzen getroffen, wobei die letzten beiden Entscheidungen in parallel gelagerten Fällen erst kürzlich ergingen.[144]

##### (1) „Holzmüller"-Entscheidung (Hauptversammlungszuständigkeit nach § 119 Abs. 2 AktG)

Mit Urteil vom 25.2.1982 entschied der Bundesgerichtshof zum ersten Mal, dass es trotz der gesetzlich geregelten Kompetenzverteilung zwischen Hauptversammlung und Vorstand ungeschriebene Zustimmungskompetenzen der Hauptversammlung gebe.[145] Das Urteil befasste sich mit der Einbringung des mit weitem Abstand wertvollsten Betriebsteils in eine 100-prozentige Toch-

---

[143] vgl. Lutter, FS Westermann, S. 347, 364ff.; Ulmer, AG 1975, 15, 16, Mertens, AG 1978, S. 309, 312.

[144] vgl. BGHZ 159, S. 30ff.

[145] vgl. BGHZ 83, S. 122ff.

tergesellschaft im Wege der Sacheinlage. Der solchermaßen in eine Tochtergesellschaft eingebrachte Seehafenbetrieb machte ca. 80% des Vermögens der übertragenden Gesellschaft aus.

Dogmatischer Ansatzpunkt des Bundesgerichtshofs war hierbei § 119 Abs. 2 AktG mit dem darin enthaltenen grundsätzlich freien Ermessen des Vorstands bezüglich der Anrufung der Hauptversammlung in Geschäftsführungsfragen.[146] Der Bundesgerichtshof nahm eine „Ermessenschrumpfung auf Null" und damit eine Verpflichtung des Vorstands zur Anrufung der Hauptversammlung nach § 119 Abs. 2 AktG für den Fall an, dass „grundlegende Entscheidungen (...) so tief in die Mitgliedschaftsrechte der Aktionäre und deren im Anteilseigentum verkörpertes Vermögensinteresse eingreifen, dass der Vorstand vernünftigerweise nicht annehmen kann, er dürfe sie in ausschließlich eigener Verantwortung treffen, ohne die Hauptversammlung zu beteiligen."[147] Eine allgemein gültige Fixierung für derartige Eingriffe stellte der Bundesgerichtshof allerdings in seiner Entscheidung nicht auf.

Zudem stellte der Bundesgerichtshof fest, dass die Aktionäre der Obergesellschaft in einem Konzern verlangen dürfen, dass sie „(...) an wichtigen Grundentscheidungen in der Tochtergesellschaften, die sich auf ihre eigene Rechtsstellung nachteilig auswirken können, in denselben Formen und mit denselben Mehrheiten intern beteiligt werden, wie es für entsprechende Entscheidungen bestimmt ist, bevor sie in der Tochtergesellschaft verwirklicht werden."[148] Jenseits der beispielhaft genannten Unternehmensverträge der Tochtergesellschaften mit Dritten, der Kapitalerhöhung in der Tochtergesellschaft unter Ausschluss des Bezugsrecht der Obergesellschaft, der Liquidation der Tochtergesellschaft, sowie der Vermögensübertragung von Tochtergesellschaften an einen Dritten gem. § 316AktG a.F. (nunmehr § 179a AktG)[149] hat der Bundesgerichtshof wiederum keine greifbaren Kriterien qualitativer

---

[146] s.o. S. 23.
[147] BGHZ 83, S. 122, 131.
[148] BGHZ 83, S. 122, 138.
[149] vgl. BGHZ 83, S. 122, 138 a.E.

oder quantitativer Art für derartige Zustimmungsvorbehalte der Obergesellschaft gemacht.

Begründet wurde eine solche Zustimmungspflicht der Hauptversammlung mit dem Hinweis auf einen Mediatisierungseffekt des Mitgliedschaftsrechts der Aktionäre der Obergesellschaft. Durch eine Verlagerung der Aktivitäten der Obergesellschaft in eine 100-prozentige Tochtergesellschaft, in welcher der Vorstand dann alle Gesellschafterrechte allein ausübt, würden wichtige Entscheidungen hinsichtlich des übertragenden Gesellschaftsvermögens den Entscheidungen der Aktionäre der Obergesellschaft entzogen.[150]

Explizit offengelassen wurde vom Bundesgerichtshof die Frage, ob eine vorherige hinreichende Beteiligung der Hauptversammlung im Rahmen der Konzernbildung eine weitere Mitwirkung bei grundlegenden Maßnahmen des Vorstands in der Tochtergesellschaft entbehrlich werden lassen.[151]

Konsequenz der dogmatischen Anknüpfung des Bundesgerichtshofs an § 119 Abs. 2 AktG ist, dass hiernach für einen Hauptversammlungsbeschluss einen einfache Mehrheit ausreicht. Weiterhin sind Maßnahmen des Vorstands trotz fehlender Hauptversammlungszustimmung gegenüber außenstehenden Dritten, von den Fällen des Missbrauchs der Vertretungsmacht des Vorstands abgesehen,[152] wirksam.

Nach Auffassung des BGH sei eine Hauptversammlungskompetenz auch dann nicht ausgeschlossen, wenn die Satzung dem Vorstand eine entsprechende Maßnahme explizit erlaube.[153]

---

150 vgl. BGHZ 83, S. 122, 139f.
151 vgl. BGHZ 83, S. 122, 140.
152 s.o. S. 20ff.
153 vgl. BGHZ 83, S. 122, 139.

### (2) „Gelatine"-Entscheidung (Hauptversammlungszuständigkeit kraft eigener Rechtsfortbildung)

Mit Urteil vom 26.4.2004 hat der Bundesgerichtshof nunmehr nach 22 Jahren erneut in zwei gleich gelagerten Entscheidungen zu den ungeschriebenen Hauptversammlungskompetenzen Stellung genommen.[154]

Der Vorstand eine Aktiengesellschaft hatte die Hauptversammlung um Genehmigung ersucht, die 100-prozentige Beteiligung an zwei Auslandsgesellschaften auf eine andere, der Muttergesellschaft ebenfalls allein gehörende Tochtergesellschaft zu übertragen, wodurch die beiden Auslandstöchter zu Enkelgesellschaften werden sollten. Bei einer der Auslandsgesellschaften bewegte sich Bilanzsumme, Eigenkapital, Umsatz und Jahresüberschuss im Konzernvergleich zwischen 8% und 22%.

Der Bundesgerichtshof verneinte bei dieser Sachlage einen Anwendungsfall der „Holzmüller"-Grundsätze. Ausweislich der Leitsätze sind „ungeschriebene Mitwirkungsbefugnisse der Hauptversammlung bei Maßnahmen, die das Gesetz dem Vorstand als Leitungsaufgabe zuweist nur ausnahmsweise und in engen Grenzen anzuerkennen."[155] Sie kommen erst dann in Betracht, „wenn eine Umstrukturierung der Gesellschaft an die Kernkompetenz der Hauptversammlung, die Verfassung der Aktiengesellschaft zu bestimmen, heranreicht, weil sie Veränderungen nach sich zieht, die denjenigen zumindest nahe kommen, welche allein durch eine Satzungsänderung herbeigeführt werden können." Außer in Ausgliederungsfällen kommt „die Ausnahmezuständigkeit jedenfalls für die Umstrukturierung einer Tocher- in eine Enkelgesellschaft wegen dem mit ihr verbundenen weiteren Mediatisierungseffekt in Betracht", soweit es sich um eine Maßnahme handelt, deren „wirtschaftliche Bedeutung in etwa die Ausmaße wie in dem Senatsurteil BGHZ 83, 122 erreicht."[156] Der Bundesgerichtshof distanziert sich zunächst von einer Meinung, die das

---

[154] vgl. BGHZ 159, S. 30ff = ZIP 2004, S. 993 = NJW 2004, S. 1860ff = NZG 2004, S. 571ff.
[155] BGHZ 159, S. 30.
[156] BGHZ 159, S. 30, 45.

„Holzmüller"-Urteil als Grundstein einer konzernspezifischen Binnenordnung begreift.[157] Die Gesellschafterzuständigkeit ergebe sich „lediglich als Reflex" der von dem Bundesgerichtshof für erforderlich erachteten Beteiligung der Aktionäre.[158] Als Begründungsgesichtspunkte für die Entscheidung stellt der Bundesgerichtshof dagegen auf die mit Ausgliederungsvorgängen regelmäßige einhergehende Verkürzung der mitgliedschaftlichen Herrschaftsrechte, den sog. Mediatisierungseffekt, sowie die allfällige Gefahr für die vermögensrechtliche Stellung der Aktionäre ab.[159] Die Aktionäre sollen präventiv vor einer durch eine „grundlegende Entscheidung des Vorstands eintretende nachhaltige Schwächung des Wertes ihrer Beteiligung" geschützt werden.[160] Ausdrücklich stellte der Bundesgerichtshof fest, dass er nicht abschließend darüber befunden habe, bei „welchen einzelnen Geschäftsführungsmaßnahmen des Vorstands, obwohl nach dem geschriebenen Gesetz nicht verpflichtet, aus dem Gesichtspunkt eines tief greifenden Eingriffs in die mitgliedschaftlichen Befugnisse der Aktionäre intern" die Zustimmung der Hauptversammlung einzuholen ist. Jedenfalls können die Ausgliederung eines wichtigen Betriebsteils, sowie die Umstrukturierung des Beteiligungsbesitzes eine solche Zustimmungserforderlichkeit hervorrufen.[161]

Hinsichtlich der Rechtsgrundlage der ungeschriebenen Hauptversammlungszuständigkeiten ist der Bundesgerichtshof von dem in der „Holzmüller"-Entscheidung verfolgten Ansatz einer Ermessenreduzierung im Rahmen des § 119 Abs. 2 AktG abgerückt und bekennt sich nunmehr zu einer „offenen richterlichen Rechtsfortbildung". Dabei stellt er ausdrücklich fest, dass der Zustimmungsbeschluss einer Dreiviertelmehrheit des vertretenen Grundkapitals bedarf, da die ungeschriebenen Hauptversammlungszuständigkeiten in

---

[157] vgl. BGHZ 159, S. 30, 39; s. auch Goette, DStR 2004, S. 922, 927f.
[158] vgl. BGHZ 159, S. 30, 39.
[159] vgl. BGHZ 159, S. 30, 40.
[160] BGHZ 159, S. 30, 40.
[161] vgl. BGHZ 159, S. 30, 41.

der Nähe zu den Maßnahmen der gesetzlich geregelten Strukturentscheidungen liegen.[162]

### bb) Instanzgerichte

Die Instanzgerichte sind bislang der „Holzmüller"-Rechtsprechung des Bundesgerichtshofs mit den unterschiedlichsten Begründungen und Eingriffsgrenzen im Ergebnis gefolgt.[163] Inwiefern sie dem neuen Ansatz des Bundesgerichtshofs folgen werden, bleibt abzuwarten.

## b) Lösungsansätze der Literatur

Von wenigen Ausnahmen[164] abgesehen, war die erste Reaktion der Literatur auf die „Holzmüller"-Entscheidung durchweg ablehnend.[165] Allerdings wurde in der Folgezeit aus praktischen Gesichtspunkten das Erfordernis einer Mitwirkung der Hauptversammlung akzeptiert.[166] So wurden daraufhin auch vielfach vorsorglich „Holzmüller"-Zustimmungsbeschlüsse der Hauptversammlung eingeholt.[167]

Dabei sind die dogmatische Herleitung und die Reichweite der Kompetenzen höchst umstritten. Einig ist man sich nur, dass eine ohne Zustimmung der Hauptversammlung durch den Vorstand getätigte Maßnahme, auch wenn sie

---

[162] vgl. BGHZ 159, S. 30, 45.

[163] vgl. LG Frankfurt a.M. AG 1993, S. 287, 288; OLG München AG 1995, S. 232, 233; LG Frankfurt a.M. AG 1998, S. 45, 46; LG Heidelberg AG 1999, S. 135, 137; LG Düsseldorf AG 1999, S. 94, 95; OLG Frankfurt a.M. DB 1999, S. 1004, 1005; OLG Celle AG 2001, S. 357, 358; OLG Stuttgart AG 2003, S. 527, 530ff; zu den Einzelheiten s. Reichert, in: Müller/Rödder, Beck'sches Handbuch, § 5, Rn. 31-43; Dietz, Die Ausgliederung, S. 249f.

[164] vgl. Lutter, FS Stimpel, S. 825ff; Großfeld/Brondics, JZ 1982, S. 589ff.

[165] vgl. Semler, BB 1983, S. 1566, 1571f., Martens, ZHR 147 (1983), S. 377, 381; Heinsius ZGR 1984, S. 383, 386f; Werner, ZHR 147 (1983), S. 429, 438, 440ff; Habersack, WM 2001, S. 545 m.w.N.

[166] vgl. Schmidt, Gesellschaftsrecht, § 28 V 2b, S. 870ff; Raiser, Recht der Kapitalgesellschaften, § 16, Rn. 12; Semler, in: MünchHdbGes/AG, § 34, Rn. 38; Wiedemann, in: Großkomm/AktG, § 179, Rn. 69 m.w.N.

[167] s. für eine empirische Studie der Jahre 1990-99: Bernhardt, DB 2000, S. 1873, 1875ff.

der ungeschriebenen Kompetenz der Hauptversammlung unterfällt, im Außenverhältnis wirksam ist.[168]

## aa) Hauptversammlungszuständigkeit nach § 119 Abs. 2 AktG

Teilweise folgt die Literatur der „Holzmüller"-Entscheidung des Bundesgerichtshofs und sieht die dogmatische Grundlage für eine Kompetenz der ungeschriebenen Hauptversammlungszuständigkeit in § 119 Abs. 2 AktG.[169] Diese Auffassung stützt sich vor allem darauf, dass die gesetzliche Rechtsfolge des § 119 Abs. 2 AktG nicht die Unwirksamkeit des, ohne die Zustimmung der Hauptversammlung, durch den Vorstand getätigten Geschäfts im Außenverhältnis anordnet.[170] Dieses täten aber alle anderen analog angewendeten Paragraphen des Aktiengesetzes.

## bb) Hauptversammlungszuständigkeit nach § 179a AktG analog

Eine andere Ansicht sieht in § 179a AktG bzw. der Vorgängernorm § 361 AktG a.F. den Ansatzpunkt für eine ungeschriebene Hauptversammlungszuständigkeit.[171] Der Zweck des § 361 AktG a.F. bestehe nicht nur in der Sicherung der Tätigkeit der Gesellschaft, sondern auch im Schutz der Struktur des Unternehmens im Interesse der Gesellschafter.[172] So sei aufgrund einer qualitativen Betrachtungsweise § 361 AktG a.F. auch dann anwendbar, wenn der nach der Verkehrsanschauung zu beurteilende Unternehmensschwerpunkt betroffen ist.[173]

---

168 vgl. Reichert, in: Müller/Rödder, Beck'sches Handbuch, § 5, Rn. 47, m.w.N.

169 vgl. Hüffer, AktG, § 119, Rn. 18; ders., FS Ulmer, S. 279, 287-290; Obermüller/Werner/Winden/Butzke, Die Hauptversammlung, L, Rn. 77; Reichert, Die Spaltung im neuen Umwandlungsrecht, S. 25, 45.

170 vgl. Reichert, Die Ausstrahlungswirkung, S. 24, 45.

171 vgl. Timm, Konzernspitze, S. 115f; ders., AG 1980, S. 172, 176f.

172 vgl. Timm, Die Aktiengesellschaft, S. 116.

173 vgl. Timm, AG 1980, S. 172, 176f.

### cc) Einzelanalogie zu §§ 291 Abs. 1 Nr. 1, 2, 293 Abs. 1 AktG

Eine andere Auffassung leitet eine Hauptversammlungskompetenz aus einer analogen Anwendung des § 293 Abs. 1 AktG i.V.m. §§ 291, 292 AktG her.[174] So sei das Verlagern von Vermögen auf Tochtergesellschaften der Betriebsgewinngemeinschaft bzw. einem Teilgewinnabführungsvertrag ähnlich, da bei der Übertragung eines Unternehmensteils die Obergesellschaft ebenfalls die mit dem Unternehmensteil verbundenen Gewinnchancen abführe.[175]

### dd) Hauptversammlungszuständigkeit aus § 121 Abs. AktG

Teilweise wird eine ungeschriebene Hauptversammlungszuständigkeit aus § 121 Abs. 1 AktG hergeleitet.[176] Nach dieser Auffassung hat der Vorstand die Hauptversammlung einzuberufen, wenn das Wohl der Gesellschaft dieses verlangt. Die Norm stelle einen Auffangtatbestand dar, der in den Einzelfällen eingreift, bei denen aufgrund ihrer Struktur eine Aufzählung unmöglich ist.[177]

### ee) Hauptversammlungszuständigkeit aufgrund Gesamtanalogie zu §§ 179, 179a, 293, 319 AktG, §§ 13, 65 UmwG

Nach einer anderen Ansicht sei die Rechtsgrundlage für eine Hauptversammlungskompetenz in einer Gesamtanalogie zu den §§ 179, 179a, 293 Abs. 1, 319 AktG, §§ 13 Abs. 1, 65 Abs. 1 UmwG zu finden[178], wobei in unterschiedlichster Weise Kombinationen aus vorstehenden Normen herangezogen wer-

---

174 vgl. Hübner, FS Stimpel, S. 791, 795ff.

175 vgl. Hübner, FS Stimpel, S. 791, 795f.

176 vgl. Geßler, FS Stimpel, S. 771, 776ff.

177 vgl. Geßler, FS Stimpel, S. 771, 777f.

178 vgl. Dietz, Die Ausgliederung, S. 353-360; Habersack, in: Emmerich/Habersack, Aktien- und GmbH-KonzernR (3. Auflage), Vor § 311, Rn. 36; Henze, FS Ulmer, S. 211, 219f; Krieger, in: MünchHdb/AG, § 69, Rn. 6; Liebscher, ZGR 2005, 1, 22; ders., Konzernbildungskontrolle, S. 84ff; Lutter, FS Stimpel, S. 825, 850; ders., FS Fleck, S. 169, 182f; Mülbert, in: Großkomm/AktG, § 119, Rn. 29; ders., Aktiengesellschaft, S. 513ff; Rehbinder, ZGR 1983, 92, 98; Timm, Die Aktiengesellschaft, S. 152ff; Wahlers, Konzernbildungskontrolle, S. 177ff; Wiedemann, in: Großkomm/AktG, § 179, Rn. 74.

den.[179] Dabei fuße nach teilweiser Auffassung eine analoge Anwendung der Vorschriften des Umwandlungsgesetztes auf eine vergleichbare Lage bei einer Ausgliederung im Wege der Einzelübertragung, welche eine Umgehung des Zustimmungserfordernisses der Hauptversammlung nach dem Umwandlungsgesetz[180] verhindern solle.[181] Weiterhin könne den obigen Normen der allgemeine Rechtsgedanke entnommen werden, dass Umstrukturierungsmaßnahmen, sowohl zu einer Beeinträchtigung der Herrschaftsrechte als auch zu einer Gefährdung der Vermögensinteressen der Aktionäre führen, welche nach eben jenen Normen der Zustimmung der Hauptversammlung bedürfen.[182] Im Ergebnis ginge es bei der „Holzmüller"-Doktrin um Mitgliedschaftsschutz, welcher sich am besten auf eine Gesamtanalogie zu all jenen Vorschriften gründe, die Ausfluss des Mitgliedschaftsschutzes seien.[183] Zudem werde durch eine Gesamtanalogie jeder Teilbereich hinsichtlich ungeschriebener Hauptversammlungszuständigkeiten erfasst, was mit einer Einzelanalogie aufgrund der unterschiedlichen Dimensionen der damit zusammenstehenden Vermögens-, Kompetenz- bzw. Schutzaspekte unmöglich sei.[184]

#### ff) Hauptversammlungszuständigkeit wegen Änderung des Unternehmensgegenstands nach § 179 AktG

Letztendlich sieht eine Meinung in der Ausgründung von Tochtergesellschaften eine Hauptversammlungszuständigkeit aufgrund einer „faktischen" Änderung des Unternehmensgegenstands, der als Satzungsänderung der Zustimmung der Hauptversammlung nach § 179 Abs. 1 AktG[185] bedürfe.[186] Dieser

---

179 zu den Einzelheiten s. Dietz, Die Ausgliederung, S. 349ff.
180 s.o. S. 40.
181 vgl. Henze, FS Ulmer, S. 211, 219.
182 vgl. Dietz, Die Ausgliederung, S. 356.
183 vgl. Liebscher, ZGR 2005, S. 1, 22.
184 vgl. Liebscher, Konzernbildungskontrolle, S. 84.
185 s.o. S. 24.

Ansatzpunkt bilde den kleinsten gemeinsamen Nenner hinsichtlich des Problems der Ausgründung und des Kontrollverlustes der Aktionäre der Obergesellschaft. Die Beschreibung des Unternehmensgegenstands begründe die äußerste Grenze des autonomen Vorstandshandelns. So ließe eine hinreichend präzise Formulierung des Unternehmensgegenstands auch die Notwendigkeit entfallen, die Hauptversammlung mit der bereits statuarisch beschriebenen Maßnahme erneut zu befassen.[187] Diese Ableitung stelle zudem die Kongruenz zu der jederzeitigen Möglichkeit der Hauptversammlung her die Reichweite vorstandsautonome Handelns bereits vorher, positiv oder negativ zu regeln, indem der satzungsmäßige Unternehmensgegenstand möglichst präzise formuliert oder unter den Vorbehalt einer Aufsichtsratzustimmung gestellt werde.[188] Erst überall dort, wo der satzungsmäßige Unternehmensgegenstand keine präzisen Vorgaben macht, sei die Hauptversammlung analog § 179 AktG zur Entscheidung über schwerwiegende mitgliedschaftsrelevante Maßnahmen berufen.[189]

### c) Stellungnahme

Die letztgenannte Ansicht überzeugt und ist gegenüber den anderen Auffassungen vorzugswürdig.

Gegen eine analoge Heranziehung von § 119 Abs. 2 AktG spricht, dass § 119 Abs. 2 AktG vornehmlich eine haftungsrechtliche Funktion hat, nach welcher der Vorstand für Geschäftsführungsmaßnahmen, die er der Hauptversammlung gem. § 119 Abs. 2 AktG vorgelegt hat, nicht haftbar gemacht werden

---

186 vgl. Rehbinder ZGR 1983, S. 92, 96f; ders., FS Coing, S. 423ff; Heinsius ZGR 1984, S. 383, 404-409; Groß, AG 1994, S. 266, 272ff; Kubis, in: MünchKomm/AktG, § 119, Rn. 41; Mecke, Konzernstruktur, S. 178ff; im Ergebnis auch Fleischer, NJW 2004, S. 2335, 2337.

187 vgl. Kubis, in: MünchKomm/AktG, § 119, Rn. 41.

188 vgl. Heinsius, ZGR 1984, S. 383, 406ff; Martens, ZHR 147 (1983), S. 377, 395; Werner, ZHR 147 (1983), S. 429, 441.

189 vgl. Kubis, in: MünchKomm/AktG, § 119, Rn. 41; in diesem Punkt übereinstimmend, Liebscher, Konzernbildungskontrolle, S. 85.

kann.[190] Weiterhin erfüllt § 103 Abs. 2 AktG 1937 als wortgleicher Vorläufer des § 119 Abs. 2 AktG eine Klarstellungsfunktion, als dass die Aktionärsversammlung die bis dato alle grundlegenden, gewichtigen Fragen zu entscheiden hatte, künftig für Geschäftsführungsmaßnahmen nicht mehr zuständig sein sollte.[191] Die Konstruktion einer Vorlagepflicht ist mit diesem Regelungszweck unvereinbar.[192]

Ebenso scheidet die Herleitung eine Hauptversammlungskompetenz aus § 179a AktG (§ 361 AktG a.F.) aus. Hiergegen spricht die rein vermögensbedingte Schutzfunktion des § 179a AktG (§ 361 AktG a.F). So sollte § 361 AktG a.F. die Umgehung der Verschmelzungsvorschriften verhindern, weshalb die Norm nur anwendbar war, wenn die Vermögensübertragung im wirtschaftlichen Ergebnis einer Verschmelzung gleichkam.[193] Zweck des § 179a AktG ist es, eine Hauptversammlungskompetenz nur in den Fällen zu begründen, in denen sich die wirtschaftliche Struktur des Unternehmens der Aktiengesellschaft durch die Übertragung des gesamten Gesellschaftsvermögens ändert und nicht bereits eine Hauptversammlungskompetenz wegen Änderung des Unternehmensgegenstandes gegeben ist.[194] Deshalb bietet § 179a AktG den Aktionären keinen Schutz davor, dass sie durch Änderung des Unternehmensgegenstandes oder infolge der Auflösung der Gesellschaft in ihren Herrschaftsrechten beeinträchtigt werden. Wie bei § 361 AktG a.F. ist allein der Vermögensschutz der Aktionäre der übertragenden Gesellschaft Zweck des § 179a AktG.[195] Mithin schützten bzw. schützen § 361 AktG a.F. und § 179a AktG nur vor dem Verlust der gesamten Unternehmenstätigkeit, nicht

---

190 so auch Liebscher, Konzernbildungskontrolle, S. 79; Martens, ZHR 147 (1983), S. 377, 383ff; kritisch Geßler, FS Stimpel, S. 771, 774.

191 vgl. Begründung zum AktG 1937, in: Klausing, Gesetz, S. 88.

192 so auch Geßler, FS Stimpel, S. 771, 773ff; Martens, ZHR 147 (1983), S. 377, 383ff.

193 vgl. Regierungsbegründung zu § 361, in: Kropff, Aktiengesetz, S. 472; BGHZ 82, 188, 195f; Einzelheiten bei Mecke, Konzernstruktur, S. 171ff.

194 Begründung zum Regierungsentwurf des UmwG, BT-Drucks. 12/6699, S. 177.

195 vgl. Stein, in: MünchKomm/AktG, § 179a, Rn. 7; Henze, FS Boujong, S. 233, 247; Mülbert, Aktiengesellschaft, S. 180, 408.

vor einzelnen Änderungen der Unternehmenstätigkeit, wie bei der Ausgründung von Tochtergesellschaften.

Weitere Hauptversammlungskompetenzen können auch nicht aus einer Analogie zu den §§ 291 Abs. 1, 293 Abs. 1 AktG abgeleitet werden. Die Nachteile der Aktionäre der Obergesellschaft bei der Ausgründung von Tochterunternehmen sind nicht mit den Nachteilen eines Beherrschungsvertrags, einer Gewinngemeinschaft und einem Teilgewinnabführungsvertrag vergleichbar. So kommt es durch den Abschluss von Unternehmensverträgen nicht zu einer Mediatisierung von Aktionärsrechten der Obergesellschaft. Vielmehr ist die Tochtergesellschaft zur (Teil-) Gewinnabführung verpflichtet, bzw. wird von der Obergesellschaft beherrscht. Zwar hat der Vorstand bei einem Beherrschungsvertrag die Interessen der Tochtergesellschaft zu berücksichtigen. Dieser Zwang ist jedoch nicht von der gleichen Intensität wie die Abhängigkeitsbegründung auf Seiten der Tochtergesellschaft.

Eine Erweiterung der Hauptversammlungskompetenz lässt sich auch nicht aus § 121 Abs. 1 AktG begründen. § 121 Abs. 1 AktG ist nur anwendbar, wenn die Hauptversammlung nicht schon nach dem Gesetz oder der Satzung einzuberufen ist, also bei Maßnahmen der Geschäftsführung.[196] Nimmt man demgegenüber eine Einberufungspflicht nach § 121 Abs. 1 AktG zum Wohle der Gesellschaft nur dann an, wenn die Hauptversammlung sowieso zuständig ist, wäre dieser Einberufungsgrund gegenstandslos.[197] Vielmehr gibt § 121 Abs. 1 AktG dem Vorstand die Möglichkeit die Hauptversammlung auch zu bloßen Unterrichtungszwecken und/oder zur formlosen Einholung von Aktionärsmeinungen einzuberufen.[198] Eine Eingriff in die Zuständigkeitsordnung aufgrund § 121 Abs. 1 AktG kann dagegen nicht angenommen werden.

---

[196] vgl. Geßler, FS Stimpel, S. 771, 778.

[197] so auch Geßler, FS Stimpel, S. 771, 778.

[198] vgl. Kubis, in: MünchKomm/AktG, § 120, Rn. 8; Mülbert, in: Großkomm/AktG, Vor §§ 118-147, Rn. 56.

Gegen die Annahme einer Gesamtanalogie gem. §§ 179, 179a, 293, 319 AktG, §§ 13, 65 UmwG als Begründung für eine ungeschrieben Hauptversammlungskompetenz spricht, dass die als Analogiegrundlage herangezogenen Normen ganz unterschiedliche Zielsetzungen verfolgen, weshalb sie auch nur wenig aussagkräftig seinen können.[199] Weiterhin kennen die als Grundlage der Gesamtanalogie herangezogenen Normen – mit Ausnahme der §§ 292 Abs. 1 und 2 AktG keinen Bagatellvorbehalt,[200] welcher aber auch von den Befürwortern der Gesamtanalogie einvernehmlich, wenn auch in unterschiedlicher Höhe angenommen wird. Es fehlt daher an einer für die Analogieannahme erforderlichen vergleichbaren Interessenlage.

Die nunmehr vom Bundesgerichtshof vertretene Berufung auf eine „offene Rechtsfortbildung“[201] kann ebenfalls nicht überzeugen, da die Rechtsprechung und das sog. „Richterrecht“ keine eigene Rechtsquelle darstellen. Vielmehr handelt es sich bei der Rechtsprechung um eine Rechtsquelle,[202] die allerdings nicht verbindlich Recht und Gesetz festlegen kann und darf. So sind andere Gerichte nicht, wie teilweise im Common Law des angelsächsischen Rechtskreises, an die Entscheidung ihrer Kollegen gebunden, sondern können davon jederzeit abweichen.

Die hier vertretene Ansicht, d.h. die Anlehnung an den Unternehmensgegenstand und die Annahme einer Regelungskompetenz der Hauptversammlung aufgrund von § 179 Abs. 1 AktG analog für Maßnahmen, die nicht präzise in der Satzung geregelt wurden, vermeidet zudem Friktionen bei der Außenwirkung kompentenzwidrig vollzogener Vorstandsmaßnahmen. So lässt ein Verstoß des Vorstands durch Überschreitung des Unternehmensgegenstandes die Vertretungsbefugnis gem. § 82 Abs. 2 AktG grundsätzlich unberührt.[203]

---

[199] so auch Koppensteiner, in: KölnerKomm/AktG, Vorb. § 291, Rn. 46.
[200] vgl. Koppensteiner, in: KölnerKomm/AktG, Vorb. § 291, Rn. 47.
[201] vgl. BGHZ 159, S. 30, 43 ohne Begründung.
[202] vgl. Larenz/Canaris, Methodenlehre, S. 255f.
[203] s.o. S. 20.

Zudem orientiert sich diese Auffassung an der im Aktiengesetz grundsätzlich zugrunde liegenden Zuständigkeitsordnung, nach welcher der Vorstand nach § 76 Abs. 1 AktG die Geschäftsführungskompetenz inne hat, welche durch die Satzung und dort insbesondere nur durch eine genaue Definition des Unternehmensgegenstands begrenzt werden kann.[204] Durch diese Lösung wird der Hauptversammlung nach den gesetzlichen Grundlagen jederzeit die Möglichkeit gegeben, durch positive oder negative Definition des Unternehmensgegenstandes die Reichweite des vorstandsautonomen Handelns zu begrenzen und somit eine Rechtsunsicherheit hinsichtlich der Kompetenzabgrenzung vorzubeugen.

Dem kann auch nicht entgegen gehalten werden, dass in den meisten Satzungen eine genaue umfassende Beschreibung des Unternehmensgegenstandes fehlt oder sich allgemeinen mit weitreichenden Dienstlichkeitsklauseln beholfen wird, welche dem Vorstand im Zweifel alle Möglichkeiten zur Ausgründung geben.[205] Sind solche Klauseln in der Satzung enthalten, sind dem Vorstand alle Freiheiten gegeben, welche die Hauptversammlung durch Änderung des Unternehmensgegenstandes auch wieder entziehen kann. Das von der Gegenmeinung vorgetragene Argument, dass es sich bei regelmäßig vereinbarten Satzungselementen einschließlich der damit verbundnen Publizität um vernachlässigbare Regelungsaspekte handelt, widerspricht dem Konzept des Aktiengesetzes und der dort vorausgesetzten Eigenverantwortung des Aktionärs.[206] Letztendlich finden sich auch im „Gelantine"-Urteil des Bundesgerichtshofs Anhaltspunkte, nach denen der BGH zustimmungspflichtige Maßnahmen in die Nähe einer Satzungsänderung rückt. So heißt es: „Danach kann eine im Gesetz nicht ausdrücklich vorgesehene Mitwirkung der Hauptversammlung (…) nur in engen Grenzen, nämlich dann in Betracht kommen, wenn sie an die Kernkompetenz der Hauptversammlung über die Verfassung

---

[204] s. dazu bereits S. 18.

[205] vgl. Geßler, FS Stimpel, S. 711, 782; Liebscher, Konzernbildungskontrolle, S. 75f, Mecke, Konzernstruktur, S. 150f.

[206] so auch zu Konzernierungsklauseln, Koppensteiner, in: KölnerKomm/AktG, Vorb. § 291, Rn. 39.

der Gesellschaft zu bestimmen, rühren und in ihren Auswirkungen einem Zustand nahezu entsprechen, der allein durch einen Satzungsänderung herbeigeführt werden kann."[207]

Im Ergebnis bedarf es daher nach hier vertretener Ansicht keiner ungeschriebenen Hauptversammlungskompetenz, wenn sich durch Auslegung der Satzung ergibt, dass der Vorstand zur Vornahme der Maßnahme ermächtigt war. In diesem Fall haben sich die Aktionäre und damit die Hauptversammlung durch Gestaltung der Satzung von vornherein ihres Mitspracherechts begeben und können ein solches nur durch Änderung der Satzung wiedererlangen. In den Fällen in denen sich aus der Satzung kein eindeutiges Bild ergibt, bzw. die Satzung zu der entsprechenden Maßnahme schweigt und sich eine Lösung auch nicht im Wege der Auslegung der Satzung ermitteln lässt, muss sodann als Ultima Ratio ermittelt werden, ob die Maßnahme aufgrund ihrer Reichweite und Schwere einer Satzungsänderung und damit einer Hauptversammlungskompetenz nach § 179 Abs. 1 AktG analog gleichkommt.

### 3. Eingriffsschwelle

Nach allgemeiner Ansicht ist nicht jede Maßnahme, die zwar grundsätzlich die Geschäftsführungsbefugnisse des Vorstands betrifft, der Hauptversammlung vorzulegen, wenn sich aus der Satzung keine konkrete Ermächtigung für den Vorstand ermitteln lässt. Vielmehr muss es sich um eine „wesentliche Maßnahme" handeln. Wann eine solche wesentliche Maßnahme vorliegt, ist wiederum umstritten. Zur Beurteilung dieser Wesentlichkeitsgrenze werden quantitative und qualitative Kriterien herangezogen, die sich je nach Ansicht erheblich unterscheiden.

#### a) Quantitative Eingriffsvoraussetzungen

Als quantitative Eingriffskriterien für die Annahme einer Hauptversammlungskompetenz werden der Unternehmenswert, die Bilanzsumme, die bi-

---

[207] BGHZ 159, S. 30, 44f.

lanzmäßigen Aktiva, das Eigenkapital, der Umsatz oder die Beschäftigtenzahl genannt.[208]

Dabei werden Grenzwerte wie z.B. 10% des Grundkapitals,[209] 10% des Eigenkapitals der Obergesellschaft,[210] 10% des bilanziell ausgewiesenen Aktivvermögens, d.h. die Bilanzsumme,[211] 10% des Börsenwerts,[212] 10% des Gesellschaftsvermögens bzw. des Unternehmenswertes,[213] 25% des Umsatzes oder des Gesamtwerts des Gesellschaftsvermögens,[214] 20-25% der aktiven Seite der Bilanz oder der gemittelten Erträge der letzen 20 Jahre,[215] 25% des Vermögens berechnet nach steuerlichen Teilwerten,[216] mindestens 20-25% des unternehmerischen Vermögens der Obergesellschaft,[217] mehr als ein Drittel des Unternehmenswertes und grundlegende qualitative Veränderungen,[218] 50% des Grundkapitals,[219] 50% des Aktivvermögens,[220] 50% des Unternehmenswerts welcher Kernbereich der Unternehmenstätigkeit berührt[221], 75% des Vermögens oder des Umsatzes, die von der jeweiligen Geschäftsführungsmaßnahme betroffen sind,[222] sowie rund 80% des Vermögens der Ge-

---

208 zu den Einzelheiten s. Reichert, in: Müller/Rödder, Beck'sches Handbuch, § 5, Rn. 70ff.

209 vgl. LG Frankfurt a.M. ZIP 1993, S. 830, 832; Geßler, FS Stimpel, S. 771, 787; Dietz, Die Ausgliederung, S. 369 für die nicht börsennotierte AG.

210 vgl. Hefermehl/Bungeroth, in: Geßler/Hefermehl/Eckhard/Kropff, AktG, § 182, Rn. 116; Geßler, FS Stimpel, S. 771, 787.

211 vgl. Seydel, Konzernbildungskontrolle, S. 434.

212 vgl. Dietz, Die Ausgliederung, S. 368.

213 vgl. Emmerich/Sonnenschein/Habersack, KonzernR, § 9, S. 127; Mülbert, Aktiengesellschaft, S. 436f; Habersack, in: Emmerich/Habersack, Aktien- und GmbH-KonzernR (3. Auflage), Vor § 311, Rn. 40.

214 vgl. Liebscher, Konzernbildungskontrolle, S. 88f.

215 vgl. Lutter, FS Stimpel, S. 825, 850f; ders. FS Fleck, S. 169, 180; Raiser, Recht der Kapitalgesellschaften, § 16, Rn. 14.

216 vgl. Hirte, Bezugsrechtsausschluss, S. 181.

217 vgl. Wollburg/Gehling, FS Lieberknecht, S. 133, 159.

218 vgl. Krieger, in MünchHdb/AG, § 69, Rn. 8.

219 vgl. Wahlers, Konzernbildungskontrolle, S. 203ff; Veil, ZIP 1998, S. 361, 369.

220 vgl. Reichert, Die Ausstrahlungswirkung, S. 25, 45.

221 vgl. Ebenroth, Konzernbildungskontrolle, S. 48ff; Heidkamp, Die Rechte der Aktionäre, S. 52, wobei der Unternehmenswert durch die Ertragswertmethode zu ermitteln ist.

222 vgl. Hüffer, AktG, § 119, Rn. 18b.

sellschaft (nicht des Konzerns)[223] als wesentlich angenommen. Der Bundesgerichtshof nahm in der „Holzmüller"-Entscheidung eine Hauptversammlungskompetenz bei etwa 80% der Aktiva d.h. des Gesellschaftsvermögens an.[224] Diese Höhe dieses Schwellenwerts bestätigte er nunmehr in der „Gelatine"-Entscheidung, indem er ausführte, dass „eine Durchbrechung der vom Gesetz vorgeschrieben Kompetenz und Arbeitsaufteilung (...) regelmäßig erst dann erfüllt sein (werde), wenn der Bereich, auf den sich die Maßnahme erstreckt, in seiner Bedeutung für die Gesellschaft die Ausmaße der Ausgliederung in dem vom Senat entschiedenen „Holzmüller"-Fall erreicht."[225]

## b) Qualitative Eingriffsvoraussetzungen

Neben diesen quantitativen Eingriffsvoraussetzungen ziehen mehrere Stimmen in der Literatur zusätzlich qualitative Eingriffsvoraussetzungen zur Beurteilung der Wesentlichkeit heran. So seien die Rechtsqualität der möglichen Beeinträchtigung der Rechtsstellung der Aktionäre und in diesem Zusammenhang insbesondere das historische, charakteristische Gepräge der Gesellschaft[226] oder die Auswirkung der Maßnahme auf die Anlageentscheidung des Aktionärs[227] zu berücksichtigten. Nach einem anderen quantitativen Abgrenzungskriterium seien Fälle zustimmungspflichtig, in denen die Maßnahme des Vorstands unter wertmäßiger Betrachtung zu einer tief greifenden Veränderung der Gesellschaft führt[228] und „die Unternehmensstruktur von Grund auf ändert."[229]

---

[223] vgl. Habersack, in: Emmerich/Habersack, Aktien- und GmbH-KonzerR, Vor § 311, Rn. 46.

[224] vgl. BGHZ 83, S. 122, 131f, sowie zum Sachverhalt im Berufungsurteil OLG Hamburg, ZIP 1980, S. 1000, 1005.

[225] BGHZ 159, S. 30, 45.

[226] vgl. LG Duisburg AG 2003, S. 390, 391; LG Frankfurt a.M. ZIP 1997, S. 1698, 1700; Wiedemann, in: Großkomm/AktG, § 179, Rn. 75; Rehbinder, FS Coing, S. 423, 434; Mecke, Konzernstruktur, S. 192; Lutter, FS Fleck, S. 169, 179; Timm, Die Aktiengesellschaft, S. 134.

[227] vlg. Westermann, ZGR 1984, S. 352, 374; Mecke, Konzernstruktur, S. 189f.

[228] vgl. Lutter/Leinkugel, ZIP 1998, S. 225, 230.

[229] LG Duisburg, AG 2003, S. 390, 391; Krieger, in: MünchHdb/AG, § 69, Rn. 8.

### c) Stellungnahme

Problematisch an der Festlegung gewisser quantitativer Schwellenwerte ist, dass Zahlenwerten stets etwas Willkürliches anhaftet. So lassen sich aus dem Aktiengesetz für die hier angenommen dogmatische Grundlage der einer Satzungsänderung gleichkommenden Maßnahme keine Schwellenwerte entnehmen, an die man sich anlehnen könnte. Es wäre somit die Aufgabe des Gesetzgebers auf der Grundlage des von ihm ausgewerteten, verfügbaren, empirischen Materials eine entsprechende rechtspolitische Entscheidung zu treffen und bestimmte Schwellenwerte absolut festzulegen.[230] Somit liegt es näher die Abgrenzung anhand qualitativer materieller Entscheidungskriterien vorzunehmen und von einer formalen, im Hinblick auf die Rechtssicherheit zwar überzeugenderen, Grenzziehung abzusehen.[231]

Ausgangspunkt zur Bestimmung der Eingriffsschwelle ab welcher eine Kompetenz der Hauptversammlung ausscheidet ist zunächst die Anlageentscheidung des Aktionärs.

Die Anlageentscheidung des Aktionärs gründet sich zumeist auf den Tätigkeitsbereich der Gesellschaft, da der Aktionär seine Einlagen erbringt, um die in der Satzung festgelegte Tätigkeit der Gesellschaft zu finanzieren und damit einen Gewinn zu erzielen. Soll dieser Tätigkeitsbereich geändert werden, berührt das zugleich die Anlageentscheidung des Aktionärs. Wichtigster Ansatzpunkt ist somit zunächst der Unternehmensgegenstand der Aktiengesellschaft. Ist dieser nicht aussagekräftig bzw. kann aus diesem nicht genau ermittelt werden, ob die vom Vorstand geplante Maßnahme noch von diesem Gegenstand gedeckt ist, ist weiter zu untersuchen, welchen unternehmerischen Schwerpunkt die Gesellschaft bisher gesetzt hat. Denn neben dem unter Umständen nicht immer sehr aussagekräftigen Unternehmensgegenstand, der in der Praxis oft nicht besonders ausführlich gestaltet ist, richtet der Aktionär

---

230 so auch Mecke, Konzernstruktur, S. 186; Reichert, ZHR 165 (2001), S. 513, 526; Hommelhoff, Konzernleitungspflicht, S. 397f.

231 so auch Timm, ZHR 153 (1989), 60, 68; Mecke, Konzernstruktur, S. 186, 188.

seine Anlageentscheidung ansonsten an dem unternehmerischen Schwerpunkt einer Gesellschaft aus. Wird dieser unternehmerische Schwerpunkt der Gesellschaft, oder anders ausgedrückt das „charakteristische Gepräge“,[232] des Unternehmens spürbar verändert, ist die Hauptversammlung zur Entscheidung berufen.[233] Hilfsweise können dazu die oben genannten Kennzahlen angeführt werden, um zu bestimmen, ob die Gesellschaft ihren unternehmerischen Schwerpunkt durch die entsprechende Maßnahme entscheidend verändert hat.

## 4. Einzelfälle

Nach Ermittlung der dogmatischen Grundlagen einer ungeschriebenen Hauptversammlungskompetenz fragt sich, welche Maßnahmen im Einzelfall einer solchen Kompetenz unterliegen können.

### a) Ausgliederung und Umstrukturierung

Die Ausgliederung im Wege der Einzelrechtsnachfolge war der klassische Fall, für den der Bundesgerichtshof zunächst bei Vorliegen der Wesentlichkeitsgrenze eine Hauptversammlungszuständigkeit annahm.[234] Nach der hier vertretenen Auffassung fallen in den Zuständigkeitsbereich der Hauptversammlungen demnach alle Ausgliederungsvorgänge, die dem Vorstand nicht ausdrücklich oder durch Auslegung durch die Satzung und dort speziell durch den Unternehmensgegenstand zugebilligt sind, wenn ein wesentlicher Teil des Vermögens ausgegliedert wurde. Ein wesentlicher Teil des Vormögens wird dann ausgegliedert, wenn der unternehmerische Schwerpunkt der Gesellschaft durch die Ausgliederung spürbar verändert wird.

Das gleiche gilt für Umgestaltungen bereits vorhandener Konzernstrukturen. So kann eine Hauptversammlungszuständigkeit ausgelöst werden, wenn Be-

---

232 Rehbinder, FS Coing, S 423, 434; Martens, ZHR 147 (1983), 377, 424 „Gepräge des Konzerns“.

233 so i.E. nunmehr auch Altmeppen, ZIP 2004, S. 999, 1001.

234 s.o. S. 44.

teiligungen „umgehängt", d.h. in eine andere Tochtergesellschaft eingebracht werden und somit eine Stufe im Konzerngebilde „nach unten" verlagert werden. Grund dafür ist, dass die damit einhergehende Tiefenstaffelung den bereits durch die Ausgliederung begründeten Beteiligungseffekt verstärkt, indem die bisherige Tochter nunmehr noch weiterhin dem Einflussbereich der Aktionäre der Obergesellschaft entzogen wird.[235] Zwar haben die Aktionäre der Obergesellschaft ohnehin keinen unmittelbaren Einfluss auf Konzerngesellschaften, auch vor einer „Umhängung" auf eine tiefere Ebene. Allerdings verdoppelt sich die Gefahr, dass der Vorstand durch Unternehmensverträge mit Dritten, durch die Aufnahme fremder Gesellschafter, etwa im Wege einer Kapitalerhöhung, oder durch Verkürzung des Dividendenrechts durch übermäßige Rücklagenbildung, die Mitgliedschaftsrecht der Aktionäre der Obergesellschaft vollends aushöhlt.[236] Dies gilt nicht für Umstrukturierungen zwischen Tochtergesellschaften, die für die Teilhabe- und Vermögensrechte der Aktionäre der Obergesellschaft ohne nachteiligen Einfluss sind, namentlich die Übertragung der von einer 100%igen Tochtergesellschaft gehaltenen Anteile auf eine andere 100%ige Tochtergesellschaft.[237]

Von vornherein ausgeschlossen ist allerdings wiederum eine Beteiligung der Hauptversammlung, wenn die Übertragung bzw. Umstrukturierung von Beteiligungen der Obergesellschaft dem Vorstand ausdrücklich im Unternehmensgegenstand der Satzung zugebilligt wurde[238] oder die Wesentlichkeitsgrenze nicht erreicht ist. Eine Konzernklausel ist als solche bereits eine ausreichende Ermächtigungsgrundlage. Jeder Aktionär, der sich an einer Gesellschaft beteiligt, hat die Möglichkeit sich über die Satzung und die darin ent-

---

[235] so auch Habersack, AG 2005, S. 137, 143; Liebscher, ZGR 2005, S. 1, 23; kritisch Fuhrmann, AG 2004, S: 339, 341; Götze NZG 2004, S. 585, 589; ablehnend Simon, DStR 2004, S. 1482, 1485.

[236] vgl. Habersack, AG 2005, S. 137, 143.

[237] vgl. BGHZ 159, S. 30, 47; Bungert, BB 2004, S. 1345, 1348; Habersack, AG 2005, S. 137, 143.

[238] so auch Kubis, in: MünchKomm/AktG, § 119, Rn. 61; Simon, DStR 2004, S. 1528, 1529f; **a.A.** BGHZ 83, 122, 144ff; BGHZ 159, S. 30, 46; Lutter, FS Stimpel, S. 825, 847f; Wiedemann, Unternehmensgruppe, S. 57.

haltene Konzernklausel zu informieren. Er weiß somit, dass das Unternehmensvermögen konzerndimensional durch den Vorstand der Obergesellschaft geführt werden kann.

Es ist deshalb nicht ersichtlich, warum ein Aktionär insoweit eines Schutzes durch Mitspracherechte bei der Umbildung des Unternehmens bedarf, wenn vornherein die Mediatisierung seiner Mitgliedschaftsrechte in der Satzung festgelegt waren.

### b) Beteiligungserwerb

Ob der Beteiligungserwerb eine Maßnahme ist, die grundsätzlich zu einer Beteiligung der Hauptversammlung führen kann, ist umstritten.

#### aa) Meinungsstand

Einer Meinung nach ist der Beteiligungserwerb mit der Ausgliederung vergleichbar und damit eine ungeschriebene Hauptversammlungskompetenzen möglich.[239]

Der Beteiligungserwerb habe aus Sicht der Aktionäre dieselben Wirkungen und Gefahren wie die Ausgliederung von Gesellschaftsvermögen, insbesondere, wenn der Erwerb der Beteiligung gegen die Abgabe von Betriebsvermögen erfolgt.[240] Nach anderer Ansicht ist für ein Zustimmungserfordernis der Hauptversammlung von vornherein kein Raum.[241] Der Beteiligungser-

---

[239] vgl. LG Stuttgart AG 1992, 236, 237f; LG Duisburg AG 2003, 390, 391; Geßler, FS Stimpel, S. 771, 786f; Habersack, AG 2005, S. 137, 144; Henze, FS Ulmer, S. 211, 229f; Hirte, Bezugsrechtausschluß, S. 179ff; Liebscher, ZGR 2005, S. 1, 23; ders., Konzernbildungskontrolle, S. 86; Wahlers, Konzernbildungskontrolle, S. 94ff.

[240] vgl. Habersack, AG 2005, S. 137, 144.

[241] vgl. Mertens, in KölnKomm/AktG, § 76, Rn. 51 a.E.; Bungert, BB 2004, S. 1345, 1350; Götze, NZG 2004, S. 585, 588; Krieger, in: MünchHdb/AG, § 69, Rn. 7; Kubis, in: MünchKomm/Akt, § 119, Rn. 67; Reichert, in: Müller/Rödder, Beck'sches Handbuch, § 5, Rn. 49; Joost, ZHR 163 (1999), S. 164, 183; Renner, NZG 2002, S. 1091ff; Timm, ZIP 1993, 114, 117; Werner ZHR 147 (1983), S. 429, 447; Reichert, AG 2005, S. 150, 157; ders., in: Müller/Rödder, Beck'sches Handbuch, § 5, Rn. 49ff.

werb sei nicht mit einer Ausgliederung gleichzustellen, da die Ausgliederung das Anlagevermögen betreffe, während der Beteiligungserwerb aus dem Umlaufvermögen gespeist würde.[242]

### bb) Stellungnahme

Der zweiten Auffassung ist zu folgen. Der Erwerb von Beteiligungen ist gerade nicht mit den Gefahren einer Ausgliederung vergleichbar. So berührt ein Beteiligungserwerb schon keine Mitgliedschaftsrechte der übernehmenden Gesellschaft, da die Aktionäre der übernehmenden Gesellschaft vor dem Erwerb überhaupt keine Rechte an der zu übernehmenden Gesellschaft besitzen. Für die Annahme eines „Holzmüller"-Falls wird aber gerade auf einen Eingriff in die Mitgliedschaftsrechte der Aktionäre abgestellt. Für den Fall des Beteiligungserwerbs ist somit schon kein Eingriff in das Mitgliedschaftsrecht des Aktionärs festzustellen.[243]

Auch der Mediatisierungseffekt, der zwar dadurch entsteht, dass Vermögen der Obergesellschaft auf eine nicht unmittelbar durch die Aktionäre der Obergesellschaft kontrollierbare unternehmerische Tätigkeit in der erworbenen Untergesellschaft verlagert wird, berührt keine Mitverwaltungs- und Vermögensrechte der Aktionäre der Obergesellschaft. Vermögen, Umsatz und Ertrag der Obergesellschaft werden nicht substanziell betroffen. Lediglich gegebenenfalls liquide Mittel werden dem unmittelbaren Zugriff der Aktionäre entzogen, indem sie nunmehr in Beteiligungsvermögen gebunden sind. Liquiditätsreserven unterliegen aber nur in sehr eingeschränktem Umfang dem Zugriff der Aktionäre, die im Wesentlichen nur über die Verwendung des Bilanzgewinns zu entscheiden haben. Auch das Argument, der Vorstand thesauriere Gewinne in der neuen Untergesellschaft und greife dadurch in den Gewinnanspruch der Aktionäre der Obergesellschaft ein, erweist sich als unbegründet. Inhalt des Gewinnanspruchs ist die Teilhabe am Bilanzgewinn nach

---

242 vgl. Timm, ZIP 1993, S. 114, 117.

243 vgl. Wagner, DStR 2004, S. 141, 142; Groß, AG 1994, S. 266, 273; Renner, NZG 2002, S. 1091, 1092.

Maßgabe des Gewinnverwendungsbeschlusses und der rechtlichen Ausgestaltung der Aktie.[244] Der Gewinnanspruch entsteht mit ordnungsgemäßer Feststellung des Jahresabschlusses, soweit hierbei einen Bilanzgewinn ausgewiesen ist.[245] Zwar kann die Höhe des Gewinnanspruchs durch Gewinnthesaurierung in der neu erworbenen Tochter gemindert werden. Dies betrifft allerdings nur den wirtschaftlichen Wert bzw. die Höhe des Gewinnanspruchs. Soweit eine Thesaurierung erfolgt ist, kommt es dann bereits in dieser Höhe nicht zu einem Bilanzgewinn der Obergesellschaft, weshalb der Aktionär auch aus § 58 AktG keinen Anspruch auf Auszahlung herleiten kann. Der Anspruch des Aktionärs auf Verteilung des Bilanzgewinns umfasst folglich nicht den in einer Untergesellschaft thesaurierten Gewinn, weshalb im Fall einer Thesaurierung auch nicht in Vermögensrechte der Aktionäre der Obergesellschaft eingegriffen wird.[246]

Weiterhin sprechen auch die §§ 20 und 21 AktG gegen die Annahme einer ungeschriebenen Hauptversammlungskompetenz, da es keiner besonderen Mitteilungspflicht bedürfe, wenn die Hauptversammlung des übernehmenden bzw. veräußernden Unternehmens zuvor zu befragen wäre, da der mitzuteilende Tatbestand dann ohnehin allgemein bekannt wäre.[247]

Anders als bei der Ausgliederung, die im Wesentlichen die Struktur einer bestehenden Gesellschaft verändert, so dass es sich grundsätzlich um eine Strukturmaßnahme handelt, geht es bei dem Erwerb von Beteiligungen um einen Investitionsentscheidung. Eine solche sollte der Hauptversammlung schon aus vielerlei praktischen Gründen – Effizienz, Schnelligkeit, Vertraulichkeit – entzogen werden.[248] Weiterhin ist der Erwerb von Beteiligungen als Investition mit anderen Kapitalanlagen wie z.B. dem Aufbau neuer Produktionsstätten oder neuer Produktlinien vergleichbar, die unter Umständen glei-

---

[244] vgl. Hüffer, AktG, § 58, Rn. 26.
[245] vgl. Hüffer, AktG, § 58, Rn. 28.
[246] vgl. Wagner, DStR 2004, S. 141, 144; Groß, AG 1994, S. 266, 274.
[247] so auch Werner, ZHR 147 (1983), S. 429, 447.
[248] So auch Reichert, AG 2005, S. 150, 156.

che Ausmaße annehmen können wie ein Beteiligungserwerb und unstreitig der Leitungsbefugnis des Vorstands unterliegen.[249] Würde man Investitionen einer Verwendungskontrolle der Hauptversammlung unterstellen, würde die Leitungsbefugnis des Vorstands nach § 76 Abs. 1 AktG unberechenbar weit ausgehöhlt.[250] Im Ergebnis fällt daher der Beteiligungserwerb durch liquide Mittel, gleich welchen Ausmaßes, nicht unter die ungeschriebenen Hauptversammlungskompetenzen.

### c) Beteiligungsveräußerung

Auch die Frage, ob eine Veräußerung eines Betriebsteils oder einer Tochtergesellschaft an Dritte bei Erreichen der Wesentlichkeitsschwelle eine ungeschriebene Hauptversammlungskompetenz auslöst, ist umstritten.

#### aa) Meinungsstand

Nach einer Ansicht unterliegen Beteiligungsveräußerungen grundsätzlich dem Zustimmungserfordernis der Hauptversammlung, sofern die Wesentlichkeitsgrenze erreicht wird.[251] Die mitgliedschaftlichen Befugnisse der Aktionäre würden nicht „nur mediatisiert, sondern insoweit beendet und wiegen somit weitaus schwerer als die Ausgliederungsfälle, welche – bei Erfüllung der Wesentlichkeitsgrenze - durch den Bundesgerichtshof explizit der Hauptversammlungskompetenz unterstellt worden seien.[252]

---

[249] s.o. S. 12ff.

[250] ebenso Kubis, in: MünchKomm/AktG, § 119, Rn. 67.

[251] vgl. LG Stuttgart AG 1992, 236, 237f; LG Düsseldorf AG 1999, S. 94, 95; LG Frankfurt a.M. AG 2001, S. 431, 433; LG Duisburg, NZG 2002, S. 643, 644; OLG Celle ZIP 2001, S. 613, 615; Lutter/Leinekugel, ZIP 1998, S. 225, 230; Lutter, FS Stimpel, S. 825, 854; ders., in FS Westermann, S. 347, 365; Hommelhoff, Die Konzernleitungspflicht, S. 447; Timm, Die Aktiengesellschaft, S. 138ff; ders., ZIP 1993,114, 117; Kubis, in: MünchKomm/AktG; Krieger, in: MünchHdb/AG, § 69 Rn. 7; Wollburg/Gehling, FS Lieberknecht, S. 133, 157; Zimmermann/Pentz, FS Müller, S. 151, 167f; Götze, NZG 2004, S. 585, 588; wohl auch Bungert, BB 2004, S. 1345, 1350.

[252] vgl. Kubis, in: MünchKomm/AktG, § 119, Rn. 63, m.w.N.

Einer anderen Auffassung zufolge wird in der Veräußerung von Beteiligungen generell keine Zustimmungspflichtige Maßnahme nach „Holzmüller"-Grundsätzen gesehen.[253] Durch die Veräußerung der Beteiligung werde gerade die Mediatisierung des Vermögens in der Tochtergesellschaft wieder aufgehoben und durch den direkten Zugriff auf den Kaufpreis wiederhergestellt. Dies sei nur anders zu beurteilen, wenn der Unternehmensgegenstand durch den Verkauf dauerhaft unterschritten werde, da er durch den Verkauf nicht mehr aufrechterhalten werden kann. Dies sei dann allerdings als unmittelbare Satzungsänderung und nicht als „Holzmüller"-pflichtige Maßnahme zu beurteilen und unterläge als Satzungsänderung der direkten Zustimmungspflicht der Hauptversammlung nach § 179 Abs. 1 AktG.[254]

#### bb) Stellungnahme

Der letztgenannten Ansicht ist zuzustimmen. Einer Beteiligungsveräußerung, egal welcher Größenordnung, muss grundsätzlich nicht von der Hauptversammlung der veräußernden Gesellschaft zugestimmt werden. Zwar hat sich der Bundesgerichtshof auch in seiner letzten Entscheidung die Möglichkeit offen gehalten, außer der Ausgliederung auch weitere Tatbestände unter den ungeschriebenen Zustimmungsvorbehalt der Hauptversammlung zu stellen.[255] Allerdings sprechen die folgenden Argumente gegen die Annahme einer Hauptversammlungskompetenz bei einer Beteiligungsveräußerung:

#### (1) Vollständige Beteiligungsveräußerung

Bei der vollständigen Abgabe einer Beteiligung liegt schon kein Eingriff in die mitgliedschaftlichen Rechte der Aktionäre der veräußernden Gesellschaft

---

[253] vgl. Liebscher, ZGR 2005, S. 1, 24; Groß, AG 1994, S. 266, 271f; Seydel, Konzernbildungskontrolle, S. 441; Fuchs, Schutz der Aktionäre, S. 259, 269 für die Veräußerung 100% Beteiligungen; Joost, ZHR 163 (1999), S. 164, 185f; Werner ZHR 147 (1983), S. 429, 447; Habersack, in: Emmerich/Habersack, Aktien- und GmbH-KonzernR, Vor § 311, Rn. 43; ders., AG 2005, S. 137, 148; Reichert, AG 2005, S. 150, 155; ders., in: Müller/Rödder, Beck'sches Handbuch, § 5, Rn. 53ff.

[254] vgl. Reichert, in: Müller/Rödder, Beck'sches Handbuch, § 5, Rn. 53, m.w.N.

[255] vgl. BGHZ 159, S. 30, 41.

vor, da es sich bei der Entscheidung der Veräußerung um eine Maßnahme handelt, die unmittelbar auf der Ebene der Obergesellschaft angesiedelt ist. Wie bei der Veräußerung sonstiger Vermögensgegenstände erschöpft sich die Veräußerung der Beteiligung in einer Veränderung des Bestandes des Gesellschaftsvermögens. Mitgliedschaftliche Rechte werden somit nicht berührt. Zudem wird der durch die Ausgliederung von Tochtergesellschaften eingetretenen Mediatisierungseffekt, d.h. die Verlagerung von ursprünglich der unmittelbaren Kontrolle der Aktionäre unterliegendem Vermögens in eine Tochtergesellschaft, rückgängig gemacht. Die Obergesellschaft erhält für den Verkauf von Anteilen einen Gegenwert, der nach Maßgabe des Aktiengesetzes der Kontrolle der Aktionäre untersteht. Eine Mitwirkungspflicht der Aktionäre bei Verkauf einer Beteiligung kann sich daher nur dann ergeben, wenn der Vorstand nach Abgabe der Beteiligung nicht mehr imstande ist, den satzungsmäßigen Unternehmensgegenstand auszufüllen. Dann handelt es sich allerdings nicht um eine Maßnahme, welche sich nach „Holzmüller"-Gesichtspunkten bestimmt, sondern schon nach § 179 Abs. 1 AktG zustimmungspflichtig ist.[256]

Weiterhin spricht die Wertung des § 179a AktG gegen die Annahme einer ungeschriebenen Hauptversammlungskompetenz bei Beteiligungsveräußerungen. Nach § 179a AktG sind Veräußerungen nur Zustimmungspflichtig, wenn sie „nahezu" den Wert des gesamten Vermögens der Gesellschaft betreffen, um der Gefahr einer „Verschleuderung" von Gesellschaftsvermögen entgegenzuwirken.[257] Im Lichte des § 179a AktG ist eine Zustimmungserfordernis nur dann gegeben, wenn nahezu das ganze Vermögen veräußert wird. Ansonsten ist der Vorstand hinsichtlich der Veräußerung von Vermögensgegenständen der Gesellschaft nach § 76 Abs. 1 AktG frei. Für einen zusätzlichen Zustimmungsvorbehalt der Hauptversammlung hinsichtlich der Veräußerung von Vermögensgegenstände, die zwar noch nicht „nahezu" das

---

[256] s.o. S. 18.
[257] s.o. S. 26.

ganze Vermögen i.S.v. § 179a AktG umfassen, allerdings von „wesentlicher" Bedeutung sind, besteht somit kein Raum.

Die vollständige Veräußerung einer Beteiligung stellt somit keinen Eingriff in ein mitgliedschaftliches Recht dar, sondern kann höchstens zu einem Schaden der Gesellschaft und damit zu einer mittelbaren reflexartigen Schädigung der Aktionäre führen. Für solche Schäden besteht durch die Möglichkeit der Inanspruchnahme des Vorstands nach § 93 Abs. 1 AktG für die Aktionäre ausreichender Schutz, falls der Vorstand bei der Veräußerung, speziell hinsichtlich des Gegenwerts, die ihm obliegenden Sorgfaltsanforderungen vermissen ließ.

### (2) Teilweise Beteiligungsveräußerung

Auch bei einer nur teilweisen Abgabe einer Beteiligung ist eine Hauptsversammlungskompetenz nach „Holzmüller"-Grundsätzen abzulehnen. Die teilweise Abgabe von Beteiligungen führt entgegen anders lautender Meinungen[258] nicht zu einer vergleichbaren Verwässerung des Einflusses der Aktionäre der Obergesellschaft. So liegt eine solche Verwässerung schon mit Blick auf die von der Obergesellschaft beanspruchte Gegenleistung nicht vor, die die Obergesellschaft durch die Veräußerung der Beteiligung erhält.

Auch durch die Aufnahme Dritter in die Tochtergesellschaft wird kein Eingriff in die Mitgliedschaftsrechte der Obergesellschaft ausgelöst, der eine Zustimmungspflicht der Hauptversammlung rechtfertigen könnte. Zwar kann von der Beteiligung von Minderheitsgesellschaftern ein erheblicher Mehraufwand ausgehen, da unter anderem z.B. die Anwendung des § 121 Abs. 6 AktG und die damit verbundenen Erleichterungen bei Abhaltung der Hauptversammlung nicht mehr möglich sind. Mitgliedschaftliche Rechte der Aktionäre der Obergesellschaft sind allerdings nicht betroffen, solange die Obergesellschaft mehrheitlich an der Tochtergesellschaft beteiligt bleibt. Insbesondere bleibt der konzernrechtliche Status der Tochtergesellschaft unberuht.

---

258 vgl. Fuchs, Schutz der Aktionäre, S. 259, 268f; Fleischer, ZHR 165 (2001), S. 513, 524f.

Die abhängige Tochter-AG unterliegt den §§ 311ff AktG unabhängig davon, ob das herrschende Unternehmen alleiniger Aktionär ist oder ob weitere Minderheitsgesellschafter beteiligt sind.[259] So begibt sich das herrschende Unternehmen auch nicht seines Einflusses auf die abhängige Gesellschaft. Nachteilige Weisungen sind der herrschenden Gesellschaft weiterhin nach Maßgaben des § 311 Abs. 2 AktG erlaubt. Somit bleiben alle Befugnisse und Pflichten des herrschenden Unternehmens nach Aufnahme weiterer Gesellschafter unverändert zu der Lage, als das herrschende Unternehmen noch einziger Gesellschafter der Tochter war.

Auch wenn die Beteiligung an der Tochter unter die aktienrechtliche relevante Beteiligungsgrenze sinkt, ist ein Zustimmungserfordernis der Hauptversammlung abzulehnen.[260] Die Rückführung einer zuvor 100-prozentigen Beteiligung ist auch bei Verlust der qualifizierten oder absoluten Mehrheit als zustimmungsfrei anzusehen, da die §§ 296 Abs. 1, 327 Abs. 1 AktG die Entscheidung über die Beendigung eines Beherrschungsvertrags und der Eingliederung auch grundsätzlich dem Vorstand der Obergesellschaft zuweisen und keine Zustimmung der Hauptversammlung verlangen.[261] Aus dieser gesetzlich festgelegten Grundregel folgt, dass, wenn schon für ausdrücklich festgelegte Konzernierungstatbestände kein Zustimmungsvorbehalt der Hauptversammlung besteht, erst recht keiner für die einfache Beteiligungsveräußerung bestehen soll. Das zuvor Gesagte gilt erst recht, wenn nie eine Mehrheitsbeteiligung an der Tochter bestanden hat. Denn hier hatten die Aktionäre nie einen beherrschenden Einfluss in der Tochtergesellschaft, dessen sie durch eine Veräußerung verlustig gehen könnten.

Im Ergebnis hat der Vorstand nur insofern die Zustimmung der Hauptversammlung einzuholen, als dass er nach Abgabe der Beteiligung nicht mehr in

---

259 vgl. Kropf, in: MünchKomm/AktG, § 312, Rn. 27; Habersack, in: Emmerich/Habersack, Aktien- und GmbH-KonzernR, § 311, Rn. 13.

260 a.A. insoweit Timm, Die Aktiengesellschaft, S. 139, 143; ders., ZIP 1993, 114, 117; Hommelhoff, Konzernleitungspflicht, S. 447; Fuchs, Schutz der Aktionäre, S. 259, 269.

261 s.o. S. 32 u. S. 34.

der Lage ist, den satzungsmäßigen Unternehmensgegenstand effektiv auszufüllen. Dies bedarf allerdings keiner Herleitung einer „Holzmüller"-Kompetenz der Hauptversammlung, sondern ist schon nach § 179 Abs. 1 AktG als Satzungsänderung zustimmungspflichtig.

### d) Abwehrmaßnahmen bei Übernahmeangebot

Aufgrund der gesetzgeberischen Entscheidung in § 33 Abs. 1 S. 2, Abs. 2 WpÜG ist die bislang diskutierte Frage, ob sich ein Zustimmungserfordernis der Hauptversammlung für Abwehrmaßnahmen nach den „Holzmüller"-Grundsätzen ergibt,[262] obsolet geworden und mithin kein Fall einer ungeschriebenen Hauptversammlungskompetenz.

So kann gem. § 33 WpÜG der Vorstand von der Hauptversammlung für den Fall einer Unternehmensübernahme zu Abwehrmaßnahmen[263] ermächtigt werden, im Rahmen deren er seine Neutralitätspflicht aufgibt.[264]
Bedeutung und Reichweite der Ermächtigung sind umstritten, da der Vorstand nach § 33 Abs. 1 S. 2 Alt. 3 WpÜG derartige Abwehrmaßnahmen auch allein mit Zustimmung des Aufsichtsrats und damit ohne die Mitwirkung der Hauptversammlung treffen kann.

Eine Schranke für eine Zustimmung des Aufsichtsrats für Abwehrmaßnahmen des Vorstands besteht dann, wenn die Hauptversammlung aus dem allgemeinen Aktienrecht zur Zustimmung berufen ist.[265] Dies umfasst auch die nach „Holzmüller"-Grundsätzen zustimmungspflichtige Maßnahmen.[266] Eine generelle Zustimmungspflicht der Hauptversammlung für jede den Erfolg eines Übernahmeangebots vereitelnde Abwehrmaßnahme ist abzulehnen.[267]

---

262 vgl. Krieger, ZHR 163 (1999), S. 343, 357f; Mülbert, IStR 1999, S. 83, 89f.

263 zu den Möglichkeiten von Abwehrmaßnahmen s. Krause, AG 2002, S. 133, 137ff.

264 zu den Einzelheiten s. Winter/Harbarth, ZIP 2002, S. 1ff.

265 vgl. Winter/Harbarth, ZIP 2002, S. 1, 15f; Hirte, in: KölnerKomm/WpÜG, § 33, Rn. 73.

266 vgl. Grunewald, in: Baums/Thoma, WpÜG, § 33, Rn 42; Krause, AG 2002, 133, 142f; Schlitt, in: MünchKomm/AktG, § 33 WpÜG, Rn. 182.

267 so aber Liebscher, ZGR 2005, S. 1, 30.

§ 33 Abs. 1 S. 2 Alt. 3 WpÜG enthält insoweit eine Spezialregelung, als dass die ad hoc-Kontrolle von Abwehrmaßnahmen des Vorstands explizit dem Aufsichtsrat zugewiesen wird.[268] Ob eine solche Regelung rechtspolitisch bedenklich ist oder ob sie als Eingriff in die dem Anteilseigentum immanenten Mitgliedschafts- und Vermögensrechte des Aktionärs ein Verstoß gegen Art. 14 GG darstellt, wird abzuwarten sein. Klar ist allerdings, dass aufgrund der ausdrücklichen Regelung eine generelle Zuständigkeit der Hauptversammlung für alle Abwehrmaßnahmen ausscheidet.

Eine eventuelle Ermächtigung der Hauptversammlung zu Abwehrmaßnahmen muss die Abwehrmaßnahmen der Art nach bestimmen und bedarf einer Mehrheit, die mindestens drei Viertel des bei der Beschlussfassung vertretenen Grundkapitals umfasst, wobei die Satzung eine größere Kapitalmehrheit und weitere Erfordernisse bestimmen kann (§ 33 Abs. 2 S. 2 u. 3 WpÜG). Darüber hinaus muss auch der Initiierung oder Mitwirkung an einem Übernahmeangebot durch den Vorstand der Zielgesellschaft nicht durch die Hauptversammlung zugestimmt werden.[269] Obwohl das Wertpapiererwerbs- und Übernahmegesetz diese Frage offen lässt, ist eine ungeschriebene Zuständigkeit der Hauptversammlung nicht gerechtfertigt, da das bloße Übernahmeangebot weder zu einer Änderung der Struktur der Zielgesellschaft, noch zur einer Mediatisierung führt. Es geht vielmehr um eine Änderung der Zusammensetzung des Aktionärkreises und damit um eine Maßnahme auf Aktionärsebene, über die jeder Aktionär individuell und somit nicht kollektiv in der Hauptversammlung zu entscheiden hat. Eine allgemeine ungeschriebene Hauptversammlungskompetenz für Abwehrmaßnahmen ist somit nicht gegeben. Nach hier vertretener Ansicht scheidet eine solche Beteiligung der Hauptversammlung auch für eine Beteiligungsveräußerung als Abwehrmaßnahme aus, sofern der Unternehmensgegenstand nach der Veräußerung durch

---

[268] so auch Ekkenga, in: Ehricke/Ekkenga/Oechsler, § 33, Rn. 64; Ekkenga/Hofschroer, DStR 2002, S. 724, 734; Grunewald, in: Baums/Thoma, WpÜG, § 33 Rn. 42; Hirte, in: Kölner-Komm/WpÜG, § 33, Rn. 103; Steinmeyer/Häger, WpÜG, § 33 Rn. 13; Winter/Harbarth, ZIP 2002, S. 1, 12; Krause, AG 2000, S. 217, 221.

[269] vgl. Reichert, in: Müller/Rödder, Beck'sches Handbuch, § 5, Rn. 59; ders., AG 2005, S. 150, 157; Decher, FS Lutter, S. 1209, 1223.

den Vorstand weiter betrieben werden kann. Einzig und allein für Maßnahmen, die nach dem allgemeinen Aktienrecht zustimmungspflichtig sind, worunter bei Ausgliederungen und Umstrukturierungen als Abwehrmaßnahmen[270] auch ungeschrieben Zuständigkeiten[271] fallen können, bedürfen einer Beteiligung der Hauptversammlung.

### e) Abgabe Übernahmeangebot

Die Abgabe eines Übernahmeangebots ist grundsätzlich nicht zustimmungspflichtig. So finden sich im Wertpapiererwerbs- und Übernahmegesetz keine Vorschriften für den Bieter eine Zustimmung der Hauptversammlung für die Abgabe eines Übernahmeangebots einzuholen. Eine generelle Zustimmungspflicht aus „Holzmüller"-Grundsätzen anzunehmen,[272] ist deswegen verfehlt. Es kann keinen Unterschied machen wie ein Beteiligungserwerb vollzogen wird, d.h. ob ein Aktienpaket von einer Zielgesellschaft von einer Vielzahl von Investoren über den Aktienhandel oder von einem Großinvestor direkt erworben wird. Dies erscheint auch deshalb sachgerecht, weil eine frühzeitige Veröffentlichung der Erwerbspläne vor Abgabe des Übernahmeangebots den Erfolg der Maßnahme erschweren, wenn nicht gar unmöglich machen würde. Zudem schreibt auch das Wertpapiererwerbs- und Übernahmegesetz kein Erfordernis einer Hauptversammlungszustimmung vor.

Zustimmungsbedürftig sind allerdings alle Maßnahmen die nach allgemeinen aktienrechtlichen Regeln der Zustimmung der Hauptversammlung bedürfen, wie z.B. die Beschaffung von Eigenkapital oder Aktien als Gegenleistung eines Übernahmeangebots.[273] Da eine Hauptversammlungszuständigkeit für einen Beteiligungserwerb nach hier vertretener Ansicht abgelehnt wird,[274]

---

270 s. allgemein zu möglichen Abwehrmaßnahmen, Krause, AG 2002, S. 133, 137ff.

271 s.o. S. 44ff.

272 so aber im Ergebnis Seydel, Konzernbildungskontrolle, S. 438.

273 s. zu den Einzelheiten, Stohlmeier, in: Semler/Volhard, Arbeitshdb/HV, § 39, Rn. 4ff.

274 s.o. S. 65.

scheidet eine ungeschriebene Hauptversammlungszuständigkeit auch ab einer bestimmten Größenordnung des Übernahmeangebots aus.

### f) Börseneinführungen der Gesellschaft

Auch eine generelle Zustimmungspflicht der Hauptversammlung bei der Börseneinführung der Obergesellschaft ist umstritten.

#### aa) Meinungsstand

Nach einer Ansicht soll die Börseneinführung einer Aktiengesellschaft generell einen Hauptversammlungsbeschluss erfordern.[275] Mit der Börsennotierung entstünden erweiterte Pflichten nicht nur für die Gesellschaft – etwa hinsichtlich der zu erfüllenden Publizitätspflichten -, sondern auch für die Aktionäre. So sei insbesondere die Mitteilungspflicht bei Erreichen oder Unterschreiten einer bestimmten Beteiligungshöhe nach § 21 WpHG und das Insiderhandelsverbot nach § 14 WpHG als ein Eingriff in Aktionärsrecht zu sehen, die eine Zustimmung der Hauptversammlung erforderlich mache. Die Gesellschaft verliere zudem bestimmte aktienrechtliche Privilegierungen der sog. kleinen Aktiengesellschaft. Die Börsenzulassung sei als eine Strukturänderung zu klassifizieren und rücke in die Nähe eines umwandlungsrechtlichen Formwechsels. Weiterhin werde durch die Börsennotierung der Eintritt neuer Gesellschafter erleichtert, wodurch die Gefahr eine Übernahme und damit eines Kontrollverlustes der Aktionäre erhöht werde.[276]

Einer anderen Auffassung zufolge erfordert die Börseneinführung keine generelle Zustimmung der Hauptversammlung.[277] Eine Zustimmung ist nur dann

---

[275] vgl. Lutter, FS Zöllner, S. 363, 380; Lutter/Drygala, FS Raisch, S. 239, 241, 253; Lutter/Leinekugel, ZIP 1998, S. 805, 806; Vollmer/Grupp, ZGR 1995, S. 459, 466f; Trapp/Schick AG 2001, 381, 382f; Becker/Fett, WM 2001, 549, 550; Fuchs, Der Schutz der Aktionäre, S.259, 270.

[276] vgl. Vollmer/Grupp, ZGR 1995, S. 459, 462f.

[277] vgl. Kubis, in: MünchKomm/AktG, § 119, Rn. 80; Reichert, in: Müller/Rödder, Beck'sches Handbuch, § 5, Rn. 56; ders., AG 2005, S. 150, 157; im Ergebnis wohl auch Hopt, FS Drobnig, S. 525, 536f.

nach den gesetzlichen, nicht „Holzmüller"-Grundsätzen erforderlich, wenn für die Ausgabe der börsennotierten Aktien eine Kapitalerhöhung unter Bezugsrechtsausschluss erfolge. Einer generellen Zustimmungspflicht der Hauptversammlung bedürfe es nicht, da durch die erhöhten Pflichten, welche die Gesellschafter träfen, gerade eine Schutz der Anleger einhergehe und so ein Eingriff in die Mitgliedschaftsrechte der Aktionäre ausscheide.[278]

### bb) Stellungnahme

Die letztgenannte Ansicht ist vorzugswürdiger. Entgegen der erstgenannten Auffassung stellt die Börseneinführung keine Strukturänderung dar, die eine Zustimmungspflicht der Hauptversammlung nach „Holzmüller"-Grundsätzen rechtfertigen würde. Die Aktiengesellschaft ist von vornherein rechtsformtypisch strukturell auf eine Vielzahl von Anteilseignern angelegt, deren unternehmerisches Engagement im Vergleich zu anderen Rechtsformen als eher gering einzustufen ist. Aus diesem Grund kann die Optimierung der Fungibilität der Aktie durch eine Börseneinführung schon keinen Eingriff in die Mitgliedschaft darstellen. Konzernierungs- und Übernahmegefahren, wie von der erstgenannten Meinung vorgetragen, sind der Rechtsform der Aktiengesellschaft immanent, da die Aktiengesellschaft strukturell grundsätzlich für einen Vielzahl von Eigentümern angelegt ist. Für die Gewährleistung geschlossener Anteilseignerkreise bieten sich die Personenhandelsgesellschaften oder die GmbH als tauglichere Rechtsformen an. Wer sich an einer Aktiengesellschaft beteiligt, muss den öffentlichen Handel der Anteilsrechte von Anfang an mit einkalkulieren.

Auch in einer nicht börsennotierten Aktiengesellschaft besteht kein genereller Schutz vor einer Veränderung des Aktionärskreises und lässt sich nur über eine grundsätzlich börsenschädliche Vinkulierung der Anteile erreichen. Für einen weitergehenden Schutz hinsichtlich einer Veränderung des Aktionärskreises besteht darüber hinaus bereits im Aktiengesetz eine Kompetenzzuweisung der Hauptversammlung, wie beim Bezugsrechtsausschluss nach § 186

---

278 vgl. Reichert, in: Müller/Rödder, Beck'sches Handbuch, § 5, Rn. 56.

Abs. 3 AktG. Auch das Argument hinsichtlich des Verlusts der Privilegierung der sog. kleinen Aktiengesellschaft überzeugt nicht. Die sog. kleine Aktiengesellschaft weist in Hinblick auf die Organkompetenzen keine Besonderheiten auf und lässt insbesondere keine andere Deutung von Organkompetenzen zu. Wenn eine Aktiengesellschaft von vornherein an einer Börseneinführung gehindert werden soll, ist es Sache der Satzungsgeber durch eine entsprechende Klausel einen Börsengang auszuschließen.[279] Die durch den Börsengang zusätzlich auf die Gesellschaft und die Aktionäre zukommenden Pflichten, dienen einzig und allein dem Schutz der Aktionäre, wie z.B. das Insiderhandelsverbot des § 14 WpHG. Darin einen schwerwiegenden Eingriff in Mitgliedschaftsrechte zu sehen, erscheint deshalb widersprüchlich. Diese Pflichten sichern einzig und allein die Mitgliedschafts- und Vermögensrechte hinsichtlich der Besonderheiten einer über die Börse nunmehr frei handelbaren Aktie.

Die Börseneinführung der Obergesellschaft unterliegt somit für sich gesehen keiner generellen Zustimmungspflicht der Hauptversammlung. Eine Hauptversammlungskompetenz ergibt sich allerdings schon aus dem geschriebenen Recht, ohne einen Rückgriff auf die „Holzmüller"-Grundsätze, wenn die für die Börseneinführung benötigten Aktien aus einer Kapitalerhöhung unter Bezugsrechtsausschluss der Altaktionäre stammen sollen. Wird dagegen die Börseneinführung ausschließlich mit bestehenden Aktien durchgeführt scheidet eine Zustimmungspflicht der Hauptversammlung aus.

### g) Delisting

Ob die Hauptversammlung einem Delisting, d.h. dem Rückzug einer börsennotierten Aktiengesellschaft vom Amtlichen Markt oder vom Geregelten Markt, generell zustimmen muss oder ob der Vorstand den Antrag auf Widerruf der Zulassung auf Grund seiner autonomen Geschäftsführungsbefugnis ohne eine Zustimmung der Hauptversammlung stellen kann, ist ebenfalls seit

[279] insoweit zustimmend: Vollmer/Grupp, ZGR 1995, S. 459, 467f; Lutter, FS Zöllner, S. 363, 377.

langem umstritten.[280] Nach der „Macrotron"-Entscheidung des Bundesgerichtshofs[281] scheint dieser Streit zugunsten einer Zustimmungspflicht der Hauptversammlung entschieden zu sein.[282]

So vertrat nun der Bundesgerichtshof, dass zusätzlich zum Zustimmungsbeschluss der Hauptversammlung den Minderheitsäktionären ein „Pflichtangebot" mit dem Beschlussantrag zu unterbreitet ist, welches als Kaufpreis den Anteilswert widerspiegeln muss.[283] In seiner Entscheidung stellte der Bundesgerichtshof unter abgrenzenden Hinweis auf die „Holzmüller"-Entscheidung fest, dass dem Delisting eine die mitgliedschaftliche Stellung des Aktionärs beeinträchtigende Mediatisierung von Mitwirkungsrechten fehle und deshalb ein „Holzmüller"-Fall nicht gegeben sei. So sei das Delisting keine Maßnahme, welche die Binnenstruktur der Gesellschaft verändere und bedürfe aus diesem Grund keiner Hauptversammlungszustimmung.[284] Der Bundesgerichtshof stützt dagegen die Notwendigkeit der Zustimmung der Hauptversammlung für den delistingbedingten Fungibiliätsverlust der Aktie auf eine vom Schutz des Art. 14 Abs. 1 GG umfasste Beeinträchtigung der Verkehrsfähigkeit der Aktie.[285]

Der Auffassung ist hinsichtlich des Fehlens eines Eingriffs in die Binnenstruktur der Aktiengesellschaft zuzustimmen. Ein Eingriff in das Mitgliedschaftsrecht durch eine Strukturänderung liegt durch ein Delisting der Aktiengesellschaft gerade nicht vor. So wird durch eine Rücknahme der Aktie von der Börse der Bestand der Aktiengesellschaft und deren Aktionärskreis nicht berührt. Zudem verlieren die Aktionäre auch keine Kontrollrechte, welche zu

---

280 s. zu den einzelnen Ansichten Streit, ZIP 2002, S. 1279, 1286ff.

281 vgl. BGHZ 153, S. 47ff.

282 zustimmend: Schmidt, NZG 2003, S. 601, 603; Adolff/Tieves, BB 2003, S. 797, 798ff; Kubis, in: MünchKomm/AktG, § 119, Rn. 84; Reichert, in: Müller/Rödder, Beck'sches Handbuch, § 5, Rn. 57; Bungert, BB 2004, S. 1345, 1351.

283 vgl. BGHZ 153, S. 47, 57.

284 vgl. BGHZ 153, S. 47, 54; Mülbert, ZHR 165 (2001), S. 104, 130f; Groß, ZHR 165 (2001), S. 141, 164f; Streit, ZIP 2002, S. 1279, 1287f.

285 vgl. BGHZ 153, S. 47, 54f; so auch Hüffer, AktG, § 119, Rn. 24.

einer Mediatisierung ihres Anteilsrechts führen und aus diesem Grund ein Mitspracherecht begründen könnte. Dass durch einen Börsenrückzug die besonderen Regelungen, die der Gesetzgeber börsennotierten Aktiengesellschaften nach § 3 Abs. 2 AktG unterworfen hat, wegfallen, führt nicht dazu, das Delisting als Strukturänderung anzuerkennen. Die Regelungen, die der Gesetzgeber für eine börsennotierte Gesellschaft vorgesehen hat, ändern nichts an den strukturellen Grundsätzen, die sowohl für eine börsennotierte, als auch für eine nicht börsennotierte Aktiengesellschaft gelten.[286] Zudem erscheint die Begründung der, vom Bundesgerichtshof festgestellten, Hauptversammlungszuständigkeit aufgrund einer in dem Fungibiliätsverlust liegenden Beeinträchtigung des Anteilseigentums, welcher als Eigenschaft des Aktieneigentums verfassungsrechtlichen Schutz genieße, fragwürdig.[287] So wird die Verkehrsfähigkeit der Aktie durch das Delisting keineswegs ganz aufgehoben.

Die Minderheitsaktionäre sind wegen des Verlustes der Verkehrsfähigkeit ihrer Aktien auch ohne einen Hauptversammlungsbeschluss, nicht schutzlos gestellt. So gibt es kapitalmarktrechtliche Schutzvorkehrungen.[288] §§ 28 Abs. 4 S. 2, 53 Abs. 2 BörsG sehen für das Delisting von Aktien und anderen Wertpapieren einen spezifisch börsenrechtlichen Anlegerschutz vor. Dort heißt es, dass der Widerruf der Zulassung nicht dem Schutz der Anleger widersprechen darf. Die inhaltliche Ausformung wird allerdings in § 38 Abs. 4 S. 5 BörsG den Börsenordnungen der einzelnen Börsen überlassen. Die Frankfurter Wertpapierbörse hat diesen Regelungsauftrag nach § 58 Abs. 1 S. 2 Nr. 2 BörsO FWB mit einer Fristenlösung umgesetzt. Nach dieser steht der Schutz der Anleger dem Widerruf nicht entgegen, wenn das betreffende Wertpapier weder an einer anderen inländischen Börse, noch an einem ausländischen organisierten Markt zugelassen ist. Allerdings muss den Anlegern nach der Bekanntgabe der Widerrufsentscheidung ausreichend Zeit verbleiben, die vom

---

286 s. auch Mülbert, ZHR 165 (2001), S. 104, 130f.

287 s. dazu im Einzelnen, Krämer/Theiß, AG 2003, S. 225, 229f; Adolff/Tieves, BB 2003, S. 797, 798f; Benecke, WM 2004, S. 1122, 1123f.

288 s. dazu Habersack, in: Habersack/Mülbert/Schlitt, § 28, Rn. 18ff.

Widerruf betroffenen Wertpapiere über die Börse veräußern zu können. Diese Frist betragt gem. § 58 Abs. 2 BörsO FWB nach Wirksamwerden des Widerrufs sechs Monate nach dessen Veröffentlichung.[289]

Zudem stellte der Bundesgerichtshof an den Zustimmungsbeschluss für das Delisting nur geringe Anforderungen – keine Inhaltskontrolle[290], keinen Vorstandsbericht[291] sowie nur das Erfordernis einer einfachen Mehrheit.[292]

Der Hauptversammlungsbeschluss dürfte nach oben aufgeführten Gesichtspunkten nur einer bloßen Förmelei gleichkommen,[293] da kein Vorstand ein Delisting durchführen würde, ohne die Mehrheit der Anteilseigener hinter sich zu haben. Als zusätzlichen gesellschaftsrechtlichen Schutz könnte den Aktionären, anstatt des Erfordernis eines Zustimmungsbeschlusses, ein Abfindungsanspruch nach § 207 UmwG bzw. § 320 Abs. 5 S. 5 AktG zugestanden werden. Nach diesem wäre ihnen vom Hauptaktionär oder, im Rahmen des § 71 AktG, von der Gesellschaft ein angemessenes Kaufangebot für ihre Aktien zu unterbreiten.[294] Die Höhe der Abfindung könnte im Streitfall dann gem. § 1 SpruchG im Spruchverfahren ermittelt werden. Im Ergebnis wird dieser Ansatz auch von der „Macrotron“-Entscheidung getragen, da es aufgrund der niedrigen Anforderungen an den Zustimmungsbeschluss in der Praxis eher um die Höhe der Abfindung und um abfindungsbezogene Informationsmängel gehen wird. Falls ein weitergehender Aktionärsschutz gewollt ist, wäre es Sache des Gesetzgebers der Hauptversammlung ausdrücklich die Kompetenz hinsichtlich der Rücknahme der Börsennotierung zuzusprechen.

---

[289] s. zu den Einzelheiten, Krämer/Theiß, AG 2003, S. 225, 231ff.

[290] vgl. BGHZ 153, S. 47, 58.

[291] vgl. BGHZ 153, S.47, 59.

[292] vgl. BGHZ 153, S. 47, 53.

[293] so auch Krämer/Theiß, AG 2003, S. 225, 237.

[294] vgl. Vollmer/Grupp, ZGR 1995, 459, 475f; Pluskat, WM, 2002, S. 833, 835; Grupp, Börseneintritt und Börsenaustritt, S 202; im Ergebnis auch: Habersack, AG 2005, S. 137, 141; ohne Angebotspflicht: Schwark/Geiser, ZHR 161 (1997), S. 739, 765.

Nach hier vertretener Auffassung bedarf somit auch das Delisting keines Hauptversammlungsbeschlusses.[295] Allenfalls ist den Minderheitsaktionären ein Abfindungsangebot durch den Hauptaktionär oder, im Rahmen des § 71 AktG, durch die Gesellschaft für den Verlust der Fungibilität ihrer Aktien zu unterbreiten, welches dem wahren Wert der Aktie entsprechen muss.

### h) Konzernleitungskontrolle

Im Rahmen einer sog. Konzernleitungskontrolle sollen grundlegende Entscheidungen innerhalb von beherrschten, bereits ausgegliederten oder anderweitig in die Unternehmensgruppe eingebundenen Tochtergesellschaften durch die Hauptversammlung der Obergesellschaft zustimmungspflichtig sein, wenn sie sich wesentlich auf die rechtlichen und wirtschaftlichen Verhältnisse der Obergesellschaft und damit deren Aktionäre auswirken.[296]

Besteht keine entsprechende Satzungsermächtigung der Obergesellschaft zur Konzernbildung ist bereits die Gruppenbildung durch den Vorstand der Obergesellschaft rechtswidrig und rückgängig zu machen.[297]
Eine Mitwirkung der Hauptversammlung der Obergesellschaft ist selbst dann erforderlich, wenn die Satzung der Obergesellschaft das Abhängigkeits- oder Konzernverhältnis aufgrund einer entsprechenden Satzungsermächtigung im Unternehmensgegenstand (sog. Konzernklausel) ermöglicht und gegebenenfalls durch die Zustimmung der Hauptversammlung der Obergesellschaft be-

---

[295] ebenso Krämer/Theiß, AG 2003, S. 225,240; Habersack, AG 2005, S. 137, 141, kritisch auch Ekkenga, ZGR 2003, S 878, 910f; Krämer/Theiß, AG 2003, S. 225, 235, 241.

[296] vgl. BGHZ 83, 122, 136ff; wohl auch BGHZ 159, S. 30, 46; LG Frankfurt a.M. ZIP 1997, 1698, 1700f; Kubis, in: MünchKomm/AktG, § 119, Rn. 69ff; Lutter, FS Stimpel, S. 825, 845ff, Timm, ZIP 1993, S.114, 116ff; Habersack, in: Emmerich/Habersack, Aktien- und GmbH-KonzernR, Vor § 311, Rn. 48, m.w.N.

[297] vgl. Krieger, in: MünchHdb/AG, § 69, Rn. 4; Wiedemann, in: Großkomm/AktG, § 179, Rn. 64; Habersack, in: Emmerich/Habersack, Aktien- und GmbH-KonzernR, Vor § 311, Rn. 31; Tieves, Unternehmensgegenstand, S. 495f; Kubis, in: MünchKomm/AktG, § 119, Rn. 68, m.w.N; nur bei Umbildung in eine reine Finanzholding, Henze, FS Ulmer, S. 211, 216f; **a.A.** OLG Hamburg, AG 1981, 344, 346f; Schlitt, in: Semler/Stengel, UmwG, Anh. § 173, Rn. 24; Reichert, Die Ausstrahlungswirkung, S. 25, 40; Götz AG 1984, S. 85, 90, Westermann, ZGR 1984, 352, 361f; Hübner, FS Stimpel, S. 791, 794.

gründet wurde.[298] Die Frage der Mitwirkung der Aktionäre der Obergesellschaft stellt sich allerdings nur, wenn die Tochtergesellschaft von wesentlicher Bedeutung ist.[299]

Welche Maßnahmen im Einzelnen dem Zustimmungserfordernis der Hauptversammlung der Obergesellschaft unterliegen ist nicht abschließend geklärt. Auch die jüngst getroffene „Gelatine"-Entscheidung des Bundesgerichtshofs schweigt dazu. Geklärt scheint zunächst, dass Maßnahmen, die auf der Ebene der Obergesellschaft ohne Mitwirkung der Aktionäre vorgenommen werden können, auch bei Vollzug auf der Tochterebene und darunter mitwirkungsfrei sind. Nach hier vertretener Auffassung gilt dies demnach grundsätzlich für die Veräußerung von Beteiligungen und Unternehmensteilen[300] sowie dem Erwerb von Beteiligungen.[301]

Es wäre zu weitereichend, sämtliche Maßnahmen die auf der Ebene der Tochtergesellschaft nur mit qualifizierter Mehrheit beschlossen werden können, dem Mitwirkungserfordernis der Hauptversammlung der Obergesellschaft zu unterstellen.[302] Danach verbleibt eine Zustimmungsbedürftigkeit durch die Hauptversammlung der Obergesellschaft vor allem für Kapitalmaßnahmen auf Tochterebene, bei denen das Bezugsrecht der Obergesellschaft ganz oder teilweise ausgeschlossen oder nicht voll ausgeübt werden soll.[303] So können an der Untergesellschaft außenstehende Dritte beteiligt werden, wodurch die Beteiligung der Obergesellschaft und damit die mittelbare Beteiligung ihrer Aktionäre verwässert werden. Zustimmungspflichtig sind des Weiteren auf Tochterebene angesiedelte Maßnahmen, die das gesamte Vermögen der

---

[298] vgl. Kubis, in: MünchKomm/AktG, § 119, Rn. 69, m.w.N.

[299] s.o. zur „Wesentlichkeit", S. 59ff.

[300] s.o. S. 68ff.

[301] s.o. S. 64ff.

[302] so auch BGHZ 83, 122, 140; Habersack, in: Emmerich/Habersack, Aktien- und GmbH-KonzernR, Vor § 311, Rn. 49; Raiser, in: Müller/Rödder, Beck'sches Handbuch, § 5, Rn. 63.

[303] vgl. BGHZ 83, S. 122, 140; Heinsius, ZGR 1984, 383, 403; Krieger, in: MünchHdb/AG, § 69, Rn. 39; Lutter, FS Stimpel, S. 825, 854; Reichert, Müller/Rödder, Beck'sches Handbuch, § 5, Rn. 64, m.w.N; **a.A.** Ebenroth, Konzernbildungskontrolle, S. 40f.

Tochtergesellschaft i.S.d. § 179a AktG auf Dritte übertragen,[304] Auflösungsbeschlüsse der Tochtergesellschaft,[305] der Abschluss eines Beherrschungs- oder Gewinnabführungsvertrages auf Tochter- oder Enkelebene, sofern hierdurch über die §§ 302f, 322, 324 Abs. 3 AktG Haftungsrisiken der Obergesellschaft begründet werden - mithin bei einer durchgehenden Kette von Eingliederungen oder Unternehmensverträgen i.S.v. § 302 AktG[306] - sowie der Abschluss eines Unternehmensvertrages zwischen der Tochter und einem Dritten.[307]

Zusammenfassend kommt danach die Notwendigkeit einer Konzernleitungskontrolle, d.h. ein Zustimmungserfordernis der Hauptversammlung der Obergesellschaft, vor allem bei Maßnahmen mit Drittbezug in Betracht, während der Vorstand der Obergesellschaft bei konzerninternen Vorgängen regelmäßig autonom entscheiden kann.[308]

Maßnahmen in Tochtergesellschaften, die zugleich den Kernbereich der unternehmerischen Aktivitäten der Obergesellschaft hinsichtlich ihrer Wesentlichkeit berühren können ein Zustimmungserfordernis der Hauptversammlung der Obergesellschaft hervorrufen. Darunter fallen vor allem Kapitalerhöhungen unter Bezugsrechtsausschluss in der Tochtergesellschaft bei denen die Obergesellschaft ihr Bezugsrecht nicht oder nicht voll wahrnimmt.

---

[304] vgl. LG Frankfurt a.M. ZIP 1997, 1698, 1701f; Martens, ZHR 147 (1983), S. 377, 424f; Krieger, in: MünchHdb/AG, § 69, Rn. 38, m.w.N.

[305] vgl. BGHZ 83, S. 122, 140; Krieger, in: MünchHdb/AG, § 69, Rn. 39; Reichert, in: Müller/Rödder, Beck'sches Handbuch, § 5, Rn. 66; **a.A.** Westermann ZGR 1984, S. 352, 373.

[306] vgl. LG Düsseldorf DB 2004, S. 428, 429; Habersack, in: Emmerich/Habersack, Aktien- und GmbH-KonzernR, § 319, Rn. 16; Henze, FS Ulmer, S. 211, 225f; Krieger, in: MünchHdb/AG, § 69, Rn. 38; Altmeppen, in: MünchKomm/AktG, § 293, Rn. 115; **a.A.** Koppensteiner, in: KölnerKomm/AktG, Vorb. 291, Rn. 105.

[307] vgl. BGHZ 83, S. 122, 137, 140; Götz, AG 1984, S. 85, 88; Lutter, FS Stimpel, S. 825, 849; Westermann, ZGR 1984, S. 352, 373; Koppensteiner, in: KölnerKomm/AktG, Vorb. § 291, Rn. 105.

[308] so auch Koppensteiner, in: KölnerKomm/AktG, Vorb. § 291, Rn. 105; Mecke, Konzernstruktur, S. 286f.

### i) Börseneinführungen von Tochtergesellschaften

Bei der Börseneinführung einer Tochtergesellschaft ist nach Herkunftsart der Aktien, die an die Börse gebracht werden, zu unterscheiden. Handelt es sich um eine reine Abgabe von Altaktien aus dem Bestand der Obergesellschaft scheidet eine Beteiligung der Hauptgesellschaft der Obergesellschaft hinsichtlich des Börsengangs der Tochter aus, da Beteiligungsveräußerungen generell kein Mitwirkungsrecht der Hauptversammlung auslösen.[309]

Anders dagegen ist der Fall gelagert, wenn die Börseneinführung mit Aktien durchgeführt wird, die aus einer Kapitalerhöhung mit Bezugsrechtsausschluss in der Tochtergesellschaft oder einer Kombination von Bezugsrechtsausschluss und Verkauf von Altaktien der Obergesellschaft stammen. Bei einem Bezugsrechtsausschluss in der Tochtergesellschaft kann es aufgrund der Beeinträchtigung der Mitgliedschaftsrechte durch Verwässerung nach Gesichtspunkten der Konzernleitungskontrolle zu einem Zustimmungsvorbehalt der Aktionäre der Obergesellschaft kommen.[310] Voraussetzung ist dann allerdings, dass die Bedeutung der Tochtergesellschaft, welche an die Börse gebracht wesentlich für die Obergesellschaft ist.

Ansonsten bleibt es bei den allgemeinen aktienrechtlichen Zustimmungsvorbehalten, wenn etwa der Unternehmensgegenstand der Obergesellschaft, nach dem Börsengang der Tochtergesellschaft und Verkauf aller deren Anteile an der Börse, nicht mehr weitergeführt werden kann oder der Verkauf der Aktien der Obergesellschaft deren ganzes Vermögen i.S.v. § 179a AktG betrifft.[311]

## D. Zusammenfassendes Ergebnis

Das Aktiengesetz scheint nach erster Betrachtung eine klare Kompetenzabgrenzung zwischen Vorstand und Hauptversammlung, d.h. zwischen der Verwaltung und den Aktionären vorzunehmen. Der Vorstand hat die Gesell-

---

[309] s.o. S. 67ff.

[310] s.o. S. 81ff.

[311] so auch Reichert, in: Müller/Rödder, Beck'sches Handbuch, § 5, Rn. 55.

schaft gem. § 76 Abs. 1 AktG unter eigener Verantwortung zu leiten. Die Hauptversammlung beschließt nur in den im Gesetz und in der Satzung ausdrücklich bestimmten Fällen. Darüber hinaus kann sie nur über Fragen der Geschäftsführung beschließen, wenn der Vorstand es ausdrücklich verlangt, § 119 Abs. 2 AktG. Diese grundsätzliche Regelung ist aufgrund § 23 Abs. 5 AktG nicht dispositiv.

Der Vorstand legt somit die Richtlinien der Unternehmenspolitik fest und nimmt die eigentliche unternehmerische Funktion der Aktiengesellschaft wahr. Dabei vertritt er die Aktiengesellschaft nach außen (§ 77 Abs. 1, 78 AktG). Die Hauptversammlung und damit die Aktionäre bestimmen durch die Satzung und dort insbesondere durch Festlegung des Unternehmensgegenstandes nach § 23 Abs. 3 Nr. 2 AktG die Grenzen des Vorstandshandelns. Überschreitet der Vorstand diese Grenzen ist sein Handeln gegenüber Dritten nach außen grundsätzlich wirksam, wenn sich dem Dritten die Kompetenzüberschreitung nicht hätte aufdrängen müssen oder der Dritte mit dem Vorstand nicht kollusiv, d.h. in schädigender Absicht, zusammengewirkt hat. Überschreitet der Vorstand dagegen die gesetzlich festgelegte Zuständigkeitsordnung, d.h. nimmt er Maßnahmen vor, die der Hauptversammlung und damit den Aktionären vorbehalten waren, ist die Maßnahme gegenüber Dritten schwebend unwirksam.

Die Hauptversammlung hat bei Maßnahmen die in ihren Zuständigkeitsbereich fallen auch ein Initiativrecht. Sie kann den Vorstand intern zu Durchführung und Vorbereitung von Maßnahmen und Verträgen, somit auch Strukturänderungen, anhalten, die ihrer Zustimmung bedürfen.

Betroffen sind insbesondere Maßnahmen hinsichtlich gesetzlich festgelegter Strukturänderungen, die zwingend der Hauptversammlung vorbehalten sind. Dazu gehören die Satzungsänderung, die Vermögensübertragung, die Auflösung der Gesellschaft, der Abschluss bzw. die Änderung eines Unternehmensvertrages, die Eingliederung der Gesellschaft, die Verschmelzung, die

Spaltung, die Vermögensübertragung sowie die formwechselnde Umwandlung.

Alle anderen Maßnahmen sind nach der gesetzgeberischen Konzeption grundsätzlich zustimmungsfrei und können durch den Vorstand in Alleinverantwortung durchgeführt werden. Allerdings ist von der Rechtsprechung, sowie von der rechtswissenschaftlichen Literatur aufgrund von Schutzrechtserwägungen die uneingeschränkte Leitungsbefugnis des Vorstands und mithin seine Kompetenz weiter eingeschränkt worden.

So wurde durch den Bundesgerichtshof, aufgrund einer zuvor von der rechtswissenschaftlichen Lehre angestoßener Diskussion, entschieden, dass die Hauptversammlung auch Maßnahmen zuzustimmen hat, die „(...) so tief in die Mitgliedschaftsrechte der Aktionäre und deren im Anteilseigentum verkörpertes Vermögensinteresse eingreifen, dass der Vorstand vernünftigerweise nicht annehmen kann, er dürfe sie in ausschließlich eigener Verantwortung treffe, ohne die Hauptversammlung zu beteiligen.“[312] Problematisch an dieser Entscheidung und der Einführung einer alsbald als „ungeschriebenen“ bezeichneten Hauptversammlungskompetenz ist, dass eine solche nur schwer abgrenzbar und damit für die Praxis kaum handhabbar ist. Insbesondere greift eine solche „ungeschriebene“ Hauptversammlungskompetenz in das aktienrechtliche System der Kompetenzverteilung zwischen Vorstand und Hauptversammlung ein, ohne eine genauere Bestimmung der Reichweite festzulegen. Nach hier vertretener Auffassung, sowie auch nach neuerem Schrifttum und der letzten Entscheidung des Bundesgerichtshofs ist deshalb zwar grundsätzlich von ungeschriebenen Hauptversammlungskompetenzen auszugehen. Diese sind aber nur sehr restriktiv und in Ausnahmefällen anzuerkennen.

Dogmatisch ist eine solche Hauptversammlungskompetenz aufgrund der Nähe zu einer Satzungsänderung und dort speziell zu einer Änderung des Unternehmensgegenstandes in Analogie zu § 179 AktG zu begründen. Danach

[312] BHGZ 83, S. 122, 131.

scheidet eine Hauptversammlungskompetenz grundsätzlich für solche Maßnahmen aus, die dem Vorstand ausdrücklich nach der Satzung gestattet wurden. Die Hauptversammlung und die Aktionäre haben sich durch die Satzungsgestaltung ausdrücklich ihres Mitspracherechts begeben und können ein solches auch nur durch eine Satzungsänderung zurückerlangen. Dies gilt auch für Strukturänderungen, wenn die Satzung den Vorstand dazu ausdrücklich ermächtigt. Erst wenn die Satzung hinsichtlich der konkreten Maßnahme schweigt, kommt überhaupt eine Zustimmungspflicht der Hauptversammlung in Betracht.

Zudem sind nur solche Maßnahmen einer Hauptversammlungszuständigkeit zu unterwerfen die wesentlich sind, d.h. eine bestimmte Eingriffsschwelle überschreiten. Für die Bestimmung der Wesentlichkeitsgrenze sind nach hier vertretener Auffassung zunächst qualitative Entscheidungskriterien heranzuziehen. Ausgangspunkt ist die Anlageentscheidung des Aktionärs, die sich vor allem auf den Tätigkeitsbereich der Gesellschaft gründet, der sich wiederum aus dem Unternehmensgegenstand der Gesellschaft ergibt. Wird der unternehmerische Schwerpunkt der Gesellschaft oder das charakteristische Gepräge spürbar verändert, ist die Hauptversammlung und damit der Aktionär zur Entscheidung berufen. Hilfsweise zu diesen qualitativen Kriterien können quantitative Kriterien herangezogen werden, um zu bestimmen, ob die Gesellschaft ihren unternehmerischen Schwerpunkt entscheidend verändert hat.

Vor diesem Hintergrund lässt sich hinsichtlich einzelner Strukturänderungen, bei denen eine ungeschriebene Hauptversammlungskompetenz diskutiert wird, Folgendes feststellen:

Eine „ungeschriebene" Hauptversammlungszuständigkeit kommt danach nur bei einer Ausgliederung und Umstrukturierung im Wege der Einzelrechtsnachfolge, sowie bei Konzernleitungsmaßnahmen in Tochtergesellschaften in Betracht, da sich nur dort die Gefahren ergeben, die eine besondere Schutzbedürftigkeit der Aktionäre und damit eine Zustimmungsvorbehalt der

Hauptversammlung rechtfertigen. Dagegen verbleibt die Entscheidung über einen Beteiligungserwerb bzw. eine Beteiligungsveräußerung gänzlich beim Vorstand, auch wenn gewisse Schwellenwerte überschritten sind. Denn diese Maßnahmen entspringen dem Kern der Unternehmensleitung und gehören damit zum eigentlichen Aufgabenbereich des Vorstands.

Aufgrund der gesetzgeberischen Intention und Regelung im Wertpapiererwerbs- und Übernahmegesetz scheidet auch eine Hauptversammlungsbefassung bei Unternehmensübernahmen außerhalb der gesetzlich vorgesehenen Tatbestände aus. Das gleiche gilt hinsichtlich einer Börseneinführung der Gesellschaft, da eine solche dem grundsätzlichen Charakter der Aktiengesellschaft als Publikumsgesellschaft immanent ist und die Aktionäre somit bei ihrer Investition mit einem Börsengang rechnen müssen.

Des Weiteren gibt es allgemeine aktienrechtliche Schutzmechanismen wie die Zustimmungspflicht der Hauptversammlung beim Bezugsrechtsausschluss, welche die Aktionäre bei einem Börsengang hinreichend schützen. Aus demselben Grund unterfällt auch der Börsengang einer Tochtergesellschaft keiner grundsätzlichen Zustimmungspflicht der Hauptversammlung, da eine Maßnahme welche in der Obergesellschaft grundsätzlich zustimmungsfrei ist, erst recht in der Tochtergesellschaft zustimmungsfrei sein muss.

Letztendlich gelten dieselben Grundsätze hinsichtlich des Delistings einer Gesellschaft, welches als Gegenstück zum Börsengang ebenfalls keine Maßnahme darstellt, der die Hauptversammlung zuzustimmen hat. Allenfalls lässt sich für eine Delisting aufgrund einer Schutzbedürftigkeit von Minderheitsgesellschaftern ein Pflichtangebot hinsichtlich des Kaufs ihrer Anteile rechtfertigen, welches als solches allerdings keiner Hauptversammlungsbefassung bedarf.

Im Ergebnis bestehen daher ungeschriebenen Hauptversammlungskompetenzen nur in den Fällen der Ausgliederung bzw. Umstrukturierung innerhalb eines Konzerns. Dies entspricht auch der ursprünglichen Intention des Gesetzgebers, der durch die Ausgestaltung des Aktiengesetzes eine klare Kompetenzaufteilung zwischen Vorstand und Hauptversammlung intendiert hat und diese auch nach § 23 Abs. 5 AktG grundsätzlich nicht zur Disposition stellt.

# Teil 3. Kompetenzverteilung bei Strukturänderungen in England

## A. Grundlagen

Im folgenden Abschnitt werden zunächst die Grundlagen der Erscheinungsformen, der Einteilung, der Funktionsweise und des Zusammenspiels der Organe von englischen Gesellschaften dargestellt.

### I. Begriff der company im englischen Gesellschaftsrecht

Unter den deutschen Begriff Gesellschaft fallen sowohl Kapital- als auch Personengesellschaften. Die englische Rechts- und Umgangsprache kennt keinen solchen derart weiten Begriff. In der englischen Rechtsterminologie versteht unter dem Begriff *company* ausschließlich Kapitalgesellschaften und trennt diese streng von Personengesellschaften, wie z. B. *partnerships*.[313] Für Mischformen, wie bspw. die in Deutschland verbreitete GmbH & Co. KG besteht aufgrund der hohen Flexibilität der Rechtsform *company* kein Bedarf.[314] Seit 2000 besteht allerdings die Möglichkeit der Gründung einer *limited liability partnership* (LLP), die ein Hybrid zwischen *partnership* und *company* darstellt und bei der alle Partner grundsätzlich nur beschränkt haften.[315]

Das englische Recht kennt keinen Rechtsformzwang abhängig von der ausgeübten Tätigkeit, als gewerblich, kaufmännische oder freiberuflich.[316] Des Weiteren stellt das englische Recht geringe gesetzliche Anforderungen an die Gründung einer Kapitalgesellschaft, die sie deshalb auch für Kleinunternehmen zugänglich macht. Aus diesem Grund hat die *partnership* eine äußerst

---

313 vgl. Gower/Davies, Principles, S. 3f; Rajak, Die Gestaltungsfreiheit, S. 187, 188f.

314 vgl. Triebel/Hodgson/Kellenter/Müller, Englisches Handels- und Wirtschaftsrecht, Rn. 568.

315 vgl. Gower/Davies, Principles, S. 5f; zu den Einzelheiten s. Morse, Palmer's Limited Liability Partnership Law.

316 vgl. Triebel/Hodgson/Kellenter/Müller, Englisches Handels- und Wirtschaftsrecht, Rn. 555.

geringe Bedeutung.[317] So wählen vor allem Angehörige der freien Berufe die *partnership* als Gesellschaftsform, da ihnen ihr Standesrecht die Gründung einer Kapitalgesellschaft mit Haftungsbegrenzungen verbietet.[318] Das Recht der Personengesellschaften ist im Partnership Act 1890 und dem Limited Partnership Act 1907 geregelt. Der Companies Act 1985 (CA 1985), der Companies Consolidation Act 1985, der Companies Act 1989, der Financial Service Act 1986 (FSA 1986) und der Insolvency Act 1986 (IA 1986) sind die bedeutendsten Rechtsquellen für die Kapitalgesellschaften. Zudem bleibt weiterhin das Präzedenzfallsystem des Common Law[319] als wichtiger Grundpfeiler des englischen Company Law bestehen.

## II. Einteilung der Gesellschaften

Trotz der grundsätzlich einheitlichen Form der Kapitalgesellschaften im englischen Recht kann eine Einteilung der *company* unter den Gesichtpunkten der Haftung und der Kapitalbeschaffung vorgenommen werden. Allen *companies* ist gemein, dass es sich bei ihnen als juristische Personen um rechtsfähige Gesellschaften handelt. In England kann eine juristische Person nur durch staatlichen Akt entstehen, sei es durch Gesetz oder *Royal Charter*[320] oder aufgrund Gesetzes (Sec. 716 (1) CA 1985).[321]

Von praktischer Bedeutung ist im Geschäftsleben jedoch nur noch die Verleihung der Rechtsfähigkeit nach dem CA 1985 durch Eintragung beim *Registrar of Companies* und die Ausstellung des *certificate of incorporation* gem. Sec. 13 CA 1985. So gab es 2004 nur 50 Gesellschaften, die durch Gesetz, und 784 Gesellschaften, die durch *Royal Charter* entstanden sind.[322]

---

[317] vgl. Güthoff, Gesellschaftsrecht, S. 3.
[318] vgl. Güthoff, Gesellschaftsrecht, S. 3.
[319] s. dazu Triebel/Hodgson/Kellenter/Müller, Englisches Handels- und Wirtschaftsrecht, Rn. 35.
[320] s. zu den Einzelheiten Gower/Davies, Principles, S. 18ff.
[321] vgl. Triebel/Hodgson/Kellenter/Müller, Englisches Handels- und Wirtschaftsrecht, Rn. 570.
[322] vgl. DTI, Companies in 2003-2004, Table E3.

### 1. Haftungsrechtliche Einteilung

Sec. 1 (2) CA 1985 unterscheidet drei Arten von *companies*: die *company limited by shares*, die *company limited by guarantee* sowie die *unlimited company*.

#### a) Company Limited by Shares

Die praktisch bedeutendste Rechtsform einer *company* ist die *company limited by shares*.[323] Bei ihr ist die Haftung der Gesellschafter auf ihre Einlage beschränkt. Bei einer Beteiligung verpflichten sich alle Anteilseigner zur Leistung einer Kapitaleinlage, worauf sie Anteile (*shares*) erhalten, deren Zahl und Nennwert (*nominal value*) von der Einlage abhängen.[324] Im Fall der Abwicklung oder Insolvenz der *company* können die Anteileigner nur zur Zahlung der von ihnen übernommen Einlagepflicht und sobald diese Einlagepflicht geleistet wurde, grundsätzlich überhaupt nicht mehr in Anspruch genommen werden.[325] Obwohl in der Regel die Kapitaleinlage bei Zuteilung der Anteile gezahlt wird, besteht keine Verpflichtung dazu.[326]

#### b) Company Limited by Guarantee

Die Gesellschafter einer *company limited by guarantee* verpflichten sich nach Sec. 2 (4) CA 1985, bei der Auflösung der Gesellschaft für die Gesellschaftsschulden in einer bestimmten Höhe zu haften, welcher in der Gründungssatzung festgelegt wird. Diese Form der *company* wird in der Praxis vor allem von Organisationen verwendet, die einen sozialen oder karitativen Zweck verfolgen.[327]

---

323 vgl. Triebel/Hodgson/Kellenter/Müller, Englisches Handels- und Wirtschaftsrecht, Rn. 572; Tomsett/Thömmes, in: Widmann/Mayer, UmwR, Anh 3, Rn. GB 1.

324 vgl. Gower/Davies, Principles, S. 9.

325 vgl. Gower/Davies, Principles, S. 9.

326 vgl. Gower/Davies, Principles, S. 236.

327 vgl. Gower/Davies, Principles, S. 8.

### c) Unlimited Company

Dritte Erscheinungsform der *company* ist die *unlimited company*, bei der die Gesellschafter für Gesellschaftsschulden unbeschränkt nach Sec. 1 (2)(c) CA 1985 mit ihrem gesamten persönlichen Vermögen haften. Die *unlimited company* hat in der englischen Wirtschaft aufgrund der fehlenden Möglichkeit der Haftungsbegrenzung nur eine geringe Bedeutung.[328] Allerdings wird sie nach Sec. 254 CA 1985 unter bestimmten Voraussetzung von den strengen Publikationsvoraussetzung des CA 1985 sowie vom grundsätzlichen Verbot des Kaufs eigener Anteile nach Sec. 143 (1) CA 1985 befreit.

## 2. Einteilung nach Art des Kapitals

Eine weitere und die wohl wichtigste Unterteilung der *companies* ist die in *public companies* einerseits und *private companies* andererseits. Der CA 1985 ist grundsätzlich auf beide Entscheidungsformen anwendbar, unterscheidet jedoch zunehmend nach diesen beiden funktionalen Unterschieden.[329]

### a) Public Company

*Public Companies* können gem. Sec. 1 (3) CA 1985 in der Form einer *company limited by shares* und der *company limited by guarantee* errichtet werden. Sie sind befugt ihre Anteile oder Schuldverschreibungen an die Öffentlichkeit zur Zeichnung auszugeben, was *private companies* nach Sec. 81 CA 1985, Secs. 143 (3), 170, 171 (3) FSA 1986 verwehrt ist. Mit dem Recht zur öffentlichen Kapitalbeschaffung gehen aber auch strengere Kapitalaufbringungs- und -erhaltungsvorschriften einher.[330] *Public companies* müssen so bspw. gem. Sec. 118 (1) CA 1985 über ein Mindestkapital von £ 50.000 verfügen, von dem nach Secs. 11, 101 (1), 117, 118 CA 1985 ein Viertel des

---

328 vgl. Triebel/Hodgson/Kellenter/Müller, Englisches Handels- und Wirtschaftsrecht, Rn. 572; Gower/Davies, Principles, S. 16.

329 vgl. Gower/Davies, Principles, S. 13.

330 vgl. Tomsett/Thömmes, in: Widmann/Mayer, UmwR, Anh 3, Rn. GB 1.

Nennbetrags samt Agio sofort eingezahlt werden muss. Zudem unterliegen *public companies* weit strengeren Vorschriften hinsichtlich Inhalt, Aufbau und Offenlegung des Jahresabschlusses.[331] Weiterhin bestehen bei einer *public company* nach Secs. 198-212 CA 1985 bei einem Erwerb oder Verkauf einer Beteiligung an stimmberechtigten Aktien von mehr als 3% eine Mitteilungspflicht gegenüber der Gesellschaft.

Formell gilt nach Sec. 1 (3) CA 1985 eine Kapitalgesellschaft als *public company*, wenn sie in ihrem Gründungsvertrag, dem sog. *memorandum of association* als solche bezeichnet wird und darüber hinaus den besonderen Vorschriften des CA 1985 für *public companies* genügt. Nach Sec. 25 (1) CA 1985 muss die Firma einer *public company* den Zusatz *public limited company* oder „plc“ führen. Funktional entspricht die *public company* der Form einer deutschen Aktiengesellschaft, was sich insbesondere in ihrem offenen Gesellschafterkreis und auch bei den Möglichkeiten der Kapitalbeschaffung zeigt.[332] Alle weiteren Ausführungen beziehen sich, sofern nicht ausdrücklich vermerkt, auf eine *public limited company.*

### b) Private Company

Als *private company* gilt nach Sec. 1 (3) 2. HS CA 1985 jede andere *company*, die nicht als *public* bezeichnet wird. Eine *private company* unterliegt nicht den Mindestkaptialbestimmungen, darf aber auch ihre Aktien oder Schuldverschreibungen nach Secs. 143 (3), 179, 171 (3) FSA 1986 nicht zur öffentlichen Zeichnung anbieten. Sec. 25 (1) CA 1985 schreibt vor, dass eine *private company limited by shares* den Zusatz „Limited“ oder „Ltd.“ benutzen muss.

Funktionell entspricht eine *private company* einer deutschen GmbH.[333] Zahlenmäßig überwiegen *private companies* gegenüber *public companies* bei

---

[331] vgl. Triebel/Hodgson/Kellenter/Müller, Englisches Handels- und Wirtschaftsrecht, Rn. 581.
[332] vgl. Triebel/Hodgson/Kellenter/Müller, Englisches Handels- und Wirtschaftsrecht, Rn. 586.
[333] vgl. Triebel/Hodgson/Kellenter/Müller, Englisches Handels- und Wirtschaftsrecht, Rn. 586.

weitem. So gab es 2003/2004 in Großbritannien nur 11.700 *public companies* gegenüber 18.311.000 *private companies.*[334]

## III. Funktionsweise der company im Überblick

### 1. Satzung

Eine *company* hat keine einheitliche Satzung bzw. Gesellschaftsvertrag. Ihre Verfassung besteht aus zwei selbständigen Urkunden, dem *memorandum of association* gem. Secs. 1 (1) und 2 CA 1985 einerseits und den *articles of association* gem. Sec. 7 CA 1985 andererseits.[335]

#### a) Memorandum of Association

Das *memorandum of association* regelt vor allem das Außenverhältnis der *company.* Dabei muss das *memorandum of association* gem. Sec. 2 CA 1985 einen Mindestinhalt aufweisen. Dieser Mindestinhalt umfasst den Namen der Gesellschaft, ob der eingetragenen Hauptsitz der Gesellschaft in England, Wales oder Schottland liegen wird, den Gegenstand des Unternehmens, Haftungsbeschränkungen, die Höhe des Nominalkapitals, die Nennbeträge der einzelnen Aktien sowie die Zahl der Aktien eines jeden Nennbetrags. Üblicherweise enthält das *memorandum of association* auch nicht mehr als die oben genannten Punkte.[336] Auffälligster Punkt des *memorandum of association* ist die in der Regel seitenlange Gegenstandsklausel über die Rechtsfähigkeit und Befugnisse der *company.* Ein Grund hierfür ist die *ultra vires*-Lehre.[337]

Nach früherer englischer Rechtsauffassung hatte eine *company* nur eine beschränkte Rechts- und Handelsfähigkeit und deshalb nur Befugnisse, die zur

---

[334] vgl. DTI, Companies in 2003-2004, Table A2.

[335] vgl. Gower/Davies, Principles, S. 57.

[336] vgl. Gower/Davies, Principles, S.57.

[337] zu den Einzelheiten der ultra vires-Lehre s. Hess, RIW/AWD 1992, S. 638f; Gower/Davies, Principles, S. 132ff.

Erfüllung dieser Zwecke nötig sind.[338] Dies führte zwingend zur Beschränkung der Vertretungsmacht der Organe der *company*. Wollte die *company* ein nicht vom *memorandum of association* gedecktes Geschäft abschließen, musste sie zunächst das *memorandum of association* ändern. Anderenfalls war ein Geschäft, was nicht von der Gegenstandsklausel des *memorandum of association* abgedeckt wurde, unwirksam und konnte auch nicht im Nachhinein von den Gesellschaftern genehmigt werden.[339] Sinn der Gegenstandsklausel war der Schutz Dritter. Personen die Aktien einer *company* kaufen oder mit ihr Geschäfte abschließen wollten, sollten beim Registrator das *memorandum of association* einsehen können und sich so über die Zwecke und Befugnisse der *company* vergewissern können.[340]

Zudem entschieden die englischen Gerichte, dass die Gegenstandsklausel nicht zu engherzig am Wortlaut auszulegen ist. Eine Gesellschaft sollte die Rechtsmacht haben, alle Arten von Handlungen vorzunehmen, die die Verfolgung des Unternehmensgegenstands notwendig oder vernünftigerweise mit sich brachte.[341] Zählte das *memorandum of association* einige wichtige Zwecke auf, wurden andere Zwecke und verbundene Befugnisse als diesen Hauptzwecken untergeordnet angesehen und eng interpretiert.[342]

Die Rechtsprechung zur *ultra vires*-Lehre führte zu einer hochkomplexen Kasuistik und dadurch zu einer erheblichen Rechtsunsicherheit. Auf dieser beruhen auch die langen Gegenstandsklauseln, um möglichst jedes denkbare Geschäft darunter fassen zu können und nicht Gefahr zu laufen, dass ein Geschäft aufgrund einer nicht ausrechenden Befugnis in der Gegenstandsklausel unwirksam war. Erst durch Beitritt des Vereinigten Königreichs in die Europäische Gemeinschaft und dem Handlungsdruck aufgrund von EU-Richtlinien wurde die *ultra vires*-Lehre modifiziert. Mit In-Kraft-Treten der

---

338 vgl. Ashbury Railway Carriage and Iron Co. Ltd. v Riche (1875) L.R. 7 H.L. 653.

339 vgl. Ashbury Railway Carriage and Iron Co. Ltd. v Riche (1875) L.R. 7 H.L. 653.

340 vgl. Per Lord Parker of Waddington in Cotman v Brougham [1918] A.C. 514, 520.

341 vgl. Attorney-General v Great Eastern Railways Co. (1880) 5 App.Cas. 473, H.L. 478.

342 vgl. Cotman v Brougham [1918] A.C. 514.

Secs. 108-112 CA 1989 wurde die *ultra vires*-Lehre weitestgehend abgeschafft. Sec. 3A CA 1985 ermöglicht nun eine allgemeine und kurze Gegenstandsklausel zu verwenden, wodurch die *company* ohne Einschränkung zur Ausführung jedweden Geschäfts befugt ist. Nach Sec. 35 CA 1985 darf die Rechtswirksamkeit eines Geschäftes der *company* wegen mangelnder Rechtsfähigkeit weder von der *company* noch von einem Dritten angefochten werden. Allerdings kann ein Gesellschafter nach Sec. 35 (2) CA 1985 ein bevorstehendes Geschäft, welches *ultra vires* ist, d.h. die Gegenstandsklausel überschreitet, durch Unterlassungsklage und/oder einstweilige Verfügung verhindern, sofern sich aus dem Geschäft noch keine Verpflichtungen der *company* gegenüber dem Dritten ergeben. Zudem können die Gesellschafter nunmehr nach Sec. 35 (3) CA 1985 ein Geschäft, welches über die Gegenstandsklausel hinausgeht, im Nachhinein ratifizieren.

Es bleibt allerdings zweifelhaft, ob die getätigten Gesetzesänderungen zu einer Verkürzung der bisherigen Praxis mit seitenlangen Gegenstandsklauseln führen werden, da die *ultra vires*-Lehre in bestimmten Konstellationen bedeutsam bleibt.[343]

## b) Articles of Association

Die *articles of association* befassen mit dem Innenverhältnis der *company*, also insbesondere mit Fragen der Kompetenzabgrenzung zwischen den Organen, der Gewinnverwendung und der Ausgabe und Übertragbarkeit von Gesellschaftsanteilen. Der CA 1985 verfügt hinsichtlich des Innenverhältnisses nur über wenige zwingende Regelungen, so dass der Satzungsautonomie in den *articles of association* große Bedeutung zukommt.[344] Jedoch enthalten die Durchführungsbestimmungen zum CA 1985 die sog. *The Companies Regulations 1985, Appendix, Table A* - im folgenden Mustersatzung - je ein Muster für die *articles of association* einer *public* und einer *private company limited*

---

[343] s. im folgenden S. 107f.

[344] vgl. Gower/Davies, Principles, S. 54f.

*by shares*, welche gem. Secs. 3 (2), 8 (5) CA 1985 im Verordnungswege erlassen werden können.

Nach Sec. 8 CA 1985 gelten die Bestimmungen der Mustersatzung, wenn die *company* keinen eigenen *articles of association* beim Registrator vorlegt oder soweit diese eigenen *articles of association* die Vorschriften der Mustersatzung nicht ausschließen oder ändern.

Die Mustersatzung ist umfangreich. Sie enthält 118 Bestimmungen, da der CA 1985 wenig zwingende Regelungen über das Innenverhältnis der *company* beinhaltet und diese somit durch die Gesellschafter festgelegt werden müssen.

### 2. Organe

Die *company* verfügt über zwei Organe: die Hauptversammlung *general meeting* und den Verwaltungsrat *board of directors*.

#### a) Hauptversammlung (General Meeting)

Die Hauptversammlung spielt eine wichtige, bestimmende, wenn nicht sogar die wichtigste Rolle in der *company*.[345] Die Hauptversammlung besteht aus den Anteilseignern der *company*.

Sie muss nach Sec. 366 (3) CA 1985 als ordentliche Jahreshauptversammlung *annual general meeting* in jedem Geschäftsjahr (bzw. Kalenderjahr) und nicht später als 15 Monate nach der letzen Jahreshauptversammlung zusammentreten. Bei einer *private company* kann gem. Sec. 366A CA 1985 durch einen besonderen Wahlbeschluss (*elective resolution*) darauf verzichtet werden, eine Jahreshauptversammlung abzuhalten, wenn nicht ein Gesellschafter darauf besteht. Darüber hinaus regeln grundsätzlich die *articles of association*, unter welchen Bedingungen und wann eine außerordentliche Versammlung, ein

---

[345] vgl. Gower/Davies, Principles, S. 327.

sog. *extraordinary general meeting* einberufen werden kann oder muss.[346] Zudem müssen die Direktoren nach Sec. 368 CA 1985 einer Einladungsaufforderung der Gesellschafter, die ein Zehntel des stimmberechtigten eingezahlten Kapitals halten, nachkommen und eine Hauptversammlung einberufen. Letztendlich kann gem. Sec. 371 CA 1985 ein Gericht auf Antrag anordnen, eine Hauptversammlung einzuberufen, abzuhalten und zu leiten und konkrete Anweisungen hierfür geben, wenn eine solche sonst nicht ohne Schwierigkeiten oder nicht in der durch Gesetz und den *articles of association* vorgegebene Weise abgehalten werden könnte.

Beschlüsse werden grundsätzlich auf den *general meetings* gefasst. Ein normaler (*ordinary*) Beschluss bedarf grundsätzlich nur der einfachen Mehrheit der abgegebenen Stimmen, sofern die *articles of association* nichts anderes bestimmen, ein außerordentlicher Beschluss einer qualifizierten Mehrheit von drei Vierteln der abgegebenen Stimmen.[347]

Dabei gibt es zwei Arten von außerordentlichen Beschlüssen: *extraordinary resolutions* und *special resolutions*. Beide unterscheiden sich dadurch, dass bei einer *extraordinary resolution* nach Sec. 378 (1) CA 1985 keine spezielle Einberufungsfrist gewahrt werden muss, während bei einer *special resolution* nach Sec. 378 (2) CA 1985 eine Einberufungsfrist von 21 Tagen zu beachten ist. Der Unterschied ist wichtig für eine Erweiterung der Tagesordnung einer Hauptversammlung, da eine spontane Erweiterung mit einer *special resolution* aufgrund der Einberufungsfrist nicht möglich ist.[348]

### b) Verwaltungsrat (Board of Directors)

Das Vereinigte Königreich folgt dem monistischen *one tier* oder *unitary system*. Das bedeutet, dass zwischen dem Verwaltungsrat und der Hauptversammlung kein weiteres Kontrollorgan geschaltet ist, sondern die Hauptver-

---

346 vgl. Gower/Davies, Principles, S. 347.
347 vgl. Triebel/Hodgson/Kellenter/Müller, Englisches Handels- und Wirtschafsrecht, Rn. 709.
348 s. dazu Gower/Davies, Principles, S. 344.

sammlung den Vorstand direkt ernennt.[349] Allerdings verbietet der CA 1985 nicht, weitere Gremien einzuführen. So können die *articles of association* bestimmen, dass bestimmte Handlungen des Verwaltungsrates von einem besonderen Gremium genehmigt werden müssen.[350] Dem Verwaltungsrat obliegt die Geschäftsführung der *company*, wobei die genaue Ausgestaltung der Geschäftsführungskompetenzen den *articles of association* überlassen bleibt.[351]

### aa) Direktoren

Der Verwaltungsrat ist häufig in geschäftsführende *executive directors* und nicht geschäftsführende *non-executive directors* Direktoren untergliedert. Die nicht geschäftsführenden Direktoren nehmen nur an den Verwaltungsratsitzungen *board meetings* teil, sind aber ansonsten an der täglichen Geschäftsführung nicht beteiligt. Dagegen sind die geschäftsführenden Direktoren für die Ausführung und Leitung der täglichen Geschäfte bestellt. Der Leiter der geschäftsführenden Dirktoren wird *managing director* oder auch *chief executive officer* (CEO) genannt. Häufig ist der *managing director* auch Vorsitzender des Verwaltungsrates (*chairman of the board*), sofern nicht ein nicht geschäftsführender Direktor als *chairman of the board* gewählt wird.[352] Gem. Sec. 282 CA 1985 muss der Verwaltungsrat einer *public limited company* mindestens zwei, der Verwaltungsrat einer *privat limited company* mindestens einen Direktor haben.

Nach Para. 70 der Mustersatzung sind den Direktoren alle Kompetenzen nur gemeinsam als Verwaltungsrat gegeben. Aus diesem Grund können die Direktoren Entscheidungen grundsätzlich nur gemeinsam bei einer Verwaltungsratsitzung treffen, sofern die *articles of association* dem Verwaltungsrat nicht gestatten, ihre Kompetenzen auf einzelne Direktoren oder eine Gruppe

349 vgl. Gower/Davies, Principles, S. 317.
350 vgl. Triebel/Hodgson/Kellenter/Müller, Englisches Handels- und Wirtschafsrecht, Rn. 714.
351 vgl. Gower/Davies, Principles, S. 294.
352 vgl. Gower/Davies, Principles, S. 320.

von Direktoren zu delegieren.[353] Nach Para. 71 der Mustersatzung ist dem Verwaltungsrat eine solche Delegation normalerweise gestattet. Allerdings hat kein Direktor allein durch die Möglichkeit einer Delegation die Kompetenz zur alleinigen Geschäftsführung, sofern der Verwaltungsrat von seiner Befugnis zur Delegation nicht explizit Gebrauch gemacht hat.[354]

Während die formalen Regelungen wie z.B. Einberufungsfristen, feste Termine usw. für das Abhalten einer Hauptversammlung sehr dezidiert im CA 1985 festgehalten sind,[355] können die Direktoren nach Para. 88-98 der Mustersatzung die Regelungen für Verwaltungsratsitzungen größtenteils selbst bestimmen. Allerdings muss, sofern die *articles of association* dies nicht abweichend von der Mustersatzung regeln, allen Direktoren Nachricht von einer Verwaltungsratsitzung gegeben werden und die Mehrzahl der Verwaltungsratmitglieder anwesend sein.[356] Die Mustersatzung gibt in Para. 72 den Direktoren zudem das Recht, Maßnahmen auf besondere Gremien zu verlagern, wobei die Gremien mindestens aus einem oder mehreren Direktoren bestehen müssen. Entscheidungen des Verwaltungsrates werden nach Para. 88 der Mustersatzung mit einfacher Stimmenmehrheit getroffen. Bei Stimmengleichheit hat der Verwaltungsratvorsitzende die entscheidende Stimme, die sog. *casting vote*.

### bb) Der Combined Code

Aufgrund der weiten Gestaltungsfreiheit der Zusammensetzung des Verwaltungsrates und der Delegation von Kompetenzen auf unterschiedliche Direktoren oder Gremien kam es zu Missbrauchsfällen und Skandalen mit spektakulären Unternehmensinsolvenzen. Das sog. Cadbury Committee[357] nahm

---

[353] vgl. Cartmell's case (1874) L.R. 9 Ch.App. 691.

[354] vgl. Breckland Group Holdings Ltd v London and Suffolk Properties Ltd [1989] B.C.L.C. 100; Mitchell & Hobbs (UK) Ltd v Mill [1996] 2 B.C.L.C. 102.

[355] s.o. S. 100.

[356] s. zu den Einzelheiten, Gower/Davies, Principles, S. 320.

[357] Committee on the Financial Aspects of Corporate Governance; zu den Einzelheiten, Gower/Davies, Principles, S. 292f, 321ff.

daraufhin die bereits praktizierten Ausgestaltungen des Verwaltungsrates, d.h. die Unterscheidung zwischen Verwaltungsrat und Gremien, zwischen geschäftsführenden und nicht geschäftsführenden Direktoren, die Existenz eines oder mehrere *managing directors* sowie des *chairman of the board*, auf und erstellte einen Verhaltenskodex, den sog. Code of Best Practice.[358] Diese Verhaltensregelungen und die Vorschläge des Greenbury Committees[359] wurden von dem Hampel Committee[360] schließlich in dem sog. Combined Code zusammengefasst.

Der Combined Code gilt nur für *public companies*, die an der Börse gehandelt werden, obwohl das Cadbury Committee empfahl ihren Code of Best Practice auf alle großen *companies* anzuwenden.[361] Die Einhaltung der Regelungen des Combined Code wird nunmehr durch die Börsenordnung der Londoner Börse, die sog. Listing Rules, gewährleistet, nach denen Verstöße bestraft werden können, was bis zum Entzug der Börsenzulassung nach Sec. 77 FSMA führen kann.

Die Kernpunkte des Combined Code sind die Folgenden: Der Verwaltungsrat hat eine duale Funktion, sowohl zur Überwachung, als zur Geschäftsführung der Gesellschaft. Mindest ein Drittel des Verwaltungsrates soll aus nicht geschäftsführenden Direktoren bestehen, welche unabhängig sein sollen. Dabei sollen diese nicht geschäftsführenden Direktoren die Leistung der geschäftsführenden Direktoren überwachen. Grundsätzlich sollen der CEO und der Verwaltungsratvorsitzende nicht dieselbe Person sein. Zudem soll es einen Katalog für Maßnahmen geben, die nicht von den geschäftsführenden Direktoren ohne Zustimmung des ganzen Verwaltungsrates getätigt werden können.[362]

---

[358] vgl. Report of the Committee on the Financial Aspects of Corporate Governance.

[359] vgl. Directors' Remuneration, Report of a Study Group.

[360] Committee on Corporate Governance.

[361] vgl. Report of the Committee on the Financial Aspects of Corporate Governance .

[362] s. zu den Einzelheiten, Hornberg, Corporate Governance.

### cc) Ernennung und Abberufung von Direktoren

Der CA 1985 überlässt die Regelungen über die Ernennung von Direktoren wiederum weitgehend den *articles of association*. Darin können beliebige Bestimmungen vorgesehen werden. Direktoren können sogar von Dritten, ohne Beteiligung der Anteilseigner bestimmt werden.[363] Grundsätzlich werden die Direktoren allerdings von der Hauptversammlung direkt gewählt.

Weiterhin unterliegen nach Para. 84 der Mustersatzung geschäftsführende Direktoren auch nicht einer zeitlichen oder sonstigen Begrenzung, bspw. einer Rotation ihres Amtes als Direktor. Von den übrigen Direktoren sollen nach Para. 73 und 74 der Mustersatzung allerdings ein gewisser Prozentsatz zu jeder Jahreshauptversammlung durch neue Direktoren ersetzt werden. Die Direktoren einer *public company* sind gem. Sec. 292 CA 1985 in getrennter Abstimmung in der Hauptversammlung zu wählen, es sei denn alle Anteilseigner einigen sich einstimmig auf eine einheitliche Abstimmung. Sofern in den *articles of association* nicht anders geregelt, genügt zur Wahl eines Direktors die einfache Stimmmehrheit der Hauptversammlung. Aus diesem Grund ist es möglich mit 51% der Stimmen den gesamten Verwaltungsrat zu bestimmen. Es besteht nach der Mustersatzung keine Verpflichtung für Dirktoren auch Anteilseigner der *company* zu sein. Enthalten allerdings die *articles of association* eine solcher Verpflichtung, eine sog. *share qualification*, muss gem. Sec. 291 CA 1985 der Direktor zwei Monate nach Ernennung Anteile der *company* übernommen haben.

Dagegen bestimmt Sec. 303 CA 1985, dass ein Direktor jederzeit durch einen normalen Beschluss (*ordinary resolution*) der Anteilseigner abberufen werden kann. Dieses Recht kann auch nicht durch eine Bestimmung in den *articles of association* abgeändert werden (Sec. 303 (1) CA 1985). Der Beschluss muss durch eine *special notice* angekündigt werden. Nach Sec. 379 CA 1985 ist jeder Beschuss, der zuvor mit einer *special notice* angekündigt werden

---

363 vgl. Gower/Davies, Principles, S. 307.

muss, nichtig, wenn eine solche Ankündigung nicht 28 Tage zuvor mit dem Inhalt des Beschlusse an die *company* erfolgt ist.[364]

Zudem können die *articles of association* weitere Gründe für eine Abberufung enthalten, wie z.B. das Verlangen der Abberufung durch die Mehrheit der übrigen Direktoren des Verwaltungsrates[365] oder die Abberufung der übrigen Direktoren durch den auf Lebenszeit bestellten Direktor.[366]

Allerdings können die *articles of association* bestimmen, dass einem Direktor besondere Stimmrechte, bspw. drei Stimmen pro Anteil, für den Fall seiner eigenen Abberufung zustehen,[367] was eine Abberufung erheblich erschweren kann.

Darüber hinaus können dem Direktor Schadensersatzansprüche wegen seiner vorzeitigen Abberufung aus seinem Anstellungsvertrag gegen die *company* zustehen, welche eine Abberufung unter Umständen aus finanziellen Gründen unattraktiv macht. Die Abberufung steht dem nach Sec. 303 (5) CA 1985 ausdrücklich nicht entgegen.

## B. Verwaltungskompetenzen

Obwohl Sec. 282 CA 1985 ausdrücklich verlangt, dass alle *companies* Direktoren haben, überlässt er die genaue Ausgestaltung ihrer Kompetenzen größtenteils den *articles of association*.[368]

### I. Geschäftsführung

Nach Para. 70 der Mustersatzung, welche automatisch anwendbar ist, wenn die Gesellschafter nicht ausdrücklich eine andere Regelung getroffen ha-

[364] s. zu den Einzelheiten, Gower/Davies, Principles, S. 356f.
[365] vgl. Lee v Chou Wen Hsien [1984] 1 W.L.R. 1201, P.C.
[366] vgl. Bersel Manufacturing Co Ltd v Berry [1968] 2 All E.R. 552, H.L.
[367] so ausdrücklich Bushell v Faith [1970] A.C. 1099.
[368] vgl. Farrar/Hannigan/Furey/Wylie, Company Law, S. 364.

ben,[369] obliegt die Geschäftsführung der Gesellschaft den Direktoren. Ihnen steht dazu das Vertretungsrecht der der Gesellschaft zu, solange der CA 1985, das *memorandum of association* und die *articles of association* nicht etwas anderes vorsehen oder eine Anweisung mittels *special resolution* gegeben wird:

> „Subject to the provisions of the Act, the memorandum and the articles and to any directions given by special resolution, the business of the company shall be managed by the directors who may exercise all the powers of the company."[370]

Nach der Mustersatzung liegt somit die Geschäftsführungs- und Vertretungsmacht grundsätzlich gänzlich in den Händen der Direktoren der Gesellschaft.

## II. Beschränkungen

Eine andere Regelungen oder eine Beschränkung der Geschäftsführungs- und Vertretungsmacht muss entweder ausdrücklich in den *articles of association* oder dem *memorandum of association* getroffen worden sein oder sich direkt aus dem CA 1985 ergeben. Darüber hinaus gibt es noch ein spezielles Anweisungsrecht.[371]

### 1. CA 1985

Die Geschäftsführungs- und damit auch die Vertretungsbefugnis des Verwaltungsrates wird zunächst unweigerlich durch die Vorschriften des CA 1985 begrenzt, die bestimmte Maßnahmen ausdrücklich der Kompetenz der Hauptversammlung zuweisen. So heißt es in Sec. 14 (1) CA 1985, dass die *articles of association* und das *memorandum* die *company* und ihre Anteils-

---

[369] s.o. S. 98.

[370] Para. 70 Table A CA 1985

[371] dazu weiter unten S. 110.

eigner verpflichten, soweit die Vorschriften des CA 1985 (*subject to provisions of this act*) nichts anderes besagen. Werden diese ausdrücklichen Zuständigkeiten der Hauptversammlung durch den Verwaltungsrat missachtet, ist das getätigte Rechtsgeschäft unwirksam. Allerdings kann die Hauptversammlung alle gegen die ausdrückliche Zuständigkeitsordnung getätigten Geschäfte im Nachhinein genehmigen, so dass sie auch Dritten gegenüber wirksam werden.[372]

## 2. Satzung

Eine unmittelbare Beschränkung der Geschäftsführungsbefugnis kann darüber hinaus durch eine Änderung der Bestimmung des Para. 70 der Mustersatzung mit direkter Einschränkung der Geschäftsführungsbefugnis oder durch Einfügen eines Zustimmungsbedürfnisses für ausgewählte Geschäftsführungsmaßnahmen durch bestimmte Gremien erfolgen. Zu solchen Einschränkungen gibt es allerdings keine empirischen Studien. Es ist aber davon auszugehen, dass in den seltensten Fällen in großen englischen Publikumsgesellschaften von dem vorgegebenen Schema des Para. 70 der Mustersatzung abgewichen wird und somit die gesamte Geschäftsführungs- und Vertretungsmacht bis auf die nach dem CA 1985 ausdrücklich anderen Organen zugeordneten Geschäftsführungsmaßnahmen den Direktoren und damit dem Verwaltungsrat obliegen.[373]

### a) Unternehmensgegenstand

Nach Sec. 35 (3) CA 1985 werden die Direktoren durch den Unternehmensgegenstand im *memorandum of association* in ihrer Geschäftsführungsmacht und damit auch in ihrer Kompetenz hinsichtlich von Strukturmaßnahmen beschränkt. Danach ist es die Pflicht der Direktoren die Einschränkung ihrer Befugnisse durch das *memorandum of association* der Gesellschaft zu beachten und den Unternehmensgegenstand nicht zu überschreiten.

---

[372] vgl. Bamford v. Bamford. [1970] Ch.D. 135, C.A.; Gower/Davies, Principles, S. 305.
[373] vgl. Gower/Davies, Principles, S. 299; Pettet, Company Law, S. 121.

### b) Rechtsfolgen der Überschreitung

Gem. Sec. 35A (1) CA 1985 ist die Vertretungsmacht des Verwaltungsrates gegenüber gutgläubiger Dritten unbeschränkt. Dabei wird durch Sec. 35A (1) CA 1985 fingiert, dass der Verwaltungsrat oder eine von dem Verwaltungsrat beauftragte Person trotz etwaiger im *memorandum of association* aufgeführten Einschränkungen, z.B. im Unternehmensgegenstand, die Gesellschaft rechtskräftig bindet.[374] Nach Sec. 35A (2)(c) CA 1985 wird widerlegbar vermutet, dass der Dritte gutgläubig d.h. *in good faith* ist. Für den Dritten besteht nach Sec. 35A (2)(b) CA 1985 auch keine Verpflichtung nachzuforschen, ob die Satzung, d.h. das *memorandum of association* oder die *articles of association*, die Befugnisse des Verwaltungsrats einschränken. Damit ist die *ultra vires*-Lehre[375] in England endgültig abgeschafft. Wann allerdings eine Bösgläubigkeit des Dritten anzunehmen ist, so dass eine Bindung der Gesellschaft entfällt, ist noch nicht abschließend geklärt. Der Begriff des guten Glaubens ist im CA 1985 nicht positiv definiert. Sec. 35A (2)(b) CA 1985 enthält aber eine für das englische Recht neue Auslegungsvorgabe:

> „(...) a person shall not be regarded as acting in bad faith by reason only of his knowing that an act is beyond the powers of the directors under the company's constitution"

In der Entscheidung Barclays Bank v. TOSG Trust Fund Ltd.[376] wurde festgestellt, dass ein Dritter gutgläubig handelt, wenn er aufrichtig und redlich (*genuinely and honestly*) hinsichtlich der Umstände des Falls handelt.

Die Gerichte haben zudem für die Auslegung des Begriffs der Gutgläubigkeit (*in good faith*) die Konstruktion des *constructive trust* für anwendbar erklärt.[377] Im Falle einer Pflichtverletzung der Direktoren gewährt diese Rechts-

---

374 vgl. von Gumpert, Rechtsfolgen der Überschreitung, S. 141.

375 s. zu dem Begriff oben S. 96.

376 vgl. Barclays Bank Ltd v TOSG Trust Fund Ltd [1984] B.C.L.C. 1 at 18.

377 vgl. International Sales and Agencies Ltd v Marcus [1982] 3 All E.R. 551 at 560.

figur der *company* unter bestimmten Voraussetzungen einen Herausgabe- und Schadensersatzanspruch gegen den Dritten, wenn der Dritte durch die Pflichtverletzung der Direktoren Eigentum von der *company* erhalten hat. Der Dritte wird dabei als Treuhänder des von der *company* erworbenen Eigentums angesehen.[378] Voraussetzung für eine Haftung des Dritten ist danach, dass der Dritte unredlich (*dishonest*) das Geschäft mit der *company* eingegangen ist. Das Merkmal der Kenntnis des Überschreitens des unternehmerischen Dürfens wird somit durch das Merkmal der Redlichkeit ersetzt.[379] Nach diesem objektiven Merkmal liegt eine Unehrlichkeit vor, wenn eine zweckwidrige, schädigende Verwendung des Treuhandvermögens vorliegt und der Dritte dies weiß oder hiervor die Augen verschließt.[380]

Als Anknüpfungspunkt für die Gutgläubigkeit scheidet demnach aufgrund Sec. 35 (2)(b) CA 1985 der satzungsmäßige Unternehmensgegenstand für die Interpretation der Gutgläubigkeit auf Seiten des Dritten aus. Weiterhin erscheint es so, dass sich als Maßstab für eine Bösgläubigkeit das in *constructive trust* verwandtem Zusammenhang gebrauchte Kriterium der Unredlichkeit (*dishonesty*) durchsetzen wird. Dieser Begriff lässt einen situationsangemessenen Spielraum. Insoweit kann von einer Pflicht zur Rückfrage im Falle ersichtlich verdächtiger Umstände angenommen werden, wobei sich die Pflicht zur Rückfrage aufgrund Sec. 35A (2)(b) CA 1985 nicht mehr auf den für den Dritten unerheblichen Satzungsinhalt beziehen kann. Der Ansatz für die Gutgläubigkeit geht somit von der Frage inwiefern der Dritte Kenntnis von der Überschreitung der Vertretungsmacht der Direktoren hin zu der Feststellung inwieweit der Dritte bei der Pflichtverletzung der Direktoren mitgewirkt hat.[381] Demnach scheidet eine Gutgläubigkeit immer dann aus, wenn die Direktoren ihre Vertretungsmacht überschreiten und der Dritte dies bei Vertrag-

---

378 vgl. Gower/Davies, Principles, S. 148.

379 vgl. Royal Brunei Airlines Sdn. Bhd. v Tan [1995] 2. A.C. 378 = [1995] 3 W.L.R. 64, 72ff., 76.

380 vgl. Royal Brunei Airlines Sdn. Bhd. v Tan [1995] 3 W.L.R. 64, 73.

381 vgl. Gower/Davies, Principles, S. 148.

sabschluß weiß oder sich ihm dies aufdrängen muss.[382] Die Hauptversammlung kann allerdings eine pflichtwidrige Handlung der Direktoren genehmigen, sofern sie hinreichend informiert ist und die Rechte der Gesellschafterminderheit wahrt.[383]

### 3. Special Resolution

Neben der Satzung kann die Hauptversammlung die Geschäftsführung der Direktoren durch einen außerordentlichen Beschluss (*special resolution*) begrenzen. Die Direktoren sind nicht mit originären Befugnissen ausgestattet[384] und werden deshalb nicht als Organ der *company*, sondern als deren Beauftragte angesehen.[385] Die Ausgestaltung der Befugnisse wird in den *articles of association* geregelt.
Para. 70 der Mustersatzung schränkt die Geschäftsführungsbefugnis der Direktoren dahingehend ein, dass sie Anweisungen durch einen außerordentlichen Beschluss (*special resolution*)[386] zu befolgen haben:

> „Subject to (...) and to any directions given by special resolution, the business of the company shall be managed by the directors (...)."

Dabei sind der Hauptversammlung allerdings Grenzen hinsichtlich der Anweisungen an die Direktoren gesetzt.

Bis zum Ende des neunzehnten Jahrhunderts konnte die Hauptversammlung als höchstes Organ der *company* die absolute Kontrolle über die *company* und deren Direktoren ausüben. In einer Entscheidung von 1906 wurde allerdings festgestellt, dass die Kompetenzverteilung zwischen dem Verwaltungsrat und der Hauptversammlung gänzlich der Ausgestaltung der *articles of association*

---

382 vgl. von Gumpert, Rechtsfolgen der Überschreitung, S. 154, m.w.N.
383 vgl. Bamford v. Bamford [1970] Ch.D. 135.
384 s.o. S. 106.
385 vgl. Triebel/Hodgson/Kellenter/Müller, Englisches Handels- und Wirtschafsrecht, Rn. 709.
386 s. zum Begriff oben S. 100

unterliegt und deshalb in die Befugnisse, die nach den *articles of association* dem Verwaltungsrat obliegen, nicht durch die Hauptversammlung eingegriffen werden könne.[387] Dieses Urteil wurde daraufhin in weiteren Entscheidungen bestätigt. Es gilt deshalb nunmehr als ständige Rechtsprechung, dass die Direktoren sich nicht den Anweisungen der Hauptversammlung beugen müssen, sofern sie ihre durch die *articles of association* gedeckten Befugnisse einhalten.[388] Demnach kann die Hauptversammlung die Direktoren nicht im Nachhinein anweisen, ein schon getätigtes Geschäft rückgängig zu machen, wenn es innerhalb ihrer Befugnisse lag.[389] Auch eine nachträgliche Abänderung der *articles of association* ändert daran nichts. Dies ergibt sich ebenso wie bei der nachträglichen Anweisung aus Para. 70 der Mustersatzung, wonach alle nachträglichen Änderungen der *articles of association* oder Anweisungen die Geschäfte der Direktoren, die vor der Änderung getätigt wurden, unberührt lassen:

> „No alteration of the memorandum or articles and no such direction shall invalidate any prior act of the directors which would have been valid if that alteration had not been made or that direction had not been given.“[390]

Die Hauptversammlung kann lediglich die Befugnisse der Direktoren für die Zukunft durch eine Änderung der Satzung beschneiden. Ansonsten kann die Hauptversammlung den Direktoren nur Geschäfte durch einen außerordentlichen Beschluss (*special resolution*) untersagen, die noch nicht durch die Direktoren ausgeführt wurden.

---

387 vgl. Automatic Self-Cleansing Filter Syndicate Co v Cunninghame [1096] 2 Ch. 34, C.A.

388 vgl. Quin & Axtens v Salmon [1909] 1 Ch. 311, C.A.; Shaw & Sons (Salford) Ltd v Shaw [1935] L.R. 2 K.B. 113, C.A.; Rose v McGivern [1998] 2 B.C.L.C. at 604.

389 so auch Gower/Davies, Principles, S. 303f.

390 Para. 70 Table A CA 1985.

Nach allgemeiner Auffassung bleibt es den Direktoren zudem ungenommen, der Hauptversammlung bestimmte Angelegenheiten zur Entscheidung vorzulegen.[391]

## C. Hauptversammlungskompetenzen

Über die zuvor aufgezeigten Begrenzungen hinaus, ergibt sich eine Einschränkung der Vorstandskompetenz für Strukturänderungen, bei denen der Hauptversammlung ausdrücklich durch Gesetz die Zuständigkeit vorbehalten ist. Die Zuständigkeit der Hauptversammlung kann dabei auch nicht durch das *memorandum of association* oder die *articles of association* abbedungen werden.

### I. Satzungsänderung

So obliegt zunächst die Änderung der Satzung der *company*, die aus dem *memorandum of association* und den *articles of association* besteht,[392] der Hauptversammlung der *company*.[393]

#### 1. Memorandum of Association

Nach Sec. 2 (7) CA 1985 kann eine *company* ihr *memorandum of association* nur ändern, wenn das Gesetz dies ausdrücklich zulässt. Danach ist eine Änderung des Namens gem. Sec. 28 (1) CA 1985, eine Änderung der Gegenstandsklausel gem. Sec. 4 CA 1985, eine Änderung der Haftung von einer beschränkten (*limited*) zu eine unbeschränkten Gesellschaft (*unlimited company*) gem. Sec. 307 CA 1985 sowie eine Heraufsetzung des Kapitals gem. Sec. 121 (2) CA 1985 möglich. Darüber hinaus können nach Sec. 17 CA 1985 alle Bestimmungen geändert werden, die im *memorandum of association* über den Mindestgehalt hinaus aufgenommen worden sind und anstatt dessen Bestandteil der *articles of association* hätten sein könnten. Eine *company*

---

[391] vgl. Gower/Davies, Principles, S. 305; Rose v. McGivern [1998] 2 B.C.L.C 593.

[392] s.o. S. 96.

[393] vgl. Gower/Davies, Principles, S. 294.

kann von den Mindestbestimmungen des *memorandum of association* lediglich ihr Domizil nicht verändern.[394]

Die Änderung des *memorandum of association* bedarf eines außerordentlichen Beschlusses, d.h. einer *special resolution*, der Hauptversammlung. Das *memorandum of association* selbst kann die Abänderlichkeit seiner Bestimmungen nur dort beschränken, wo das Gesetz die Abänderlichkeit nicht ausdrücklich bestimmt. Eine Bestimmung, die die gesetzlich vorgegebene Abänderbarkeit begrenzt, hat keine Wirkung.[395] Eine Bestimmung, deren Abänderbarkeit beschränkt ist, kann dann nur durch einen einstimmigen Beschluss aller Anteilseigner oder ein sog. *Scheme of Arrangement*[396] geändert werden.[397]

## 2. Articles of Association

Weiterhin kann nur die Hauptversammlung der *company* nach Sec. 9 CA 1985 die *articles of association* mit einem außerordentlichen Beschluss ändern, falls das Gesetzt dies zulässt. So ist nach Sec. 16 CA 1985 ein Mitglied der *company* nicht an eine Änderung der *articles of association* gebunden, die es verpflichtet mehr Anteile zu übernehmen oder in anderer Weise seine Haftung zu erhöhen, es sei denn das Mitglied stimmt dem ausdrücklich schriftlich zu. Eine Änderung der *articles of association* darf nicht mit dem *memorandum of association* kollidieren. Das *memorandum of association* hat gegenüber den Bestimmungen der *articles of association* Vorrang.[398]

Eine Bestimmung in den *articles of association*, die der *company* und damit der Hauptversammlung das Recht zur Änderung nimmt, ist ungültig.[399] Aller-

---

394 vgl. Mayson/French/Ryan, Company Law, Rn. 2.4.3.

395 vgl. Russel v Northern Bank Development Corporation Ltd [1992] 1 W.L.R. 588; zu den Einzelheiten s. Mayson/French/Ryan, Company Law, Rn. 2.4.8.3.

396 s. dazu weiter unten S. 118ff.

397 vgl. Farrar/Hannigan/Fuery/Wylie, Company Law, S. 124.

398 vgl. Welton v Saffery [1897] A.C. 299, at 329.

399 vgl. Walker v London Tramways Co. (1879) 12 Ch.D. 705.

dings ist eine Vereinbarung unter den Anteilseigner möglich, sich zu verpflichten die *articles of association* nicht zu ändern. Diese Vereinbarung verpflichtet allerdings nur die Anteilseigner, die diese unterzeichnet haben.[400]

Darüber hinaus ist es möglich eine Bestimmung in das *memorandum of association* aufzunehmen und dort die Abänderbarkeit dieser Bestimmung festzulegen. Im Gegensatz zu den *articles of association* ist nämlich dort eine Beschränkung der Abänderbarkeit einer Bestimmung generell möglichst, solange der CA 1985 die Abänderbarkeit nicht ausdrücklich vorschreibt.[401] Eine solche Bestimmung im *memorandum of association* wird *entrenched provision* genannt.[402]

Änderungen der *articles of association* müssen im wohlverstandenen Interesse (*bona fide*) der *company* sein.[403] Grundsätzlich entscheidet dabei die subjektive Sicht der Anteilseigner, was im wohlverstandenen Interesse der *company* ist.[404] Allerdings gibt es einen objektiven Mindeststandard unter dem eine Änderung im wohlverstandenen Interesse der *company* verneint wird. Dies ist immer dann der Fall, wenn kein vernünftiger (*reasonable*) Mensch der Meinung sein kann, die Änderung der *articles of association* sei im wohlverstandenen Interesse der *company* erfolgt.[405] Die Mehrheit der Anteilseigner darf deshalb ihre Mehrheit nicht dazu nutzen, eine Änderung der *articles of association* herbeizuführen, die dem Interesse der *company* entgegensteht. Ist die Änderung der *articles of association* dagegen im wohlverstandenen Interesse der *company*, so ist unerheblich, ob sie für die Minderheit besonders unvorteilhaft ist.[406]

---

[400] vgl. Russell v Northern Bank Development Corporation Ltd [1992] 1 W.L.R. 588.

[401] s.o. S. 113.

[402] vgl. Farrar/Hannigan/Furey/Wylie, Company Law, S. 125.

[403] vgl. Allen v Gold Reefs of West Africa Ltd [1900] 1 Ch. 656, C.A.

[404] vgl. Shuttleworth v Cox Brothers and Co. (Maidenhead) Ltd [1927] 2 K.B. 9.

[405] vgl. Shuttleworth v Cox Brothers and Co. (Maidenhead) Ltd [1927] 2 K.B. 9, 18-19 per Bankes L.J.

[406] vgl. Sidebottom v Kershaw, Leese & Co. [1920] 1 Ch. 154.

## II. Umwandlung der Gesellschaftsform

Neben einer Satzungsänderung ist für jede Form der Umwandlung einer *company* ein Beschluss der Hauptversammlung erforderlich. Dabei ist festzuhalten, dass das englische Recht eine formändernde Umwandlung nicht kennt. Die Rechtsform der *company* wird steht gewahrt, einzig und allein die Ausgestaltung ändern sich.

So ist nach Sec. 43 CA 1985 ein außerordentlicher Beschluss (*special resolution*) der Hauptversammlung nötig, um eine *private company* in eine *public company* umzuwandeln. Der außerordentliche Beschluss muss das *memorandum association* dahingehend ändern, dass es sich nunmehr bei der *company* um eine *public company* handelt und das *memorandum of association* zudem um die weiteren Vorgaben, die für eine *public company* gelten,[407] ergänzen. Außerdem sind nach Sec. 43 (2) CA 1985 die *articles of association* entsprechend anzupassen. Eine *unlimited private company* muss dabei automatisch in eine *limited company* umgewandelt werden, da nach englischem Recht keine *unlimited public company* existiert. Dies kann nach Sec. 48 CA 1985 zugleich mit dem Wechsel von einer *private* zu einer *public company* einhergehen, so dass kein unnötiger Zwischenschritt im Formwechsel von einer *unlimited private* zu einer *limited private company* nötig ist.

Genauso ist ein außerordentlicher Beschluss erforderlich, um eine *public company* in eine *private company* umzuwandeln. Dabei sind wiederum das *memorandum of association* sowie die *articles of association* entsprechend den Vorschriften für eine *private company* anzupassen. Aufgrund der Tatsache, dass Anteilseigner ihre Anteile nach der Umwandlung schwerer veräußern können, kann innerhalb von 28 Tagen nach dem Beschluss, ein Antrag auf Aufhebung des Beschlusses bei Gericht von den Anteilseigner gestellt werden, die gegen den Beschluss gestimmt haben. Allerdings müssen die Antragsteller nachweisen, dass sie mehr als 5% des nominellen Werts der Anteile an der *company* halten oder, dass es mehr als 50 Anteilseigener sind, die

---

[407] s.o. S. 94.

gegen den Beschluss gestimmt haben. Allerdings müssen die Antragsteller nachweisen, dass sie mehr als 5% des nominellen Werts der Anteile an der *company* halten oder, dass es mehr als 50 Anteilseigener sind, die gegen den Beschluss gestimmt haben. Das Gericht kann einen Beschluss aufheben oder unter Bedingungen bestätigen, die es für die Antragssteller für angemessen hält, wie z.B. die Verpflichtung der *company* die Anteile der Antragssteller zu kaufen. Auch eine Umwandlung einer *private limited company* in eine *private unlimited company* ist möglich und bedarf eines Beschlusses der Hauptversammlung. Aufgrund der Gefahr der unbeschränkten Haftung aller Anteilseigner nach der Umwandlung müssen nach Sec. 49 CA 1985 allerdings alle Anteilseigner einem solchen Umwandlungsbeschluss zustimmen. Gleichzeitig mit dem Umwandlungsbeschluss, müssen die für die Umwandlung erforderlichen Änderungen an dem *memorandum of association* und den *articles of association* beschlossen werden. Letztendlich bedarf der umgekehrte Fall, also die Umwandlung einer *unlimited private company* zu einer *limited private company* nach Sec. 51 CA 1985 eines außerordentlichen Beschluss der Anteilseigner. Mit dem Beschluss müssen wiederum die notwendigen Änderungen an dem *memorandum of association* sowie den *articles of association* gefasst werden. Nach Sec. 77 IA 1986 bleiben allerdings Anteilseigner, die zum Zeitpunkt der Umwandlung bereits Anteilseigner waren, für einen Zeitraum von drei Jahren nach der Umwandlung für die Schulden der *company* persönlich haftbar.

Jede Umwandlung ist mit den geänderten *articles of association* und *memorandum of association* sowie weiteren Dokumenten beim Register anzumelden. Nach Prüfung und bei der Umwandlung von einer *public company* in eine *private company* nach einer Zeitspanne von 28 Tagen oder der Gerichtsentscheidung stellt es dann eine neue Gründungsbescheinigung das sog. *Certificate of association* mit der neuen Gesellschaftsform aus.[408]

---

[408] zu den Einzelheiten s. Gower/Davies, Principles, S. 85ff.

### III. Auflösung der Gesellschaft

Auch für die freiwillige Abwicklung und Auflösung, dem sog. *voluntary winding up* der *company* nach Sec. 84 IA 1986 ist ein außerordentlicher Hauptversammlungsbeschluss erforderlich. Ein solcher außerordentlicher Beschluss kann nach Sec. 84 (1)(b) IA 1986 als *special resolution* oder nach Sec. 84 (1)(c) IA 1986 als *extraordinary resolution* gefasst werden. Eine *extraordinary resolution* erfordert nach Sec. (1)(c) IA 1986 zudem die Feststellung, dass eine Fortsetzung des Geschäfts wegen ausstehender Verbindlichkeiten unmöglich und eine Abwicklung und Auflösung geboten erscheint:

> „(...) to the effect that it cannot, by reason of its liabilities, continue its business, and that it is advisable to wind up."

Beide Beschlussformen bedürfen einer Dreiviertelmehrheit der abgegebenen Stimmen. Der einzige Unterschied ist die Ladungsfrist für die Einberufung der Hauptversammlung, die bei einer *extraordinary resolution* eine Woche kürzer ist.[409]

Darüber hinaus reicht nach Sec. 84 (1)(a) IA 1986 auch ein einfacher Beschluss (*ordinary resolution*) für eine freiwillige Abwicklung und Auflösung der *company*, wenn einer der seltenen Fälle vorliegt, dass eine *company* nach der Satzung durch Zeitablauf oder Bedingungseintritt beendet werden soll.

### IV. Annahme eines Liquidationsplans (Sec. 110, 111 IA 1986)

Neben der Auflösung erfordert die Annahme eines Liquidationsplans die zwingende Zustimmung der Hauptversammlung.

Nach Secs. 110, 111 IA 1986 kann im Rahmen einer freiwilligen Abwicklung der *company* gem. Sec. 84 IA 1986 durch einen Liquidationsplan eine Umwandlung oder Verschmelzung stattfinden, wenn der Liquidator durch einen

---

[409] s. zu den Einzelheiten oben S. 100.

außerordentlichen Beschluss der Hauptversammlung der abzuwickelnden *company* dazu ermächtigt wird. Der Liquidator kann dann Unternehmen oder Eigentum der *company* gegen die Neuausgabe von Anteilen der übernehmenden *company*, die an die Anteilseigner der abzuwickelnden *company* zu verteilen sind, ganz oder teilweise auf eine andere übernehmende *company* übertragen. Der Beschluss und die Übertragung binden nach Sec. 110 (5) IA 1986 alle Anteilseigner und Gläubiger der abzuwickelnden *company*. Nicht zustimmende Gesellschafter können binnen sieben Tagen nach dem außerordentlichen Beschluss widersprechen. Der Liquidator kann dann von der Übertragung absehen oder muss die Anteile des/der Widersprechenden aufkaufen.[410] Die Gläubiger können, falls sie sich durch die Übertragung in ihren Rechten beeinträchtigt fühlen, die Zwangsabwicklung bei Gericht beantragen. Erfolgt diese innerhalb von zwölf Monaten nach dem außerordentlichen Ermächtigungsbeschluss der Anteilseigner zum Liquidationsplan, wird die Übertragung des Vermögens auf die übernehmende *company* nach Sec. 110 (6) 2. HS IA 1986 ex tunc unwirksam. Aus diesem Grund wird in der Praxis die Befriedigung der Gläubiger vor der Übertragung nach Liquidationsplan sichergestellt, um diesen einjährigen Schwebezustand zu vermeiden.[411]

## V. Annahme eines Scheme of Arrangement (Sec. 425 – 427A CA 1985)

Darüber hinaus bedarf auch das Vergleichsplanverfahren,[412] das sog. *Scheme of Arrangement* nach Sec. 425 – 427A CA 1985 der Zustimmung der Anteilseigner und damit der Hauptversammlung. Der CA 1985 weist diesem formalisierten Verfahren keinen genauen Anwendungsbereich zu, so dass es von der bloßen Schuldstundung über Abschwächungen und Umwandlungen von Eigen- wie Fremdkapitalgebern bis zur Verschmelzung mit anderen Gesell-

---

[410] s. zu den Einzelheiten, Prinz, Umstrukturierung, S. 348ff.
[411] s. zu den Einzelheiten, Prinz, Umstrukturierung, S. 345f.
[412] zum deutschen Begriff s. Prinz, Umstrukturierung, S. 35f.

der bloßen Schuldstundung über Abschwächungen und Umwandlungen von Eigen- wie Fremdkapitalgebern bis zur Verschmelzung mit anderen Gesellschaften oder zur freundlichen Übernahme aller Anteile durch einen Bieter als Rechtsinstitut zum Einsatz gebracht werden kann.[413]

Die folgende Darstellung beschränkt sich auf die Untersuchung des *Scheme of Arrangement* mit Anteilseigner. Darüber hinaus gibt dieses Rechtsinstitut aber auch die Möglichkeit eine Vereinbarung zwischen Gläubigern und der *company* hinsichtlich der Rechte der Gläubiger aus Schuldverschreibungen und Anleihen abzuschließen.

## 1. Verfahren

Das Verfahren des *Scheme of Arrangement* wird eingeleitet durch einen Antrag bei Gericht nach Part 8 der Civil Procedure Rules 1998, da dieses die erforderlichen Klassenversammlungen (*class meetings*) der betroffenen Gesellschafter entsprechend dem gestellten Antrag einberuft. Antragsberechtigt ist gem. Sec. 425 (1) CA 1985 zunächst die *company* selbst, die durch den Verwaltungsrat vertreten wird. Sollten die Verwaltungsratmitglieder ausnahmsweise durch die Satzung der *company* nicht zur Durchführung eines solchen Verfahrens berechtigt sein, müssen sie zuvor durch die Hauptversammlung dazu ermächtigt werden. Alternativ kann auch die Satzung befugniserweiternd geändert werden.[414] Zudem ist auch jeder Anteilseigner antragsberechtigt.

Normalerweise wird der Antrag in der Praxis von der *company* selbst gestellt, ohne dass darüber den Anteilseigner Mitteilung erstattet wird.[415] Wenn der Antrag ausnahmsweise nicht von der *company* gestellt wird, kann das Gericht den Antrag zurückweisen, wenn nicht sichergestellt ist, dass er von der *com-*

---

413 vgl. Gower/Davies, Principles, S. 794ff; Prinz, Umstrukturierung, S. 31.
414 vgl. Bruce, Peeples & Co. Ltd. v Bain & Co. 1918 S.C. 781.
415 vgl. Gore-Browne, On Companies, Rn. 44.6.2.

*pany*, d.h. entweder vom *board of directors* oder von einer einfachen Hauptversammlungsmehrheit, befürwortet wird.[416]

Der gestellte Antrag wird vom Gericht grundsätzlich allein mit der *company* oder, im Ausnahmefall eines Antrags durch einen Anteilseigner, mit diesem und der *company* in einem Anhörungstermin nicht öffentlich erörtert.[417] Nach Billigung des Gerichts wird im Anschluss eine Einladung zu einer Anteilseignerversammlung bzw. bei verschiedenen Klassen von Anteilseignern, eine Einladung zu je einer Versammlung je Klasse verschickt und eventuell eine öffentliche Bekanntmachungen veranlasst. Die Mindestzeitspanne zwischen Einladung und Versammlung beträgt 14 Tage.[418]

Sec. 426 (2) CA 1985 schreibt vor, dass mit der Einladung zur Versammlung eine erklärende Stellungnahme (*explanatory statement*) zu den Wirkungen des Vergleichsplans beigefügt werden muss. Dieses muss nach Sec. 426 (2) CA 1985 auch die Aufdeckung jedes wesentliches Vermögensinteresse (*material interest*) der Direktoren beinhalten. Ein solches Sonderinteresse eines Direktors liegt vor, wenn es dazu geeignet sein könnte, seine Entscheidung zu beeinflussen, den Vergleichsplan zu empfehlen oder abzulehnen.[419]

## 2. Zustimmungserfordernis

Auf der abgehaltenen Versammlung bzw. Versammlungen bei verschiedenen Anteilsklassen bedarf es zur Annahme des Vergleichsplans einer doppelten qualifizierten Mehrheit. Diese ist nach Sec. 425 (2) CA 1985 nur dann erreicht, wenn eine numerische Mehrheit nach Köpfen der entweder persönlich oder durch Stimmrechtsvertreter abstimmenden Personen vorliegt, die zugleich drei Viertel des in der jeweiligen Klassenversammlung vertretenen

[416] vgl. RE Savoy Hotel Ltd. [1981] 1 Ch. 351, 366.

[417] vgl. Gore-Browne, On Companies, Rn. 44.6.8.

[418] vgl. Mercantile Investment and General Trust Co. v International Co of Mexico [1893] 3 Ch. 235.

[419] vgl. Gore-Browne, On Companies, Rn. 44.6.7.

Eigen- oder Fremdkapitals repräsentiert. Kapitalminderheiten werden dadurch geschützt, da eine geringe Zahl von Personen, die einen großen Teil am Kapital halten, eine große Anzahl von Kleinanlegern nicht überstimmen können, da in jeder Klasse auch eine numerische Mehrheit nach Köpfen erreicht werden muss.

Insgesamt kommt es bei der Ermittlung der Mehrheiten nicht auf die absolute Anzahl von Kapitalgebern oder das absolute Kapital an. Vielmehr liegt jeweils nur die Zahl der abgegebenen Stimmen der Ermittlung der numerischen und kapitalmäßigen Mehrheit zugrunde. Nachdem die Klassenversammlungen abgehalten und sofern die notwendigen Mehrheiten erreicht worden sind, muss ein Antrag auf Genehmigung des Vergleichsplanverfahrens bei einer erneuten Anhörung (*in chambers*) bei Gericht eingereicht werden. Ein wichtiger Aspekt der Anhörung ist auch die Möglichkeit zur Widerspruchserhebung für dissentierende Gesellschafter, Gläubiger und teilweise auch außenstehende Dritte.[420]

Wenn das Gericht nach Anhörung, Erörterung und Überprüfung der formellen und materiellen Rechtslage zu dem Schluss kommt, dass der Vergleichsplan rechtmäßig ist, genehmig es diesen nach Sec. 425 (2) CA 1985 durch Beschluss (*court order*). Erst mit Hinterlegung einer amtlichen Ausfertigung des gerichtlichen Genehmigungsbeschlusses nach Sec. 425 (2) CA 1985 beim Gesellschaftsregister zur Eintragung erlangt der Vergleichsplan, das *Scheme of Arrangement* Wirksamkeit. Es kommt für die Wirksamkeit nur auf den Zeitpunkt der Hinterlegung (*delivery*) und nicht auf den der Eintragung selbst an. Ab Wirksamkeit des Vergleichsplans ist dieser für alle Beteiligten bindend. Die *company* ist verpflichtet, ihn in vollem Umfang durchzuführen.

### 3. Anwendungsbereiche

Das Verfahren des *Scheme of Arrangement* kann dabei für die folgenden Strukturänderungen verwendet werden.

---

[420] zu den Einzelheiten s. Prinz, Umstrukturierung, S. 114ff.

### a) Interne Reorganisation der Kapitalstruktur

Das *Scheme of Arrangement* kann zur gesellschafsinternen Reorganisation der Kapitalstruktur der *company* genutzt werden. Dieses umfasst die Zusammenlegung und Zerlegung von Anteilen oder die Schaffung, Änderung oder Abschaffung von Anteilsgattungen, die Erhöhung des Nominalkapitals, die Kapitalherabsetzung, die Kraftloserklärung (*cancellation*) von gezeichneten oder noch nicht gezeichneten Anteilen mit gleichzeitiger Kapitalherabsetzung, die Kaduzierung (*forfeiture*) von Anteilen sowie die Umwandlung von *share* in *stock* und umgekehrt.[421]

In der Fallgruppe der internen Reorganisation der Kapitalstruktur hat das *Scheme of Arrangement* in der heutigen Praxis allerdings im Gegensatz zu früher nur eine sehr begrenzte Bedeutung. Es ist seit der Einführung von Sondervorschriften, die kein zeitraubendes und kompliziertes Einschalten des Gerichts erfordern, durch diese verdrängt worden.

So kann heute eine interne Reorganisation der Kapitalstruktur bspw. durch eine Satzungsänderung oder Nominalkapitalerhöhung nach Sec. 121ff CA 1985 erreicht werden. Eine detaillierte Darstellung dieses Anwendungsbereichs unterbleibt, zumal Kapitalmaßnahmen auch nicht Gegenstand dieser Arbeit sind.[422]

### b) Anteilsübertragung bei Unternehmensübernahme

Einen der wichtigsten Anwendungsbereiche des *Scheme of Arrangement* stellt die Unternehmensübernahme dar. Vergleichspläne gehören aufgrund zahlreicher Vorteile[423] gegenüber einem gewöhnlichen Übernahmeangebot zu einer häufig genutzten Alternative der Übernahmetechnik, wenn eine sog. einverständliche Übernahme durch Anteilstausch verwirklicht werden soll. Ein Übernahmevergleichsplan beinhaltet dann die Übertragung einer gewissen An-

---

421 vgl. Gore-Browne, On Companies, Rn. 15.1.

422 ausführlicher s. Prinz, Umstrukturierung, S. 161ff.

423 s. dazu Prinz, Umstrukturierung, S. 245ff.

zahl von Anteilen auf eine Bietergesellschaft gegen Gewährung von Bieteranteilen an die übertragenden Anteilseigner, so dass der Bieter die Kontrolle über die Zielgesellschaft erlangt.[424]
Ausgeschlossen ist allerdings die Anwendung eines *Scheme of Arrangement* bei sog. feindlichen Übernahmen (*hostile* oder *contested takeovers*), d.h. Übernahmen, bei denen eine Kontrollerwerb ohne Einverständnis des Verwaltungsrats oder der Anteilseignerversammlung der Zielgesellschaft erreicht wird.[425] Die *company* als eigene Rechtspersönlichkeit darf nämlich bei einem *Scheme of Arrangement* nicht übergangen werden.[426] Besteht keine begründete Aussicht, dass das Einverständnis der Zielgesellschaft erklärt werden wird, verweigert das Gericht schon die Einberufung von Versammlungen i.S.v. Sec. 425 CA 1985, da so der unnötige Aufwand zur Abstimmung über ein nicht genehmigungsfähiges *Scheme of Arrangement* erspart werden kann.[427]

Zustimmungsbedürftig ist das *Scheme of Arrangement* zur Anteilsübertragung bei Unternehmensübernahmen grundsätzlich nur durch die Hauptversammlungen der Zielgesellschaft, wenn es keine abweichenden Satzungsbestimmungen in den *articles of association* der Bietergesellschaft gibt.[428] Die Mustersatzung enthält keine derartige Klausel.

Wird eine Unternehmensübernahme mittels eines *Scheme of Arrangement* durchgeführt, finden bei einer *public limited company* die Vorschriften des City Code on Takeovers and Mergers parallel Anwendung.[429] Den Vorgaben der Sec. 425ff. CA 1985 wird dabei Vorrang eingeräumt. Das den Ablauf des *Scheme of Arrangement* beaufsichtigen Gericht spielt somit gegenüber dem den City Code on Takeovers and Mergers überwachenden Ausschuss für Ü-

---

424 vgl. Gore/Davies, Principles, S. 794f.
425 vgl. RE Savoy Hotel Ltd. [1981] 3 All E.R. 646, 656; Palmer's Company Law, Rn. 12.006.
426 vgl. RE Savoy Hotel Ltd. [1981] 1 Ch. 351.
427 vgl. Gore-Browne, On Companies, Rn. 30.13.
428 vgl. Prinz, Umstrukturierung, S. 229f; Weinberg and Blank on Takeovers and Mergers, Rn. 2-2008.
429 vgl. Gower/Davies, Principles, S. 795.

bernahmen und Fusionen, dem sog. Panel on Takeovers and Mergers, die dominierende Rolle.

Als Besonderheit des Verfahrens finden regelmäßig vor einem Antrag an das Gericht auf Einberufung der Versammlungen zur Abstimmung über den Vergleichsplan detaillierte Verhandlungen zwischen dem Verwaltungsrat der Zielgesellschaft, dem Bieter und ihren Beratern statt. Erst bei einer Einigung wird entschieden, ob die Übernahme mittels eines gewöhnlichen Übernahmeangebots oder eines *Scheme of Arrangement* gem. Sec. 425ff. CA 1985 durchgeführt werden soll.[430]

Ein gewöhnlicher Übernahmevergleichsplan beinhaltet dann lediglich die Verpflichtung aller Gesellschafter zur Übertragung ihrer Anteile auf den Bieter. Außerdem wird er mit der Bedingung versehen, dass der Bieter die angebotene Gegenleistung erbringt.

Zudem weist der Inhalt der erklärenden Stellungnahme (*explanatory statement*) gem. Sec. 426 (2) CA 1985 Besonderheiten auf. So muss aufgrund der gravierenden Auswirkungen einer Unternehmensübernahme gegenüber einer internen Strukturänderung die Begründung für die Übernahme und die Erläuterungen zu den Auswirkungen ausführlicher sein. Bspw. sind Sonderinteressen der Verwaltungsratmitglieder offen zu legen, wenn ihnen Abfindungen im Falle ihrer Ablösung bei einer erfolgreichen Übernahme angeboten werden.

Mit Wirksamwerden des Genehmigungsbeschluss des Gerichts, nimmt das Register die Streichung der vom Übernahmevergleichsplan erfassten Anteilseigner, die Neueintragung des Bieters im Anteilsregister sowie die Ausgabe neuer Anteilszertifikate an den Bieter vor.

[430] vgl. Prinz, Umstrukturierung, S. 240f.

### c) Vermögensübertragung

Ein weiteres Feld für die Anwendung des Vergleichsplanverfahrens ist gem. Sec. 425-427A CA 1985 die Vermögensübertragung im Wege der Verschmelzung (*amalgamation* oder *merger*), der Umstrukturierung (*reconstruction*) sowie der Spaltung (*division* oder *demerger*) von Gesellschaften.

#### aa) Amalgamation und Merger

Für die Verschmelzung finden sich in der englischen Sprache die Begriffe *amalgamation* in Sec. 427 CA 1985 sowie nun auch in Sec. 427A CA 1985 *merger*.[431] Dabei sind beide Begriffe nicht gesetzlich definiert und haben deshalb keine genaue juristische Bedeutung.[432] Beide Begriffe sind gleichbedeutend und stellen den Oberbegriff für Fusionen dar. Das Wesen einer *amalgamation* oder eines *mergers* besteht in der Zusammenführung zweier oder mehrerer Unternehmen, so dass sie beide oder alle in einer neuen Einheit aufgehen. Der Begriff *merger* umfasst gem. Sec. 427A CA 1985 allerdings nur solche Fusionen, die durch Übertragung sämtlicher Aktiva und Passiva einer *public company* oder von zwei oder mehr *public companies* auf eine neu zu gründende Gesellschaft erfolgen. Dagegen kann bei einer *amalgamation* auch nur der wesentliche Teil eines Unternehmens oder Geschäftsbetriebs übertragen werden.[433] Wann allerdings eine wesentliche Übertragung eines Unternehmens vorliegt ist von der Rechtsprechung und Schrifttum noch nicht erörtert worden.[434]

##### (1) Amalgamation ohne Scheme of Arrangement

Eine *amalgamation* durch einen bloßen *asset deal*, d.h. den Kauf einzelner Unternehmensteile gegen Gewährung von Anteilen der übernehmenden an die übertragende Gesellschaft, wird mangels Eingriffs in die Rechte der An-

---

431 vgl. Triebel/Hodgson/Kellenter/Müller, Englisches Wirtschafts- und Handelsrecht, Rn. 768.
432 vgl. Palmer's Company Law, Rn. 12.001.
433 zu den Einzelheiten s. Prinz, Umstrukturierung, S. 326ff.
434 vgl. Prinz, Umstrukturierung, 328f.

teilseigner nie als *Scheme of Arrangement*, sondern durch einen bloßen Unternehmenskaufvertrag durchgeführt. Dabei vertreten die jeweiligen Verwaltungsräte die übernehmende und übertragende Gesellschaft, grundsätzlich ohne dass es einer Beteiligung der jeweiligen Anteilseigner bedarf.[435]

Neben der Anwendung eines *Scheme of Arrangement* kann eine Verschmelzung auch durch eine direkte Unternehmensübertragung in einem einstimmig von allen Beteiligten abgeschlossenen Vertrag bestehen. An der Übereinkunft teilhaben müssen dann die Verwaltungsräte der übertragenden und der übernehmenden Gesellschaft sowie die Anteilseigner und Gläubiger der übertragenden, nicht jedoch der übernehmenden *company*, wenn die Gegenstandsklausel der übernehmenden *company* eine solche Verschmelzung gestattet.[436]

### (2) Verfahrensbesonderheiten

Grundsätzlich richten sich das Verfahren und die Zustimmungserfordernisse der Hauptversammlung nach den oben beschriebenen Verfahrensschritten. Allerdings weißt es bei der Beteiligung einer *public company* aufgrund zusätzliche Anforderungen nach Sec. 427A CA 1985 und bei einer Antragstellung zum Erlass flankierender Anordnungen gem. Sec. 427 CA 1985 Besonderheiten auf.

Zunächst finden im Vorfeld des eigentlichen Verfahrens Verhandlungen zwischen den Direktoren der übertragenden Gesellschaft und der übernehmenden Gesellschaft zur Ausarbeitung eines Fusionsplans statt. Der Verwaltungsrat der übertragenden Gesellschaft strengt anschließend das Arrangement-Verfahren nach Sec. 425 ff CA durch Antrag bei Gericht auf Einberufung einer entsprechenden Versammlung der Anteilseigener der übertragenden Gesellschaft oder entsprechenden Versammlungen der Anteilseignerklassen zur Abstimmung über den Fusionsplan an.

---

[435] ausgenommen sind Tranksaktionen, die den Vorschriften der Listing Rules unterliegen, s. weiter unten S. 141ff.

[436] vgl. Pennington, Company Law, S. 977f.

Nach englischem Rechtsverständnis bedarf es bei einer Fusion von oder unter Beteiligungen von *private companies* grundsätzlich keiner Zustimmung der übernehmenden Gesellschaft.[437] Weiterhin bedarf es auch keiner Einbeziehung der Gläubiger der übertragenden Gesellschaft. Der Schutz der Gläubiger der übertragenden Gesellschaft wird im Rahmen von Sec. 427 CA 1985 gewährt,[438] wonach das Gericht gem. Sec. 427 (3)(e) CA 1985 auf Antrag oder auch im Rahmen seiner allgemeinen Weisungsbefugnis angemessene Schutzmaßnahmen ergreifen kann. Die Gläubiger der übernehmenden Gesellschaft werden ebenfalls nicht in ein *Scheme of Arrangement* miteinbezogen.[439]

Aufgrund des Art. 13 der EU-Verschmelzungsrichtlinie[440] schreibt nunmehr Sec. 427A (3) CA 1985 bei der Verschmelzung zweier *public companies* zur Aufnahme oder zur Neugründung die Möglichkeit einer Einberufung einer Gläubigerversammlung der übernehmenden Gesellschaft auf Antrag vor. Es gibt bislang allerdings keine Aussagen darüber, wie das Gericht auf Antrag das ihm eingeräumte Ermessen ausüben wird.[441]

Nach positivem Ausgang der Abstimmung(en) berichtet der Versammlungsleiter dem Gericht über deren Ergebnis und legt den angenommen Fusionsplan zur Genehmigung nach Sec. 425 (2) CA 1985 vor. Sofern das Gericht den Fusionsplan genehmigt, wird er bei Hinterlegung der Genehmigung beim Gesellschaftsregister nach Sec. 425 (3) CA 1985 für alle Beteiligten bindend. Die Hinterlegung führt aber noch nicht automatisch zur Übertragung der Aktiva und Passiva der übertragenden Gesellschaft oder zur Ausgabe von Anteilen, Schuldverschreibungen und anderen Wertpapieren durch die übernehmende Gesellschaft an die Anteilseigner der übertragenden Gesellschaft. Die Übertragungsakte müssen vielmehr zur Umsetzung des Fusionsplans noch

437 vgl. Prinz, Umstrukturierung, S. 371.

438 vgl. Clydesdale Bank Ltd. et. al., petitioners (1950) S.C. 30, 37.

439 vgl. Clydesdale Bank Ltd. et. al., petitioners (1950) S.C. 30; Gore-Browne, Rn. 30.11.1, Fn. 4.

440 78/855 EWG v. 9.10.1978, ABl EG Nr. L 295 v. 20.10.1978, S. 36.

441 s. zu den Einzelheiten, Prinz, Umstrukturierung, S. 373f.

gesondert vorgenommen werden, welches bei nicht unbedeutenden Transaktionsvolumina kompliziert und kostspielig ist.

### (a) Flankierende Anordnung (Sec. 427 CA 1985)

Aus diesem Grund empfiehlt sich bei der Antragsstellung der Genehmigung des *Scheme of Arrangement* gleichzeitig einen Antrag auf eine flankierende Anordnung gem. Sec. 427 CA 1985 zu stellen. Nach Sec. 427 (3) CA 1985 ist nämlich dem Gericht die Möglichkeit verliehen, die Übertragung der Aktiva und Passiva der übertragenden *company* auf die übernehmende *company* durch Übertragungsanordnung (*vesting order*) zu bewirken, ohne dass es einzelner Übertragungsakte bedarf. Bei einer solchen Anordnung besteht keine juristische Notwendigkeit, alle Vermögensgegenstände der übertragenden *company* genau zu spezifizieren.[442] Es genügt eine gattungsweise oder sonst einschließende Nennung.

Zu den Rechten, die durch eine gerichtliche Anordnung übergehen können, gehören sämtliche dingliche und schuldrechtliche Verbindlichkeiten mit Ausnahme bestimmter steuerrechtlicher Positionen sowie Rechte, deren Abtretung nach Common Law oder von Gesetzes wegen ausgeschlossen sind.[443] Das Gericht kann nach Sec. 427 (3)(c) CA 1985 auch anordnen, dass Prozesshandlungen und gerichtliche Verfahren, die von der übertragenden Gesellschaft oder gegen diese geführt wurden, durch die übernehmende Gesellschaft weitergeführt werden müssen.

Innerhalb der Anordnung kann das Gericht nach Sec. 427 (3)(d) CA 1985 im Falle der Übertragung aller Aktiva und Passiva einer *company* zudem verfügen, dass eine formelles Abwicklungsverfahren der übertragenden Gesellschaft nicht durchgeführt werden muss und die übertragende Gesellschaft durch die Anordnung aufgelöst wird.

---

[442] vgl. RE „L“ Hotel Co. & Langham Hotel Co. [1946] 1 All E. R. 319; Weinberg and Blank on Takeovers and Mergers, Rn. 2-3049.

[443] s. zu den Einzelheiten, Prinz, Umstrukturierung, S. 380ff.

Das Gericht macht die flankierende Anordnung gem. Sec. 427 (3)(a), (4) CA 1985 zur Übertragung von Aktiva und Passiva regelmäßig davon abhängig, dass die Gläubiger vor dem relevanten Zeitpunkt des Übergangs der Verbindlichkeiten befriedigt werden oder deren Übergang mit qualifizierter Mehrheit zustimmen.[444] Zum Gelingen eines Fusionsvorhabens durch Vermögenstransfer ist es daher förderlich, wenn die übertragende und übernehmende Gesellschaften vorher mit ihren Gläubigern in Verhandlung treten und einen Vergleich erarbeiten, dem diese und das Gericht zustimmen können.[445]

### (b) Verschmelzung von Public Companies (Sec. 427A CA 1985)

Die Vorschriften der Sec. 427A CA 1985 und Sched. 15B CA 1985 wurden aufgrund der Umsetzung der Verschmelzungs-[446] und Spaltungsrichtlinie[447] der EU in den CA 1985 eingefügt.

Die Sondervorschriften der Sec. 427A (3) CA 1985 sowie Sched. 15B CA 1985 kommen unter anderem immer dann zu Anwendung, wenn es zu einer Vereinbarung zwischen einer *public company* und ihren Gesellschaftern und/oder ihren Gläubigern zum Zwecke oder im Zusammenhang mit einem Fusionsplan (*scheme of amalgamation*) kommt sowie einer der Fälle der Sec. 427A (2) CA 1985 vorliegt.[448] Sind Sec. 427A CA 1985 und Sched. 15B CA 1985 anwendbar, kommt es zwingend zu weiteren Verfahrens- und Mitwirkungsanforderungen, die so kompliziert, zeitaufwendig und teuer sind, dass in der Praxis meist Umgehungstatbestände gesucht und gefunden werden.[449]

---

[444] vgl. Cydesdale Bank Ltd. et. al., petitioners (1950) S.C. 30, 37.

[445] vgl. Gower/Davies, Principles, S. 799f; zu den Einzelnen Möglichkeiten s. Koller, Die europäische Harmonisierung, S. 306f, m.w.N.

[446] 78/855 EWG v. 9.10.1978, ABl EG Nr. L 295 v. 20.10.1978, S. 36.

[447] 82/891 EWG v. 17.12.1982, ABl EG Nr. L 378 v. 31.12.1992, S. 47.

[448] zu den Einzelheiten s. Prinz, Umstrukturierung, S. 392ff.

[449] vgl. Gower/Davies, Principles, S. 799f; zu den einzelnen Möglichkeiten s. Prinz, Umstrukturierung, S. 393f.

Die erste zusätzliche Anforderung ist zunächst das Zustimmungserfordernis der Anteilseigener der übernehmenden *company*, die nicht zum Zweck der Verwirklichung oder im Zusammenhang mit der Fusion gegründet worden ist (Sec. 427A (3) CA 1985 und § 1 Sched. 15B CA 1985). Erfasst wird damit nur Sec. 427A (2) Case 1 CA 1985, der Grundfall einer Verschmelzung durch Aufnahme zweier *public companies*.

Allerdings muss diese grundsätzliche Zustimmung der Anteilseigner der übernehmenden Gesellschaft dann nicht eingeholt werden, wenn

- der Erhalt der Kopie des Verschmelzungsplans durch das Gesellschaftsregister mindestens einen Monat vor dem Abhalten der Anteilseignerversammlungen der übertragenden Gesellschaft im Amtlichen Anzeiger (*Official Gazette*) veröffentlich worden ist,
- die Gesellschafter der übernehmenden Gesellschaft von diesem Zeitpunkt an Zugang zum Verschmelzungsplan und den sonstigen Dokumenten zur Einsicht sowie die Möglichkeit zum Anfordern von Gratiskopien gehabt haben,
- ein oder mehrere Gesellschafter, die zusammen mehr als fünf Prozent des eingezahlten und stimmberechtigten Anteilskapitals halten und deshalb die Einberufung von Versammlungen zur Diskussion über den Fusionsplan hätten beantragen können, eine solche Einberufung zur Abstimmung über den Verschmelzungsplan nicht beantragt haben.

Darüber hinaus kann das Gericht bei Genehmigung des Fusionsplans nach Sec. 425 (2) CA 1985 generell von der Pflicht zur Zustimmung durch die Anteilseignerversammlung der übernehmenden Gesellschaft befreien, wenn die übernehmende *public company* direkt oder indirekt an der übertragenden *public company* 90% oder mehr, nicht aber alle Anteile und andere stimmberechtigte Wertpapiere hält (§ 14 Sched. 15B CA 1985).

Werden bei einer Verschmelzung durch Aufnahme alle Geschäftsanteile und stimmrechtsvermittelnden Sicherheiten der übertragenden Gesellschaft(en) von der übernehmenden Gesellschaft gehalten, so ist gem. § 12 (1) (4) und (5) Sched. 15B CA 1985 ein Zustimmungsbeschluss aller beteiligten Gesellschaften und damit auch der übertragenden Gesellschaft entbehrlich, wenn

- die Mitteilung des Gesellschaftsregisters über den Erhalt des Verschmelzungsplans für jede der beteiligten Gesellschaften mindestens einen Monat vor der gerichtlichen Genehmigung der Verschmelzung nach Sec. 425 (2) CA 1985 erfolgt,
- der Verschmelzungsplan, die Jahresabschlüsse für die letzen drei Geschäftsjahre und gegebenenfalls die Zwischenbilanzen den Gesellschaftern der übernehmenden Gesellschaft mindestens einen Monat vor und bis zu der gerichtlichen Genehmigung der Verschmelzung nach Sec. 425 (2) CA 1985 durch Auslage in der eingetragenen Niederlassung der übernehmenden Gesellschaft zugänglich sind und den Gesellschafter auf Verlangen kostenlose Kopien dieser Unterlagen überlassen werden und
- ein oder mehrere Gesellschafter, die zusammen mehr als fünf Prozent des eingezahlten und stimmberechtigten Anteilskapitals halten und deshalb die Einberufung von Versammlungen zur Diskussion über den Fusionsplan hätten beantragen können, eine solche Einberufung zur Abstimmung über den Verschmelzungsplan nicht beantragt haben.

Als weitere zusätzliche Anforderung muss nach § 2 (1)(a) Sched. 15B CA 1985 der Verschmelzungsplan mit beträchtlichen Minimalangaben von den beteiligten Verwaltungsräten aller übertragenden und schon vorher bestehenden übernehmenden *public companies* ausgearbeitet und dann an das Gesellschaftsregister übersandt werden. Dieses muss eine Anzeige über den Erhalt der Kopie des Fusionsplans im Amtlichen Anzeiger (*Official Gazette*) mindestens einen Monat vor der zeitlich ersten Versammlung veröffentlichen. Zudem werden die Informations- und Offenlegungspflichten für die erklärende Stellungnahme durch § 4 Sched 15B CA 1985 erheblich erweitert, da die Direktoren jeder übertragenden Gesellschaft und bereits existenten übernehmenden Gesellschaft einen Verschmelzungsbericht (*director's report*) neben der erklärenden Stellungnahme entwerfen und zustimmen müssen.

Zusätzlich zum Fusionsplan muss gem. § 5 Sched. 15B CA 1985 für jede übertragende oder bereits existierende übernehmende Gesellschaft ein separater Sachverständigenbericht als Verschmelzungsprüfungsbericht (*experts' report*) verfasst werden.

Mindestens einen Monat vor dem Tag der zeitlich frühesten Versammlung der Anteilseigener zur Abstimmung über den Fusionsplan müssen nach §§ 3, 6 Sched. 15B CA 1985 eine Vielzahl von Dokumenten von den Anteilseigner am Sitz der jeweiligen Gesellschaft eingesehen werden können.

Letztendlich müssen im Fall einer Verschmelzung von zwei oder mehr *public companies* durch Neugründung die Satzungsbestandteil *memorandum of association* und *articles of association* der durch die Verschmelzung neu entstehenden *company* durch einen ordentlichen Beschluss der Anteilseignerversammlungen jeder beteiligten übertragenden Gesellschaft gebilligt werden (§ 3 (f) Sched. 15B CA 1985).

## bb) Reconstruction

Ein weiterer Anwendungsbereich für das *Scheme of Arrangement* ist die sog. *reconstruction* nach Sec. 427 CA 1985, die im deutschen Schrifttum teilweise mit „formwahrender Umwandlung"[450] oder „Umstrukturierung der Gesellschaft"[451] übersetzt wird. Es gibt keine Legaldefinition der *reconstruction*. Der Begriff umfasst keinen einheitlichen juristischen Vorgang. Vielmehr liegt ihm eine betriebswirtschaftlich zu verstehende Konsolidierung eines Unternehmens unter Veränderung des Rechtsträgers zugrunde. Eine Kapitalgesellschaft überträgt ihr Unternehmen oder einen Teil davon und ihr Vermögen oder einen Teil davon auf eine von der Ausgangskapitalgesellschaft neu gegründete oder bereits bestehende – aber dann zur Unternehmensgruppe gehörende – Kapitalgesellschaft.[452]

---

[450] vgl. Triebel/Hodgson/Kellenter/Müller, Englisches Handels- und Wirtschaftsrecht, Rn. 767.

[451] vgl. Gillessen, Europäische transnationale Sitzverlegung, S. 242.

[452] vgl. Pennington, Company Law, S. 975.

Im Gegenzug erfolgt die Ausgabe von Anteilen der übernehmenden Gesellschaft an die Anteilseigener der übertragenden Gesellschaft. Werden die Ansprüche von Schuldverschreibungsinhabern nicht vor der Übertragung durch Geldzahlung befriedigt, erfolgt eine Ausgabe von Anteilen oder Schuldverschreibung der aufnehmenden Gesellschaft an die Schuldverschreibungsinhaber der übertragenden Gesellschaft. Vermögen, Anteilseigner und häufig auch die Inhaber der Schuldverschreibungen bleiben somit im wesentliche identisch.[453]

Für das Vorliegen einer *reconstruction* kommt es somit darauf an, dass eine wesentliche Identität des Unternehmens bzw. Geschäftsbetriebs sowie der Anteilseigner vor und nach der Transaktion besteht.[454] Im Gegensatz zu einer *amalgamation* oder zu einem *merger* wird bei einer *reconstruction* ein einzelnes Unternehmen zumindest zu einem wesentlichen Teil durch im Wesentlichen dieselben Anteilseigner fortgeführt. Es findet keine Vereinigung verschiedener Unternehmen statt.

Hinsichtlich des Vorliegens einer wesentlichen Identität des Unternehmens bzw. Geschäftsbetriebs ist es für die Annahme einer *reconstruction* nicht ausreichend, dass nur einzelne Vermögenswerte übertragen werden. Vielmehr ist liegt eine reconstruction nur dann vor, wenn wesentliche Unternehmensteile übertragen werden. Wann allerdings eine wesentliche Übertragung des Unternehmens vorliegt ist von der Rechtsprechung und Schrifttum noch nicht erörtert worden.[455] Hinsichtlich des Verfahrens gibt es keine Unterschiede zur *amalgamation*, so dass auf die dortigen Ausführungen verwiesen werden kann.[456] Allerdings findet Sec. 427A CA 1985 auf *reconstructions* keine Anwendung.

---

[453] vgl. Pennington, Company Law, S. 975; Triebel/Hodgson/Kellenter/Müller, Englisches Handels- und Wirtschaftsrecht, Rn. 767.

[454] vgl. RE South African Supply and Cold Storage Company [1904] 2 Ch. 268, 286.

[455] vgl. Prinz, Umstrukturierung, S. 415f, 328f.

[456] s.o. S. 125ff.

Die Bedeutung von *reconstructions* war früher um ein weites höher als heute, da nach altem Recht eine Änderung der Gegenstandsklausel durch Satzungsänderung nicht möglich war. Wollte eine *company* eine nicht von der Gegenstandsklausel gedeckte Tätigkeit ausüben, musste sie deshalb den Umweg über die *reconstruction* gehen und die alte *company* abwickeln.[457] Eine solche Änderung kann heute einfach durch Satzungsänderung gem. Sec. 4 Ca 1985 vorgenommen werden.[458]

### cc) Demerger und Division

Der letzte Anwendungsbereich des *Scheme of Arrangement* ist die Spaltung von Kapitalgesellschaften, die in der englischen Wirtschaftssprache mit *division* oder *demerger* bezeichnet wird. Der Begriff *division* findet sich, durch die Spaltungsrichtlinie[459] der EU eingeführt, in Sec. 427A (2) Case 3 CA 1985. Das Gesetz definiert keinen der beiden Begriffe. Man kann allerdings von einer Gleichstellung Beider ausgehen.[460] Unter einem *demerger* versteht man in England allgemein die Übertragung eines Unternehmensteils oder mehrerer Unternehmensteile auf eine oder mehrere neu gegründete oder schon vorher existierende Kapitalgesellschaften, deren Anteile ganz oder zu einem bestimmten Teil allen oder bestimmten Anteilseignern der übertragenden Gesellschaft zugeteilt werden.[461]

Die Abgrenzung zur *amalgamation* erfolgt dadurch, dass bei einem demerger nicht wesentlich Unternehmensteile oder das ganze Unternehmen übertragen werden. Im Gegensatz zur *reconstruction* muss keine wesentliche Identität der Anteilseigner der übernehmenden und übertragenden Gesellschaft bestehen.[462]

---

[457] vgl. Triebel/Hodgson/Kellenter/Müller, Englisches Handels- und Wirtschaftsrecht, Rn. 767.
[458] vgl. auch oben S. 113.
[459] 82/891/EWG ABl EG Nr. L 378 v. 31.12.1982, S. 47ff.
[460] s. zu den Einzelheiten, Prinz, Umstrukturierung, S. 433.
[461] vgl. Pennington, Company Law, S. 976.
[462] vgl. Prinz, Umstrukturierung, S. 434f.

### (1) Fallgruppen

Es existieren im Wesentlichen folgende Kategorien von Spaltungsvergleichsplänen:

- Die Muttergesellschaft überträgt die an einer Tochtergesellschaft gehaltenen Anteile direkt auf ihre Anteilseigner;
- Die Muttergesellschaft überträgt die von ihr gehaltenen Anteile an einer Tochtergesellschaft oder einen eigenen Unternehmensteil nur auf einen Anteilseigner oder eine gewisse Gruppe von Anteilseignern, der oder die dann aus der Muttergesellschaft ausscheidet, das sog. *scheme of partition*;
- Eine Gesellschaft überträgt einen Teil ihres Vermögens oder Unternehmens nicht direkt auf ihre Anteilseigner, sondern auf eine bereits bestehende oder neu zu gründende Gesellschaft, die Anteile an die Anteilseigner der übertragenden Gesellschaft ausgibt;
- Letztendlich kann eine *company* alle ihre Aktiva und Passiva auf mehrere bereits bestehende oder neu zu gründende Gesellschaften gegen Gewährung von Anteilen an die Anteilseigner der übertragenden Gesellschaft übertragen.

### (2) Verfahrensbesonderheiten

Grundsätzlich weist das Verfahren bei einem *demerger* keine Besonderheiten auf.

#### (a) Anwendung von Sec. 427 CA 1985

Wenn es aber bei den oben aufgezeigten *demerger* Konstellationen der Übertragung von Vermögensbestandteilen auf eine andere Gesellschaft zu eine wesentlichen Identität der Anteilseigern in der übernehmenden Gesellschaft kommt und daher eine *reconstruction* gegeben ist, findet Sec. 427 CA 1985 Anwendung. In einem solchen Fall kann dann das Gericht die Übertragung der Aktiva und Passiva durch eine flankierende Anordnung (*vesting order*) vornehmen[463] sowie die übertragende Gesellschaft, wenn es zur Vollübertragung auf mehrere Gesellschaften kommt ohne Abwicklung auflösen.

Im Regelfall, d.h. wenn keine wesentliche Anteilseigneridentität vorliegt und daher eine Anwendung der Sec. 427 CA 1985 ausgeschlossen ist, muss die Übertragung der Aktiva und eventuell der Passiva sowie die Zuteilung der dafür als Gegenleistung auszugebenden oder zu übertragenden Anteile von den beteiligten Gesellschaften einzelvertraglich vorgenommen werden.

Obwohl in diesem Fall auch die flankierenden Schutzanordnungen des Gerichts nach Sec. 427 (3)(e) CA 1985 nicht anwendbar sind, ist die Gesellschaft, die eine Spaltung mittels eines Spaltungsplans durchführen möchte hinsichtlich der Genehmigung durch das Gericht gut beraten, nachzuweisen, dass sie alle Gläubiger befriedigt oder ausreichend Sicherheiten bestellt hat. Ansonsten besteht die Gefahr der Zurückweisung des Spaltungsplans durch das Gericht aufgrund der Heranziehung der Gläubigerschutzvorschriften nach Sec. 110, 111 IA 1986.[464]

### (b) Aufspaltung von Public Companies (Sec. 427A CA 1985)

Durch die Spaltungsrichtlinie[465] wurde Sec. 427A (2) Case 3 CA 1985 eingeführt. Diese ist auf den Fall der Aufspaltung einer *public company* durch ein *Scheme of Arrangement* gem. Sec. 425 CA 1985 zur Aufnahme durch weitere bereits bestehende *public companies* oder zu diesem Zwecke neu zu gründende *companies* anwendbar und erhält weitere Voraussetzungen.

Im Vergleich zu einer *amalgamation* ergeben sich allerdings wenige Verfahrensbesonderheiten. So müssen die schon für eine *amalgamation* bestehenden zusätzlichen Verfahrensanforderungen erfüllt werden.[466] Insbesondere muss

---

[463] s.o. S. 442f.

[464] zu den Einzelheiten s. Prinz, Umstrukturierung, S. 451f.

[465] 82/891/EWG ABl EG Nr. L 378 v. 31.12.1982, S. 47ff.

[466] s. dazu oben S. 446ff.

sowohl die übertragende als auch die bereits bestehende übernehmende *public company* dem Aufspaltungsplan gem. Sec. 425 (2) CA 1985 mit doppelter qualifizierter Mehrheit in jeder Anteilseignerklassenversammlung zustimmen, Sec. 427A (3) CA 1085 i.V.m. § 1 Sched. 15B CA 1985.

Die grundsätzlich erforderliche Zustimmung durch die Anteilseignerklassenversammlungen einer übernehmenden *public company* muss nach § 10 Sched. 15B CA 1985 dann nicht erfolgen, wenn der Empfang einer Kopie des Spaltungsplans mindestens einen Monat vor dem Abhalten der Anteilseignerklassenversammlung der übertragenden Gesellschaft im Amtlichen Anzeiger (*Official Gazette*) veröffentlich worden ist, die Anteilseigner einer übernehmenden *public company* von diesem Zeitpunkt Gelegenheit zur Einsicht in den Spaltungsplan und die sonstige ausliegen Dokumente hatten und Gratiskopien anfordern konnten. Weiterhin darf kein Anteilseigner oder Gruppe von Anteilseigner, die zusammen mehr als fünf Prozent des eingezahlten und stimmberechtigten Anteilskapitals hielten, eine Einberufung einer Klassenversammlung zur Diskussion über den Spaltungsplan beantragt haben.[467]

Darüber hinaus sind die Zustimmungsbeschlüsse aller beteiligten und damit auch der übertragenden *public company* entbehrlich, wenn zum Zeitpunkt der Verschmelzung alle Geschäftsanteile und stimmrechtsvermittelnden Sicherheiten der übertragenden *public company* von der übernehmenden *company* gehalten werden, gewisse Formalien[468] eingehalten werden und keine Gesellschafter, die zusammen mehr als fünf Prozent des eingezahlten und stimmberechtigten Anteilskapitals halten, eine Einberufung zur Abstimmung über den Spaltungsplan beantragen.
Als letzte Ausnahme kann das Gericht bei Genehmigung des Spaltungsplans nach Sec. 425 (2) CA 1985 generell von der Pflicht zur Zustimmung durch die Anteilseignerversammlung der übernehmenden Gesellschaft befreien, wenn die übernehmende *public company* direkt oder indirekt an der übertra-

[467] zu den sonstigen Besonderheiten s. Prinz, Umstrukturierung, S. 454ff.
[468] s. diesbezüglich oben bei der Verschmelzung, S. 129f.

genden *public company* 90% oder mehr, nicht aber alle Anteile und andere stimmberechtigte Wertpapiere hält (§ 14 Sched. 15B CA 1985).

## VI. Transaktionen mit Direktoren (Sec. 320 CA)

Neben dem Zustimmungserfordernis bei einem Vergleichsplanverfahren bedarf auch die Beteiligung von Direktoren an Transaktionen mit Anlagevermögen der *company* der vorherigen Zustimmung der Hauptversammlung.

### 1. Anwendungsbereich

So ist es nach Sec. 320 CA 1985 der *company* verboten, eine Vereinbarung mit einem Direktor der *company* oder einer Person, die dem Direktor nahe steht, einzugehen, wonach der Direktor von der *company* oder die *company* vom Direktor ein Anlagegut erwirbt, das von gewissem Wert (*requisite value*) ist. Dies gilt nicht, wenn diese Transaktion zuvor von der Hauptversammlung der *company* oder, wenn es sich um einen Direktor einer Holdinggesellschaft handelt, von der Hauptversammlung der Holdinggesellschaft mit einfachem Beschluss genehmigt worden ist (Sec. 320 (1)(b) CA 1985). Damit die Hauptversammlung die Angemessenheit des Geschäfts prüfen kann, sind dessen Bedingungen offen zulegen.[469] Nach Sec. 320 (2) CA 1985 beträgt der Wert ab dem die Hauptversammlung einer Transaktion zustimmen muss £ 100.000 oder 10% der Aktiva der *company*, wenn diese mehr als £ 2.000 betragen.

Der Begriff der nahe stehenden Person ist in Sec. 346 (2) CA 1985 definiert und erfasst:

- Den Ehegatten des Direktors, seine minderjährigen Kinder einschließlich nichtehelicher Kinder sowie Stiefkinder,
- Gesellschaften, an welchen der Direktor wesentlich beteiligt ist; dies ist dann der Fall, wenn er und die soeben genannten Angehörigen gemeinsam entweder zu mindestens 20% am Eigenkapital der anderen Gesellschaft

[469] vgl. Demite Ltd. v Protec Health Ltd. [1998] B.C.C. 638, 649.

beteiligt sind oder mindestens 20% der Stimmrechte in der Hauptversammlung ausüben oder beherrschenden Einfluss auf diese ausüben können,

- Treuhandschaften, die den Direktor oder eine der zuvor genannten Familienmitglieder oder Gesellschaften begünstigen,
- Teilhaber (*partner*) des Direktor oder einer der in den vorigen Punkten genannten Personen oder Unternehmen sowie
- Schottische Unternehmen, deren Partner der Direktor oder eine ihm nahe stehende Person ist.

## 2. Ausnahmen

Von der Zustimmungspflicht gibt es nach Sec. 321 CA 1985 Ausnahmen. So ist eine Zustimmung nicht für Transaktionen innerhalb der Unternehmensgruppe erforderlich, wenn das Anlagevermögen durch die Holdinggesellschaft von einer ihrer hundertprozentigen Tochtergesellschaft oder durch eine hundertprozentige Tochtergesellschaft von einer weiteren hundertprozentigen Tochtergesellschaft erworben werden soll (Sec. 321 (2)(a) CA 1985). Ebenfalls keine Zustimmung bedarf eine Vereinbarung mit einer *company* die zwangsabgewickelt wird, es sei denn es handelt sich um eine freiwillige Liquidation der *company*.

## 3. Rechtsfolgen eines Verstoßes

Eine Vereinbarung die entgegen der Bestimmung in Sec. 320 CA 1985 eingegangen wird kann nach Sec. 322 (1) CA 1985 von der *company* angefochten werden. Eine Anfechtung ist gem. Sec. 322 (2)(a) CA 1985 ausgeschlossen, wenn die *company* für ihren Verlust oder Schaden, den sie durch die Vereinbarung erlitten hat, entschädigt wurde, oder eine Rückabwicklung der Transaktion nicht mehr möglich ist. Weiterhin kann die Vereinbarung gem. Sec. 321 (2)(b) CA 1985 nicht angefochten werden, wenn Rechte Dritter betroffen sind oder nach Sec. 321 (2)(c) CA 1985 die Hauptversammlung innerhalb einer angemessenen Zeitspanne die Vereinbarung bestätigt hat.

Nach Sec. 322 (3) CA 1985 haften der Direktor, der mit der *company* entgegen der Bestimmung der Sec. 322 (1) CA 1985 eine Vereinbarung abgeschlossen hat sowie alle Direktoren der *company*, die die Vereinbarung oder darauf folgende Transaktion bewilligt haben, der *company* gegenüber für alle Verluste, die aus dem Vereinbarung resultieren.

## VII. Kompensation für das Ausscheiden von Direktoren (Sec. 312ff CA 1985)

Neben Transaktionen mit Direktoren verlangt Sec. 312 CA 1985 für die Zahlung von Geld an Direktoren für den Verlust ihrer Stellung als Direktor generell die Zustimmung der Anteilseigner. Dies gilt im Speziellen, wenn der Verlust der Stellung als Dirktor in Verbindung mit einer Übertragung des Unternehmens oder von Unternehmensteilen oder von Vermögen der *company* steht (Sec. 313 (1) CA 1985). Für die Zustimmung der Anteilseigner reicht ein einfacher Beschluss. Der Direktor hat die Einzelheiten sowie die Höhe der Zahlung der Anteilseignerversammlung anzuzeigen.

Verstößt der Direktor gegen die Vorschriften der Sec. 312, 313 CA 1985, erhält er die Zahlung nach Sec. 313 (2) CA 1985 treuhänderisch für die *company*.

Wird eine Zahlung an Direktoren für den Verlust ihrer Stellung als Direktor in Verbindung mit einem Übertragung an allen oder einigen Anteilen der *company* gemacht, muss der Direktor die Anteilseigner nach Sec. 314 (2) CA 1985 über die Einzelheiten sowie die Höhe der Zahlung informieren. Des Weiteren haben die Anteilseigner der Zahlung nach Sec. 315 (1)(b) CA 1985 zuzustimmen. Sec. 314 CA 1985 ist immer dann anwendbar, wenn ein generelles Angebot an alle Anteilseigner gemacht wurde, ein Angebot gemacht wurde, wonach die *company* eine Tochtergesellschaft des Bieters werden soll, ein Angebot gemacht wurde, wonach eine Person die Anteile erwerben möchte, um mindestens ein Drittel der Stimmrechte zu erwerben oder sonst ein unter einer Bedingung stehendes Angebot gemacht wurde. Sec. 314 CA 1985 bezieht sich somit speziell auf Übernahmeangebot und ist damit lex specialis gegenüber Secs. 312 und 313 CA 1985.[470]

Verstößt der Direktor gegen die Vorschriften der Sec. 314 CA 1985 muss er einerseits eine Strafe nach Sec. 314 (3) CA 1985 zahlen. Im Übrigen erhält der Direktor die Zahlung treuhänderisch für die Anteilseigner die aufgrund des Angebots ihre Anteile verkauft haben.

## VIII. Transaktionen nach Chapter 10 der Listing Rules

Neben Kompensationen von Direktoren bedürfen gewisse Transaktionen bei börsennotierten Gesellschaften einer Zustimmung der Hauptversammlung.

### 1. Anwendungsbereich

Nach Chapter 10 der Listing Rules lösen Transaktionen von Anteilen, Unternehmen oder sonstigem Vermögen einer börsennotierten *company* ab einem bestimmten Transaktionsvolumen ein zwingendes Zustimmungserfordernis der Hauptversammlung aus.

Die Listing Rules sind von der Financial Service Authority (FSA) erlassene Bestimmungen. Die FSA wurde nach Sec. 72 Financial Service and Markets Act 2000 (FSMA 2000) zur UK Listing Authority (UKLA), d.h. als für Großbritannien zuständige Behörde für Fragen der Börsennotierung, ernannt.

Die Listing Rules regeln den Zugang und die weiteren Verpflichtungen einer *company* an die *Official List* der UK Listing Authority. Dabei obliegt es der FSA als UK Listing Authority die Einführung von Wertpapieren an der Börse zu regeln und die weitere Einhaltung diesbezüglicher Vorschriften nach der Notierung zu überwachen. Die Entscheidungsgewalt über die Änderung bzw. Erstellen von Regel liegt beim Verwaltungsrat (*board of directors*) der FSA. Ihm obliegt es ebenfalls aufgrund von Einzelfallentscheidungen Notierungs-

---

[470] vgl. Gower/Davies, Principles, S. 747.

fragen und Fragen hinsichtlich der Anwendung der Listing Rules zu klären.[471] Der FSA als UK Listing Authority obliegt es auch Disziplinarmaßnahmen hinsichtlich der Einhaltung der Listing Rules festzulegen. Diese gehen von Veröffentlichungen des Fehlverhaltens sowie Geldstrafen gegen Direktoren, ehemalige Direktoren, Emittenten von Wertpapieren und Bürgen,[472] bis hin zur Suspendierung und Entzug[473] der Börsenzulassung von *companies*.[474]

Die Bestimmungen des Chapter 10 der Listing Rules sowie die Listing Rules im Allgemeinen gelten nur für Gesellschaften, deren Anteile oder Wertpapiere an der *Official List* der UK Listing Authority gehandelt werden oder eine Antrag auf Zulassung zum Handel an dieser Börse gestellt haben. Sie gelten nicht für *public companies* im generellen oder für *companies*, deren Anteile oder Wertpapiere am Alternative Investment Market notiert sind. Allerdings gelten die Bestimmungen des Chapter 10 der Listing Rules auch für Tochterunternehmen von *public companies*, die an der *Official List* der UK Listing Authority gehandelt werden.[475]

Transaktionen im Sinne von Chapter 10 der Listing Rules sind grundsätzlich alle Käufe und die Abgabe von Eigentum der *company*. Diese umfasst nach Para. 10.1.3 (1) Listing Rules auch Transaktionen von Tochtergesellschaften der *company*. Chapter 10 der Listing Rules ist allerdings nicht auf das Emittieren von Wertpapieren anwendbar, welches nicht im direkten Zusammenhang mit dem Erwerb oder der Veräußerung von Vermögensgegenständen steht (Para. 10.1.3 (4) Listing Rules).[476] Darüber unterliegen nach Para. 10.1.3 (5) Listing Rules auch Transaktionen zwischen der börsennotierten *company* und deren 100%igen Tochtergesellschaften sowie Enkelgesellschaften nicht Chapter 10 der Listing Rules.

---

[471] vgl. Button, Practitioner's Guide to Listing Rules, S. 3.
[472] s. Einzelheiten dazu, Financial Service Authority UKLA Guidance Manual, Chapter 8, S. 69ff.
[473] s. Einzelheiten dazu, Financial Service Authority UKLA Guidance Manual, Chapter 9, S. 83ff.
[474] vgl. Button, Practitioner's Guide to Listing Rules, S. 43ff.
[475] vgl. Button, Practitioner's Guide to Listing Rules, S. 190.
[476] vgl. Button, Practitioner's Guide to Listing Rules, S. 191.

## 2. Einteilung von Transaktionen

Ob eine Zustimmungspflicht durch eine Transaktion ausgelöst wird oder nicht sowie welche weiteren Voraussetzungen zu erfüllen sind, hängt von der Einteilung der Tranksaktion in die von Chapter 10 der Listing Rules erfassten Transaktionskategorien ab. Chapter 10 der Listing Rules beinhaltet vier Kategorien von Transaktionen. Dies sind der Transaktionsgröße nach aufsteigend: *class 3 transactions*, *class 2 transactions*, *class 1 transactions* und *reverse takeovers*.

### a) Class 3 Transaction

Eine Transaktion ist nach Para. 10.2.2 (1) Listing Rules als *class 3 transaction* zu qualifizieren, wenn alle maßgeblichen Verhältnisquoten (*percentage ratios*) fünf Prozent nicht überschreiten.

Die maßgeblichen Verhältnisquoten ergeben sich aus den in Annex 1 Chapter 10 Listing Rules vorgegebenen Kennzahlen. Diese sind das Gesamtvermögen (*gross assets*), die Gewinne (*profits*), die Gegenleistung im Vergleich zu der Marktkapitalisierung (*consideration to market capitalisation*) sowie das Bruttokapital (*gross capital*). Sollten die vorgenannten Kennzahlen im Einzelfall zu einem ungewöhnlichen Ergebnis führen oder die Berechnung für die Aktivitäten der börsennotierten *company* unangebracht sein, kann die UKLA nach 10 G Annex 1 Chapter 10 Listing Rules die Kennzahlen ignorieren und durch anderweitige Größenindikatoren ersetzten, welche die jeweiligen Besonderheiten des Industriezweiges berücksichtigen.

Die Verhältnisquoten errechnen sich, indem die jeweilige Kennzahl des zu transferierenden Unternehmens(teils) bzw. Vermögens mit derselben Kennzahl der börsennotierten Gesellschaft dividiert wird.

Die Kennzahl *gross assets* ergibt sich nach 1 R Annex 1 Chapter 10 Listing Rules aus der Summe des gesamte Anlagevermögens und des gesamten Umlaufvermögens. Zur Bestimmung der Verhältnisquote wird das so ermittelte

Gesamtvermögen des an der Transaktion beteiligten Unternehmens(teils) bzw. Vermögens durch das Gesamtvermögen der börsennotierten *company* dividiert. Bei einem Anteilskauf bzw. -verkauf wird nach 2 R (3) Annex 1 Chapter 10 Listing Rules zur Bestimmung des Gesamtvermögens das gesamte Anlage- und Umlaufvermögen des zu kaufenden oder zu verkaufenden Unternehmens in die Berechnung mit aufgenommen, wenn das gekaufte Unternehmen in der Bilanz der notierten *company* konsolidiert werden muss bzw. nach einem Verkauf nicht mehr konsolidiert werden muss. Dabei ist es unerheblich, wie viele Anteile gekauft bzw. verkauft werden. Muss das gekaufte bzw. verkaufte Unternehmen nicht konsolidiert werden, dient der Kaufpreis des Anteils, bzw. bei einem Verkauf der Wert des Anteils zur Bestimmung der Verhältnisquote. Bei einem Kauf bzw. Verkauf von Vermögen, das keine Beteiligung darstellt, wird nach 2 R (5) Annex 1 Chapter 10 Listing Rules der Buchwert des Anlage- und Umlaufvermögens des zu kaufenden bzw. abzugebenden Vermögens mit dem Gesamtvermögen, d.h. dem Anlage- und Umlaufvermögen, der börsennotierten *company* zur Berechnung der Verhältnisquote dividiert.

Die Kennzahl *profit* ergibt sich nach 4 R Annex 1 Chapter 10 Listing Rules aus dem Gewinn nach Abzug aller Kosten ohne Steuer und außergewöhnlich Belastungen. Der Vergleichsquotient ist der Gewinn des zu kaufenden oder abzugebenden Vermögens durch den der börsennotierten *company* zugeordneten Gewinn.

Die Verhältnisquote der Kennzahl *consideration to market capitalisation* ergibt sich aus dem Quotienten des Gegenwerts mit dem Wert der Marktkapitalisierung der börsennotierten *company* (5 R (1) Annex 1 Chapter 10 Listing Rules).

Die Kennzahl *gross capital* kommt nur bei einer Akquisition eines Unternehmens(teils) durch die börsennotierte *company* zur Anwendung. Dabei muss nach 7 R (1) Annex 1 Chapter 10 Listing Rules zur Errechnung der Vergleichsquote das Bruttokapital der zu erwerbenden *company* oder des zu erwerbenden Unternehmens(teils) durch das Bruttokapital der kaufenden börsennotierten *company* geteilt werden. Das Bruttokapital der börsennotierten *company* ergibt sich nach 7 R (3) Annex 1 Chapter 10 Listing Rules aus der Gesamtsumme des Marktwerts ihrer Aktien und Schuldverschreibungen, aller anderen Verbindlichkeiten ohne kurzfristige Verbindlichkeiten und, sofern gegeben, dem Mehr an kurzfristigen Verbindlichkeiten im Vergleich zum Betriebsvermögen.

Bei allen Berechnungen müssen nach Para. 10.2.10 Listing Rules alle Transaktionen, die innerhalb von 12 Monaten vor der letzten Transaktion getätigt wurden, zusammengerechnet werden. Dies ist allerdings nur der Fall, wenn die Transaktionen zwischen denselben Parteien oder mit den Parteien in Verbindung stehende Parteien abgeschlossen wurden. Zudem müssen die Transaktionen im Zusammenhang mit einer erheblichen Geschäftsaktivität stehen, die vor den Transaktionen noch nicht zu einem Hauptgeschäftsfeld der börsennotierten *company* gehörte.

Handelt es sich aufgrund der Überschreitung von allen Verhältnisquotienten um fünf Prozent um eine *class 3 transaction* und werden als Gegenwert für den Kauf bzw. Verkauf Wertpapiere ausgegeben, die an der Börse gehandelt werden sollen, muss die börsennotierte *company* über die Transaktion eine Bekanntmachung[476] an einen der fünf von der FSA akkreditierten *Regulatory Information Services* (RIS), herausgeben. Diese geben die Information weiter an sog. *Secondary Information Provider* (SIPs), wie AFX News, Bloomberg, Perfect Information, Reuters, Thomson Financial und eine Anzahl von Internet Providern.[477] Die SIPs verbreiten die so erhaltenen Informationen an alle Marktteilnehmer.

---

[476] zu den Einzelheiten der Bekanntmachung s. Button, Practitioner's Guide to Listing Rules, S. 198.

[477] vgl. Button, Practitioner's Guide to Listing Rules, S. 16.

### b) Class 2 Transaction

Eine *class 2 transaction* liegt nach Para. 10.2.2 (2) Listing Rules dann vor, wenn eine der maßgeblichen Verhältnisquoten zwischen fünf und 25% liegt. Die maßgeblichen Verhältnisquoten errechnen sich wiederum, indem die jeweilige in Annex 1 Chapter 10 Listing Rules vorgegebene Kennzahl des zu erwerbenden bzw. zu abzugebenden Unternehmens(teils) bzw. Vermögens mit derselben Kennzahl der börsennotierten *company* dividiert wird.

Liegt eine *class 2 transaction* vor muss die börsennotierte *company* nach Para. 10.4.1 Listing Rules unabhängig davon, ob für den Gegenwert des Kaufs oder Verkaufs Anteile herausgegeben werden, die an der Börse gehandelt werden sollen, eine Bekanntmachung an ein RIS machen, welche wiederum über SIPs an die Markteilnehmer weitergegeben wird. Die Bekanntmachung ist dabei umfangreicher als bei einer *class 3 transaction*.[479]

### c) Class 1 Transaction

Überschreitet eine der maßgeblichen Verhältnisquoten 25%, liegt nach Para. 10.2.2 (3) Listing Rules eine *class 1 transaction* vor.

Die maßgeblichen Verhältnisquoten errechnen sich auch hier, indem die jeweilige in Annex 1 Chapter 10 Listing Rules vorgegebene Kennzahl des zu erwerbenden bzw. zu verkaufenden Unternehmens(teils) mit derselben Kennzahl der börsennotierten *company* dividiert wird.

Bei einer *class 1 transaction* ist dieselbe Bekanntmachung an einen RIS herauszugeben wie bei einer *class 2 transaction*. Darüber hinaus muss die börsennotierte *company* nach Para. 10.5.1 (2) Listing Rules ein Rundschreiben (*circular*) an ihrer Anteilseigner herausgeben, in dem diese über die Transaktion detailliert aufgeklärt werden.[480]

---

479 zu den Einzelheiten s. Button, Practitioner's Guide to Listing Rules, S. 199.

480 zu den Einzelheiten, insbesondere den Formerfordernissen s. Button, Practitioner's Guide to Listing Rules, S. 200ff.

Überschreiten erst mehrere Transaktionen kumulativ die maßgebliche Verhältnisquote von 25% bedarf es nur einer Zustimmung der Anteilseigener zur letzten getätigten Transaktion (Para. 10.2.10 (3) Listing Rules).

#### d) Reverse Takeover

Ein *reverse takeover* liegt nach Para. 10.2.2 (4) Listing Rules dann vor, wenn eine der maßgeblichen Verhältniskennzahlen durch den Kauf einer nicht börsennotierten *company* oder eines Unternehmen(steils) durch eine börsennotierten *company* über 100% liegt.

Darüber hinaus wird ein *reverse takeover* angenommen, wenn der Kauf zu einem fundamentalen Wechsel des Geschäfts oder der Kontrolle des Verwaltungsrats oder der Stimmrecht der börsennotierten *company* führt. Der Fall des *reverse takeover* ist somit immer gegeben, wenn eine viel kleinere börsennotierte *company* eine größer nicht börsennotierte Gesellschaft kauft oder wenn die Stimmrechtsmehrheit durch den mit einem Kauf unter Umständen verbundenen Anteilswechsel auf die gekaufte *company* übergeht.[481]

Bei einem *reverse takeover* sind nach Para. 10.6.1 Listing Rules dieselben Benachrichtigungen und Rundschreiben herauszugeben wie bei einer *class 1 transaction*. Darüber hinaus sind nach Para. 10.6.2 Listing Rules weitere Dokumente bei der UKLA einzureichen, wenn die börsennotierte *company*, deren Börsennotierung nach der Transaktion ausgesetzt wird, wieder an der Börse zugelassen werden möchte.[482]

### 3. Zustimmungserfordernisse

Nur bei einer *class 1 transaction* und einem *reverse takeover* ist nach Para. 10.5.1 (2) und 10.6.1 Listing Rules neben der oben aufgeführten Bekanntmachung und dem Rundschreiben an die Anteilseigner auch die vorhe-

---

[481] vgl. Button, Practitioner's Guide to Listing Rules, S. 217f.

[482] s. zu den Einzelheiten, Button, Pracitioner's Guide to Listing Rules, S. 218.

rige Zustimmung der Anteilseigner zur Transaktion einzuholen. Bei allen anderen Transaktionen sind nur die oben aufgeführte Bekanntmachung herauszugeben.

Eine Trankaktionsvereinbarung ohne vorherige Zustimmung kann nur unter der Bedingung der Zustimmung der Anteilseigner abgeschlossen werden (Para. 10.5.1 (3) Listing Rules).

Die Zustimmung der Hauptversammlung erfordert normalerweise nur einen einfachen Beschluss, sollten nicht die *articles of association* etwas anderes bestimmen.[483] Die Mustersatzung enthält kein höheres Mehrheitserfordernis für eine *class 1 transaction* oder einen *reverse takeover*.

Der Grund für die Zustimmungspflicht der Anteilseigener wird darin gesehen, dass die Größe einer *class 1 transaction* und eines *reverse takeover* neben einer Geschäftsführungs- genauso eine Investitionsentscheidung ist, welche die Anteilseigner beurteilen können und sollen.[484]

### 4. Ausnahmen vom Zustimmungserfordernis

Für den Fall, dass sich die börsennotierte *company* in finanziellen Schwierigkeiten befindet und keine andere Alternative, hat als innerhalb einer sehr kurzen Zeitspanne einen großen Teil ihres Unternehmens zu veräußern, um ihrer Liquiditäterfordernisse aufrechtzuerhalten oder ihre Verbindlichkeiten abzubauen, kann die FSA nach Para. 10.8 Listing Rules von dem Zustimmungserfordernis und dem Unterrichtungserfordernis Ausnahmen machen.

Die börsennotierte *company* muss nach Para. 10.8.2 Listing Rules der FSA dafür darlegen, warum sie keine Zustimmung der Anteilseigner einholen kann. Sie muss der FSA nach Para. 10.8.3 Listing Rules dafür Dokumente vorlegen, die nachweisen, dass sich die börsennotierte *company* in finanziel-

---

483 vgl. Button, Practitioner's Guide to Listing Rules, S. 212.

484 vgl. Gower/Davies, Principles, S. 299.

len Schwierigkeiten befindet und der geplante Verkauf von Unternehmensvermögen die einzige Möglichkeit darstellen, Geld für die angeschlagenen *company* zu erlangen und im Interesse (*best interest*) der *company* und der Anteilseigner geschieht.

### 5. Rechtsfolgen eines Verstoßes

Ein Verstoß gegen den Genehmigungsvorbehalt des Chapter 10 der Listing Rules kann durch die FSA mit Sanktionen geahndet werden. Die FSA kann dazu eine Verweis gegen die *company* aussprechen, diesen Verweis veröffentlichen sowie die Börsennotierung der *company* aussetzen (Para. 5.1.1 Listing Rules) oder sogar streichen (Para. 5.2.1 Listing Rules). Die mit Dritten abgeschlossene Vereinbarung über die Transaktion bleibt allerdings wirksam.

## IX. Transaktionen nach Chapter 11 der Listing Rules

Im Übrigen können bestimmte Transaktion auch nach Chapter 11 der Listing Rules eine Zustimmungspflicht der Hauptversammlung auslösen.

### 1. Anwendungsbereich

Chapter 11 der Listing Rules regelt Transaktionen und Vereinbarungen zwischen augenblicklichen oder früheren Direktoren oder wesentlichen Anteilseigner, sog. mit einer börsennotierten *company* in Beziehung stehenden Parteien (*related parties*). Nicht vom Anwendungsbereich von Chapter 11 der Listing Rules umfasst, sind Transaktionen, die aus Einkünften aus dem normalen Geschäftsbetrieb herrühren.[485] Allerdings unterliegen nach Para. 11.1.3 (1) Listing Rules auch Tranksaktionen und Vereinbarungen mit Tochterunternehmen der börsennotierten *company* mit *related parties* Chapter 11 der Listing Rules.

In Beziehung mit der *company* stehen nach Para. 11.4 (2) Listing Rules alle Direktoren oder ehemaligen Direktoren, die 12 Monate vor der Transaktion

485 vgl. Button, Practitioner's Guide to Listing Rules, S. 221.

eine solche Position inne hatten sowie nach Para. 11.4 (1) Listung Rules wesentliche Anteilseigner.

Nach Para. 11.1.4 (5) Listing Rules stehen den Direktoren alle seine Angehörigen (associates) gleich. Diese sind nach den Listing Rules Eheleute und Kinder, sowie Treuhänder (*trustees*) über das Vermögen des jeweiligen Direktors sowie jede *company* in welcher der jeweilige Direktor direkt oder indirekt beteiligt ist, wenn er dort mehr als 30% der Stimmrechte besitzt.[486]
Wesentliche Anteilseigner sind nach den Listing Rules alle Personen, die in den letzten 12 Monaten vor der Transaktion die Kontrolle über 10% oder mehr der Stimmrechte auf einer Hauptversammlung hatten. Unter wesentlichen Anteilseignern fallen dabei auch alle *companies*, die eine Tochtergesellschaft des wesentlichen Anteilseigners sind.[487]
Als eine Transaktion mit einer mit der börsennotierten *company* im Sinne von Chapter 11 gilt nach Para 11.1.5 Listing Rules:

- jede Transaktion zwischen der börsennotierten *company* mit einer mit ihr in Beziehung stehenden Partei;
- jede Vereinbarung in der die börsennotierte *company* und die mit ihr in Beziehung stehende Partei in ein Unternehmen oder Vermögen investieren;
- jede Tranksaktion oder ähnliche Vereinbarung zwischen der börsennotierten *company* und einer anderen Person, deren Zweck und Folge von Nutzen für die mit der *company* in Beziehung stehenden Partei ist.

Nach Para. 11.1.6 Listing Rules sind bestimmte Transaktionen von der Anwendung Chapter 11 ausgenommen. Eine der wichtigsten Ausnahmen ist Nr. 1 Annex 1 Chapter 11 Listing Rules, wonach Transaktionen, die unter 0,25% der Verhältnisquoten (*percentage ratios*) nach Annex 1 Chapter 10

---

[486] Listing Rules Appendix 1.1.
[487] Listing Rules Appendix 1.1.

Listing Rules fallen,[488] nicht als Transaktion nach Chapter 11 der Listing Rules gewertet werden. Weitere Ausnahmen betreffen unter anderem unbedeutende Joint Ventures (*insignificant joint ventures*), Kredite (*Credit*), Anteilsoptionspläne für Angestellte (*Employee' share schemes and long term incentives schemes*), Effektenemissionen (*underwriting*) und unbedeutende Tochterunternehmen (*insignificant subsidiary undertaking*).[489]

## 2. Zustimmungserfordernisse

Jede Transaktion die unter Chapter 11 der Listing Rules fällt bedarf nach 11.1.7 (3) Listing Rules der vorherigen Zustimmung der Hauptversammlung der börsennotierten *company*, wenn die Verhältnisquote (*percentage ratio*) der Transaktion nach Annex 1 Chapter 10 Listing Rules nicht weniger als 5% beträgt.[490] Eine Vereinbarung einer Transaktion vor einem Hauptversammlungsbeschluss muss unter der Bedingung der Zustimmung der Hauptversammlung stehen und darf ohne Zustimmung der Hauptversammlung nicht beendet werden (Para. 11.1.7 (3)(b) Listing Rules). Für die Zustimmung bedarf es eines einfachen Beschlusses, sofern die *articles of association* nichts anderes bestimmen. Die Mustersatzung enthält keine über einen einfachen Beschlusses herausgehende Bestimmung. Die mit der börsennotierten *company* in Beziehung stehende Partei darf nach Para. 11.7 (4) Listing Rules bei dem Zustimmungsbeschluss ihre Stimmrechte nicht ausüben oder durch Dritte ausüben lassen.

Zudem muss die börsennotierte *company* nach Para. 11.1.7 (1) Listing Rules über die Transaktion eine Bekanntmachung an den RIS machen und die Anteilseigner mit einem Rundbrief vor der Hauptversammlung zwecks Zustimmungsbeschluss über die Tranksaktion informieren.

---

488 s. zu den Verhältnisquoten oben, S. 142ff.

489 zu den Einzelheiten s. Button, Practitioner's Guide to Listing Rules, S. 225ff.

490 s. zu den Verhältnisquoten oben, S. 142ff.

### 3. Unterrichtungserfordernisse

Für Transaktionen bzw. Vereinbarungen, bei denen die Verhältnisquote (*percentage ratio*) nach Annex 1 Chapter 10 Listing Rules weniger als 5% beträgt, recht es aus, wenn die FSA vor der Transaktion bzw. Vereinbarung über diese unterrichtet wird. Zudem muss die börsennotierte *company* der FSA einen Bericht eines unabhängigen Beraters (*independent advisor*) vorlegen, wonach die Transaktion bzw. Vereinbarung angemessen und zumutbar (*fair and reasonable*) für die Anteilseigner der börsennotierten *company* ist. Darüber hinaus ist die börsennotierte *company* verpflichtet die Transaktion bzw. Vereinbarung in ihren nächsten Jahresabschluss aufzunehmen. Dabei sind die Identität der *related company*, der Wert der Gegenleistung für die Transaktion bzw. Vereinbarung und alle weiteren erheblichen Umstände anzugeben.

### 4. Rechtsfolgen eines Verstoßes

Ein Verstoß gegen den Genehmigungsvorbehalt des Chapter 11 der Listing Rules kann die FSA, wie ein Verstoß gegen Chapter 10 der Listing Rules, mit Sanktionen ahnden.[491] Die mit Dritten abgeschlossene Vereinbarung über die Transaktion bleibt allerdings wirksam.

## X. Abwehrmaßnahmen nach Regel 21 des City Codes on Takeover and Mergers

Neben bestimmten Transaktionen kann bei Übernahmen von *companies*, die unter den City Code on Takeover and Mergers fallen, bei bestimmten Konstellationen eine Zustimmungspflicht der Hauptversammlung entstehen.

### 1. Begriff

Der City Code on Takeovers and Mergers (City Code) ist immer dann anwendbar, wenn jemand die feste Absicht erklärt hat, ein bedingungsloses Angebot für die Übernahme, also für den Kontrollerwerb einer Zielgesellschaft

---

[491] s. dazu oben S.148.

zu unterbreiten.[492] Ein Kontrollerwerb liegt nach Rule 9.1 (a) City Code vor, wenn der Bieter nach Ablauf des Übernahmeangebots 30% oder mehr der Stimmrechte hält. Zudem deckt der City Code auch den Ausbau einer Kontrollposition ab, also die Vergrößerung eines Anteils, der 30% oder mehr der Stimmrechte ausmacht.[493]

Dabei findet der City Code auf alle *public companies* mit Sitz im Vereinigten Königreich, den Kanalinseln oder der Insel Man Anwendung, unabhängig davon, ob sie eine Börsenzulassung besitzen oder nicht sowie auf *private companies*, wenn diese während der letzten 10 Jahre eine Börsenzulassung besessen oder einen Börsenprospekt für die Ausgabe von Anteilen ausgegeben haben.[494]

Hauptzweck des City Codes ist, die faire Behandlung der Angebotsempfänger sicherzustellen und sie vollständig zu informieren, damit sie eine eigene, aufgeklärte Entscheidung über das Wertpapiererwerbsangebot des Bieters treffen können und nicht nur der Verwaltungsrat der Zielgesellschaft, den dahingehen sogar grundsätzlich eine Neutralitätspflicht trifft.[495]

Verstöße gegen den City Code sind weder strafbar noch stellen sie eine unerlaubte Handlung dar, die zivilrechtliche Folgen nach sich ziehen könnte. Allerdings können die außerrechtlichen Sanktionen des Ausschusses für Übernahmen und Fusionen (Panel on Takeovers and Mergers), der die Einhaltung des City Codes überwacht, sehr nachhaltig sein. Ein Verstoß kann zu einer Suspendierung der Anteile und Schuldverschreibungen an der Londoner Börse bis zum Ausschluss der zuwiderhandelnden Partei von der weiteren Be-

---

[492] vgl. Triebel/Hodgson/Kellenter/Müller, Englisches Wirtschaft- und Handelsrecht, Rn. 772.

[493] s. zu den Einzelheiten, Button, Practitioner's Guide to the City Code, S. 19ff.

[494] vgl. Gower/Davies, Principles, S. 711f.

[495] vgl. Triebel/Hodgson/Kellenter/Müller, Englisches Handels- und Wirtschaftsrecht, Rn. 772; Button, Practitioner's Guide on The City Code, S. 191.

rufstätigkeit auf dem Gebiet der Unternehmensübernahmen zur Folge haben.[496]

## 2. Anteilserwerb und Unternehmensübernahme

Die Entscheidung zum Erwerb von Anteilen an einer Zielgesellschaft, einem Kontrollblock oder zur Abgabe eines Übernahmeangebots liegt ohne abweichende Satzungsbestimmungen allein im Zuständigkeitsbereich des Verwaltungsrates der Bietergesellschaft, der bei der Entscheidung nur an seine Treu- und Sorgfaltspflichten gebunden ist.[497] Eine generelle Zustimmungspflicht für die Abgabe eines Übernahmeangebots findet sich nicht in der Mustersatzung. Unter Umständen kann allerdings bei bestimmten Transaktionsgrößen bei einer börsennotierten *company* eine Zustimmung der Hauptversammlung nach Chapter 10 und 11 der Listing Rules erforderlich sein.[498]

## 3. Zustimmungserfordernis

Der Verwaltungsrat der Zielgesellschaft unterliegt gewissen Einschränkungen.

So ist die Verwaltung der Zielgesellschaft bei Vorliegen eines Übernahmeangebots regelmäßig einem Interessenkonflikt ausgesetzt. Ein erfolgreiches Angebot kann zu einem Austausch des Personals auf der Ebene des Managements, insbesondere des Verwaltungsrates führen, so dass die Verwaltung der Zielgesellschaft häufig eigene Interessen verfolgen wird.[499] Demgegenüber ist sie nach dem General Principle 9 des City Codes verpflichtet, die Interessen der Anteilseigener und der Beschäftigten zu wahren.

Dieses Gebot wird in Rule 21 des City Codes in Hinsicht auf Abwehrmaßnahmen gegen das Übernahmegebot konkretisiert. Danach darf die Verwal-

---

[496] vgl. Triebel/Hodgson/Kellenter/Müller, Englisches Handels- und Wirtschaftsrecht, Rn. 772.

[497] vgl. Weinberg and Blank on Takeovers and Mergers, Rn. 2-2008.

[498] s.o. S. 141ff.

[499] vgl. Zinser, Übernahmeangebote, S. 134.

tung der Zielgesellschaft ohne Zustimmung der Anteilseigener in einer Hauptversammlung nach Vorliegen eines Übernahmeangebots oder bei Kenntnis eines bevorstehenden Übernahmeangebots folgende Maßnahmen nicht ergreifen:

- Kapital ausgeben, das zwar genehmigt aber noch nicht auf dem Kapitalmarkt platziert ist;
- Bezugsrecht auf sonstiges Kapital ausgeben oder gewähren;
- Anteile schaffen, ausgeben oder erlauben, die ein Umtausch- oder Bezugsrecht für Anteile gewähren.

Nach dieser Regelung kann die Verwaltung der Zielgesellschaft somit nicht mehr ohne weiteres Kapital insbesondere an diejenigen ausgeben, auf deren Loyalität sie bei der Entscheidung über die Annahme des Übernahmeangebots vertrauen kann. Die Möglichkeit einen Kontrollerwerb zu verhindern wird dadurch erheblich eingeschränkt.

Darüber hinaus ist es der Verwaltung der Zielgesellschaft untersagt,

- Gesellschaftsvermögen in erheblichen Umfang zu verkaufen, zu verteilen oder zu kaufen oder sich hierzu zu verpflichten;
- Verträge abzuschließen, die den Umfang des üblichen Geschäftsverkehrs überschreiten.

Sinn und Zweck dieser Regelung ist es, ein „Ausplündern“[500] der Zielgesellschaft zu verhindern. Die Verwaltung der Zielgesellschaft könnte angesichts eines vorliegenden oder bevorstehenden Übernahmeangebots versucht sein, die Attraktivität eines Übernahmeziels zu vermindern, was die Abgabe eines Übernahmeangebots unattraktiv machen könnte.[501]

---

[500] vgl. Zinser, Übernahmeangebote, S.136.

[501] vgl. Zinser, Übernahmeangebote, S. 136.

Einen Kauf oder Verkauf von „Gesellschaftsvermögen im erheblichen Umfang“ sieht der Ausschuss für Übernahmen und Fusionen dann für gegeben an, wenn der Gegenwert des verkauften oder gekauften Vermögens 10% des Werts der Anteile der Zielgesellschaft überschreitet oder wenn das zu veräußernde oder zu verkaufende Vermögen 10% des Gesamtvermögens der Zielgesellschaft überschreitet oder wenn der Gewinn der dem zu veräußernden oder zu kaufende Vermöge zuzurechnen ist 10% des Gewinns der Zielgesellschaft ausmacht.[502]

Unter „Verträge die den Umfang des üblichen Geschäftsverkehrs überschreiten“ wird vom Ausschuss für Übernahmen und Fusionen unter anderem die Änderung oder Verlängerung von Anstellungsverträgen mit Verwaltungsratmitgliedern, die insbesondere eine Erhöhung der Bezüge oder eine wesentliche Verbesserung der Anstellungsbedingungen enthalten, gesehen.[503]

Nicht unter den Punkt „Anteile schaffen, ausgeben oder erlauben, die ein Umtausch- oder Bezugsrecht für Anteile gewähren“ fällt nach Auffassung des Ausschusses für Übernahmen und Fusionen bereits bestehende Anteilsoptionsprogramme, die der üblichen Praxis der Zielgesellschaft entsprechen.[504]

Als Ausnahme kann die Zustimmung der Hauptversammlung auch durch den Ausschuss für Übernahmen und Fusionen ersetzt werden. Für das Erwirken einer solchen Ausnahme hat sich die *company* mit dem Ausschuss in Verbindung zu setzen.

---

502 Notes on Rule 21.1 City Code, Nr. 2.

503 vgl. Button, Practitioner's Guide To The City Code, S. 192; Notes on Rule 21.1 City Code, Nr. 6.

504 vgl. Button, Practitioner's Guide To The City Code, S. 192; Notes on Rule 21.1 City Code, Nr. 7.

## XI. Delisting

Letztendlich erfordert das Delisting einer an der *Official List* gehandelten *company* nach Chapter 5 der Listing Rules der Zustimmung der Anteilseigner, deren Anteile dort gehandelt werden.

Nach Para. 5.2.5 (2) Listing Rules bedarf das Delisting eines Beschlusses mit einer Mehrheit von 75% der Anteilseigener, deren Anteile an der Börse gehandelt werden. Der Beschluss ist nach Chapter 5.2.5 (2) Listing Rules vor dem Antrag auf Delisting bei der FSA einzuholen.

Zuvor sind nach Para. 5.2.5 (1) Listing Rules die Anteilseigner in einer Bekanntmachung (*circular*) über die Details des Delistings zu informieren. Darüber hinaus ist die Bekanntmachung, nachdem die Anteilseigner informiert sind, über ein RIS zu veröffentlichen. Genauso ist ein RIS über den Beschluss der Zustimmung zum Delisting zu informieren.

Eine Zustimmung der Anteilseigner zum Delisting bedarf es allerdings nach Para. 5.2.6 Listing Rules nicht, wenn die Anteile weiterhin an einem geregelten Markt (*regulated market*) in einem Staat des Europäischen Wirtschaftsraumes gehandelt werden, nachdem sie an von der *Official List* genommen wurden.

Darüber hinaus bedarf es nach Para. 5.2.7 Listing Rules keiner vorherigen Zustimmung der Hauptversammlung der Anteileseigner, deren Anteile von der Börse genommen werden sollen, wenn

- die finanzielle Situation des Emittenten oder der Gruppe des Emittenten, welche die Anteile herausgegeben hat, so bedrohlich ist, dass es ohne entsprechende Gegenmaßnahmen sehr wahrscheinlich (*no reasonable prospect*) erscheint, dass der Emittent Insolvenz anmelden wird und
- es bereits einen Vorschlag für eine Transaktion (*transaction*), Planverfahren (*arrangement*) oder andere Form der Reorganisation (*other form of re-*

*construction*) des Emittenten oder der Gruppe des Emittenten gibt, die notwendig ist, um das Überleben des Emittenten oder der Gruppe des Emittenten zu sichern und eine Fortführung der Börsenzulassung diesen Plan gefährden würde und

- der Emittent gegenüber der FSA erklärt, warum ein Börsenrückzug das Beste für diejenigen ist, gegenüber denen der Emittent oder seine Direktoren verantwortlich sind und warum eine Zustimmung der Anteilseigner nicht vor dem Delisting eingeholt werden sollte.

Als weitere Ausnahme bedarf es nach Para. 5.2.10 Listing Rules keiner Zustimmung der Hauptversammlung zum Delisting sowie keiner Bekanntmachung an die Anteilseigner, wenn

- bei einem Übernahmeangebot der Bieter durch seine Anteilseigner und Annahme des Angebots 75% der Stimmrechte des Emittenten erlangt hat und
- der Bieter in den Angebotsunterlagen oder einer darauf folgenden Benachrichtigung an die Anteilseigner erklärt hat, dass er nach einer Zeitspanne von 20 Geschäftstagen, nachdem er die erforderlichen 75% der Stimmrechte erlangt hat, das Delisting einleiten wird.

## D. Zusammenfassendes Ergebnis

Die Kompetenzverteilung in einer englischen *public company* wird weitestgehend dem Willen der Satzungsgeber und damit den Aktionären und der Hauptversammlung überlassen. Vorgeschrieben ist nach Sec. 282 (1) CA 1985 lediglich, dass eine *public company* zwei Direktoren haben muss.

Zur Regelung der Kompetenzverteilung wird den Satzungsgebern und damit den Aktionären eine Mustersatzung zur Verfügung gestellt, die sie abändern oder gänzlich ersetzen können. Nach Para. 70 dieser Mustersatzung haben die Direktoren und damit die Verwaltung die alleinige Geschäftsführungskompetenz, mithin grundsätzlich auch die Kompetenz für alle Strukturänderungen.

Wird kein eigener Satzungsentwurf bei Gründung der *public company* eingereicht und die Mustersatzung nicht modifiziert, so gelten nach Sec. 8 CA 1985 automatisch alle Bestimmungen der Mustersatzung. Bei der Kompetenzverteilung zwischen Verwaltung und Hauptversammlung wird in der Rechtswirklichkeit allerdings bei Publikumsgesellschaften, wie der *public company*, nur in den seltensten Fällen von den Vorgaben der Mustersatzung abgewichen.

Begrenzt wird die Geschäftsführungsbefugnis, auch hinsichtlich etwaiger Strukturänderungen, durch die Unternehmensgegenstandsklausel, die ein Pflichtbestandteil des *memorandum of association* darstellt und meist sehr ausführlich gestaltetet ist. An diese sind die Direktoren und damit die Verwaltung gebunden. Bei Überschreitung des Unternehmensgegenstands durch die Direktoren ist die vorgenommene Maßnahme gegenüber Dritten, unter Aufhebung der *Ultra-Vires*-Doktrin, grundsätzlich wirksam. Dies ist dann nicht der Fall, wenn der Dritte nicht gutgläubig war. Eine Gutgläubigkeit scheidet immer dann aus, wenn die Direktoren den Unternehmensgegenstand und damit ihre Vertretungsmacht überschreiten und der Dritte bei Vornahme positive Kenntnis besitzt oder sich ihm dies aufdränge musste.

Außerdem sind die Direktoren an Weisungen durch einen Beschluss der Hauptversammlung, einer sog. *special resolutions*, gebunden. Allerdings können diese Weisungen nur für die Zukunft binden und verpflichten nicht dazu ein bereits getätigtes Geschäft oder Maßnahme rückgängig zu machen, wenn die Verwaltung sich innerhalb ihrer, sich aus den *articles of association* und der Gegenstandsklausel des *memorandum of association* ergebenden, Befugnisse hielt.

Die Aktionäre und damit die Hauptversammlung ist somit bei der Gründung und später durch eine Satzungsänderung im Wesentlichen frei die Kompetenzverteilung und die Befugnisse der Verwaltung, auch hinsichtlich Strukturänderungen, selbst zu gestalten. Allerdings verbleiben der Hauptversammlung solche Zuständigkeiten, die ihr der CA 1985 zwingend zuweist. Darunter fallen als Strukturänderungen, die Satzungsänderung, d.h. die Änderung des *memorandum of association* und der *articles of association*, die Umwandlung eine *public* in eine *private company* sowie die Auflösung der *company*. Weiterhin zwingend in die Kompetenz der Hauptversammlung als Strukturänderung, fällt die Zustimmung über den Abschluss eines Liquidationsplans und eine damit häufig verbundene Übertragung des Vermögens der zu liquidierenden *public company* auf eine andere *company*.

Im Übrigen bedarf es einer Zustimmung der Hauptversammlung zum Abschluss eines Vergleichsplanverfahrens, dem sog. *Scheme of Arrangement*. Diese Rechtsfigur lässt sich für viele Strukturänderungen anwenden, die allerdings auch auf anderem Wege erreichbar wären. So kann durch ein *Scheme of Arrangement* die interne Kapitalstruktur reorganisiert sowie Anteil bei freundlichen Unternehmensübernahmen übertragen werden. Beides lässt sich allerdings heute auch ohne ein Vergleichsplanverfahren durchführen. Des Weiteren dient es zur Vermögensübertragung im Wege einer Verschmelzung (*merger* und *amalgamation*) sowie einer Auf- und Abspaltung (d*emerger* und d*ivision*). Alle drei zuletzt aufgeführten Strukturänderungen lassen sich allerdings ebenfalls ohne ein Vergleichsplanverfahren durchführen, indem das Vermögen der zu verschmelzenden oder zu teilenden Rechtsträger auf einen Dritten Rechtsträger übertragen und die oder der verbleibende Rechtsträger aufgelöst würde. Dann allerdings bedürfte der Auflösungsbeschluss einer Hauptversammlungszustimmung. Des Weiteren dürfte eine Übertragung des gesamten Vermögens gegen die Gegenstandsklausel der *company* verstoßen, da von da an der Ausführung des geschäftsmäßige Gegenstands durch die *company* unmöglich sein dürfte. Neben der Zustimmung der Hauptversammlung ist bei dem Vergleichsplanverfahren die Genehmigung des Plans durch das für diese Verfahren zuständige Gericht notwendig, welches das ganze Verfahren auch steuert und überwacht.

Vermögensübertragungen im Übrigen, sofern durch die Gegenstandsklausel sowie durch die Geschäftsführungsbefugnis gedeckt, obliegen grundsätzlich ohne Einschränkungen der Verwaltung. Darunter fällt auch der Kauf oder der

Verkauf von Beteiligungen an anderen Gesellschaften, die Abgabe eines Übernahmeangebots, die Börseneinführung der Gesellschaft sowie das Delisting.

Eingeschränkt wird die Verwaltung einer *public company* allerdings bei Vorliegen eines Übernahmeangebots. So bedarf die Vornahme gewisser Strukturänderungen bei Vorliegen eines Übernahmeangebots oder bei Kenntnis eines unmittelbar bevorstehenden Übernahmeangebots nach Rule 21 des City Codes der zwingenden Zustimmung der Hauptversammlung. Unter diese Strukturänderungen fallen vor allem der Verkauf oder das Verteilen von Gesellschafsvermögen im erheblichen Umfang. Überwacht und sanktioniert werden Verstöße gegen den City Code durch den Ausschuss für Übernahme und Fusionen (Panel on Takeovers and Mergers), was bis zur Suspendierung der Anteile von der Börse und zum Verlust der Börsenzulassen führen kann. Zivilrechtlich Folgen hat ein Verstoß allerdings nicht.

Noch weiter eingeschränkt wird die Kompetenz der Verwaltung bei börsennotierten *public companies*. So schreibt Chapter 10 der Listing Rules je nach Größe der von der Verwaltung geplanten Transaktion eine zwingende Zustimmung der Hauptversammlung vor. Unter eine Transaktion fällt nach Chapter 10 der Listing Rules jeglicher Verkauf, Kauf und die Abgabe von Unternehmen, Unternehmensteilen und Vermögen, sei es im Wege der Einzelrechtsnachfolge oder durch Anteilesübernahmen bzw. -abgaben. Orientiert wird sich dabei am Vergleich von Kennzahlen zwischen dem übernommenen bzw. abgegebenen Unternehmen bzw. Vermögen und der börsennotierten *company*.

Zudem unterliegen nach Chapter 11 Listing Rules auch Transaktionen und Vereinbarungen der börsennotierten *public company* mit Direktoren sowie ihren Angehörigen (*associate*) und wesentlichen Anteilseignern einem Zustimmungsvorbehalt der Hauptversammlung. Als Besonderheit dürfen bei dem Zustimmungsbeschluss die von der Transaktion betroffenen Direktoren und Anteilseigener ihre Stimmrechte nicht ausüben.

Ein Verstoß gegen die Regelungen der Listing Rules hat, wie der Verstoß gegen den City Code, keine grundsätzliche Unwirksamkeit der Maßnahme zur Folge. Allerdings kann die FSA entsprechende Maßnahmen gegen die *public company* erlassen, was im äußersten Fall zum Entzug der Börsenzulassung führen kann.

Weiterhin bedarf das Delisting der Zustimmung von 75% der Hauptversammlung der Anteilseigner, deren Anteile an der *Official List* gehandelt werden. Davon gibt es nur zwei Ausnahmen. Zum einen bedarf es keiner Zustimmung, wenn die Gesellschaft, die die Anteile ausgegeben hat, kurz vor der Insolvenz steht und eine weitere Börsennotierung dem Plan zur Rettung der Gesellschaft entgegenstehen würde. Zum anderen ist eine Zustimmung der Hauptversammlung bei einem erfolgreichen Übernahmeangebot entbehrlich, wenn der Bieter das Delisting der zu übernehmenden Gesellschaft zuvor in den Angebotsunterlagen angekündigt hat.

Neben den Transaktionen die unter die Listing Rules fallen, bedarf generell jede Transaktion mit Direktoren aller *companies* schon nach Sec. 320 CA 1985 der vorherigen Zustimmung der Hauptversammlung, sobald sie ein bestimmtes Großenvolumen erreichen. Darunter können als Strukturänderungen somit alle Verkäufe oder Käufe von Anteilen oder Vermögen der *company* fallen, die von nicht unbedeutender Größe sind.

Letztendlich unterliegt gem. Sec. 312 CA 1985 eine mit dem Ausscheiden eines Direktors verbundene Kompensation der Zustimmung der Hauptversammlung, wenn das Ausscheiden des Direktors in Verbindung mit Übertragung der *company* oder von Teilen der *company* oder dessen Vermögen, mithin einer Strukturmaßnahme, steht.

Charakteristisch für das Recht der Kompetenzverteilung bei einer public *company* ist somit ein „hands of approach“[505] des Gesetzgebers in der Frage

---

[505] Gower/Davies, Principles, S. 39.

der Binnenorganisation. Dabei wird den Aktionären eine möglichst große Freiheit gewährt, die Zuständigkeiten, auch für Strukturänderungen, zwischen den einzelnen Gesellschafsorganen nach ihren eigenen Vorstellungen zu verteilen. Allerdings zeichnen sich in der Rechtspraxis ein immer weiterer Kompetenzzuwachs der Verwaltung und ein schleichender Machtverlust der Hauptersammlung ab.[506] Nur bei Maßnahmen, die unmittelbar die Recht der Anteilseigener, die in den *articles of association* oder dem *memorandum of association* verbrieft sind, eingreifen, gibt es nach dem CA 1985 für Strukturänderungen eine zwingende Zuständigkeit. Darüber hinaus gibt es für Gefährdungen aufgrund besonderer Situationen, wie dem großen Streubesitz an der Börse, Regelungen sowie eine Überwachung dieser durch Aufsichtsbehörden, die ein Mindestmaß an Schutz gewähren.

[506] Gower/Davies, Principles, S. 39f.

# Teil 4. Vergleich

## A. Europäische Harmonisierung

Wie in vielen Bereichen des Privatrechts ist auch das Gesellschaftsrecht in den letzten Jahrzehnten durch das europäische Recht, vor allem in Gestalt von EU-Richtlinien, geprägt und harmonisiert worden.[507] Daraus folgten auch hinsichtlich der hier untersuchten Kompetenzverteilung bei Strukturänderungen wesentliche Rechtsangleichungen. Aus diesem Grund ist dem Vergleich eine kurze Einführung in die europäische Anpassung des Gesellschaftsrechts vorangestellt.

Relevant für die Harmonisierung des Rechts der vorliegenden Untersuchung sind die Erste (Publizitäts-)Richtlinie,[508] die Zweite gesellschaftsrechtliche (Kapitalschutz-)Richtlinie,[509] die Dritte gesellschaftsrechtliche (Verschmelzungs-) Richtlinie[510] sowie die Sechste (Spaltungs-)Richtlinie.[511]

Die Erste(Publizitäts-)Richtlinie führte unter anderem zu einem Abschied von der *ultra virus*-Lehre in England und damit zu einer Anpassung der Vorschriften des Company Acts hinsichtlich der Wirksamkeit von Geschäften der *company* gegenüber außenstehenden Dritten.[512] In der Zweiten gesellschaftsrechtlichen (Kapitalschutz-)Richtlinie, die nur für Aktiengesellschaften gilt, wurden, neben der Regelung offener Fragen bei der Gründung und des Satzungsinhalts (Art. 2, 3), auch ein Garantiekapital (Art. 6ff) eingeführt. Als Folge dieser Richtlinie gibt es nunmehr auch in England eine Mindestkapitalausstattung für *public companies* in Höhe von £ 50.000, von denen ein Viertel

---

507 s. dazu Überblick bei Hopt, ZIP 1998, S. 96ff.

508 Nr. 68/151/EWG v. 9.3.1968, ABl EG Nr. L 65 v. 14.3.1968, S. 8ff.

509 Nr. 77/91/EWG v. 13.12.1976, ABl EG Nr. L 26 v. 31.1.1977, S. 1ff.

510 Nr. 78/855/EWG v. 9.10.1978, ABl EG Nr. L 295 v. 20.10.1978, S. 36.

511 Nr. 82/891/EWG v. 17.12.1982, ABl EG Nr. L 378 v. 31.12.1992, S. 47.

512 s.o. S. 96ff.

des Nennbetrags samt Agio sofort eingezahlt werden müssen. Des Weiteren wurde durch diese Richtlinie in England zwingend das Bezugrecht für Altaktionäre bei Kapitalerhöhungen eingeführt.

Die Dritte gesellschaftsrechtliche (Verschmelzungs-)Richtlinie und die Sechste (Spaltungs-)Richtlinie koordinierten die nationalen Verschmelzungs- und Spaltungsvorschriften von Aktiengesellschaften.

Durch beide Richtlinien wurden bei der Verschmelzung oder Spaltung einer Aktiengesellschaft zusätzliche formelle Voraussetzungen, wie bspw. notwendige Informationen und Berichte an die Anteilseigner, eingefügt. In England kam es deshalb zu einer weiten Ergänzung der Vorschriften für ein *Scheme of Arrangement*[513] und in Deutschland zu einer Neuregelung dieser bisher unvollständig geregelten Komplexe im neuen Umwandlungsgesetz von 1995.[514]

Nicht verwirklicht wurde bisher – und wird es wohl auch aller Voraussicht nach bleiben – die die Aktiengesellschaft erfassende Fünfte (Struktur) Richtlinie.[515] Diese Richtlinie wollte die Organstruktur der Aktiengesellschaft regeln und hatte ursprünglich nach deutschem und niederländischem Vorbild die Einführung eines dualistischen Systems von Vorstand und Aufsichtsrat vorgesehen. Im letzten Vorschlag wurde dieses allerdings zu einem Wahlrecht zwischen monistischem und dualistischem System geändert, wie es jetzt auch die Europäische Aktiengesellschaft gestattet. Grund für das Scheitern ist

---

[513] s. dazu o. S. 129ff.

[514] s. dazu im Einzelnen, Neye, ZIP 1994, S. 165ff.

[515] Vorschlag einer fünften Richtlinie zur Koordinierung der Schutzbestimmungen hinsichtlich der Struktur der Aktiengesellschaft sowie der Befugnisse und Verpflichtungen ihrer Organe vom 9.10.1972, ABl EG Nr. C 131 v. 13.12.1972, S. 49; Geänderter Vorschlag einer fünften Richtlinie des Rates über die Struktur der Aktiengesellschaft sowie die Befugnisse und Verpflichtungen ihrer Organe vom 19.8.1983, ABl EG Nr. C 240 v. 9.9.1983, S. 2; Zweiter Geänderter Vorschlag einer fünften Richtlinie des Rates über die Struktur der Aktiengesellschaft sowie die Befugnisse und Verpflichtungen ihrer Organe vom 13.12.1990, ABl EG Nr. C 7 v. 11.1.1991, S. 4; Dritter Geänderter Vorschlag einer fünften Richtlinie des Rates über die Struktur der Aktiengesellschaft sowie die Befugnisse und Verpflichtungen ihrer Organe vom 20.11.1991, ABl EG Nr. 3 321 v. 12.12.1991; zu den Einzelheiten s. Lutter, Europäisches Unternehmensrecht, S 171ff.

unter anderem der Streit zwischen Großbritannien und Deutschland um das Ob und Wie der unternehmerischen Mitbestimmung.[516]

Weiterhin nicht verabschiedet ist der Vorschlag einer Neunten (Konzern-) Richtlinie[517] durch die ein, wie im Augenblick nur in Deutschland und Portugal bestehendes, kodifiziertes Konzernrecht in den Staaten der EU eingeführt werden sollte. Bislang scheiterte dieser Vorschlag daran, dass die meisten EU-Staaten ein Übernahmerecht aufweisen, welches Regeln zum Konzern vor und bei dessen Begründung aufweist, weshalb diese Staaten einer Kodifizierung eines Konzernrechts für bestehende Konzerne kritisch gegenüberstehen.

Letztendlich wurde die zunächst an einem massiven Widerstand Deutschlands gescheiterte[518] Dreizehnte (Übernahme-)Richtlinie[519] doch im März 2004 verabschiedet.[520] Die bedeutendste Änderung, welche die Richtlinie gegenüber dem Richtlinienvorschlag 2002 erfahren hat, ist die Einführung eines Optionsmodells. Dieses ermöglicht es den Mitgliedstaaten, ihre Gesellschaften von der Anwendung des Verbots zur Ergreifung von Verteidigungsmaßnahmen und des Verbots der Wirksamkeitsdurchbrechung von den Bietern beeinträchtigenden Übernahmehindernissen zu befreien.[521] Die Richtlinie ist nach Art. 20 Abs. 1 von den Mitgliedstaaten innerhalb von zwei Jahren nach deren In-Kraft-Treten bis zum 30.4.2006 in nationales Recht umzusetzen. Es bleibt abzuwarten, wie die jeweiligen Mitgliedstaaten die Richtlinie umsetzen werden und ob sie von dem Optionsmodell bei der Umsetzung Gebrauch machen werden.[522]

---

516 s. zu den Einzelheiten und den Stand der Diskussion, Hopt, ZIP 1998, S. 96, 97f, 101ff.

517 Text abgedruckt in ZGR 1985, S. 446ff.

518 zum Scheitern und den Gründen dafür: Hirte, in: KölnerKomm/WpÜG, Einl. Rn. 60ff, 65f; Winter/Harbarth, ZIP 2002, S. 1, 2f; Hopt, FS Lutter, S. 1361, 1363ff.

519 Nr. 2003/C 45 E/01 v. 2.10.2002, ABl EG Nr. C 45 E/1 v. 25.2.2003.

520 Nr. 2004/25/EG v. 21.4.2004, ABl EG Nr. L 142 v. 30.4.2004, S. 12-23.

521 s. Einzelheiten dazu unten S. 206ff.

522 allgemein zur weiteren Entwicklung des europäischen Gesellschaftsrechts s. Hopt, ZIP 2005, S. 461ff.

## B. Grundsätze der Kompetenzverteilung

Grundsätzlich unterscheiden sich die beiden untersuchten Rechtsordnungen zunächst in der Gestaltungsfreiheit der Satzung und damit auch hinsichtlich der Gestaltungsfreiheit der Kompetenzverteilung bei Strukturänderungen. Während den Satzungsgebern einer deutschen Aktiengesellschaft durch § 23 Abs. 5 AktG enge inhaltliche Grenzen zur Einfußnahme auf die Ausgestaltung der Satzung gesetzt werden, sind die Satzungsgeber einer englischen *public company* hinsichtlich der Gestaltungsmöglichkeiten der Satzung grundsätzlich frei.

In Deutschland kann nach § 23 Abs. 5 AktG die Satzung von den Vorschriften des Aktiengesetztes nur abweichen, wenn es ausdrücklich zugelassen ist. Ergänzende Bestimmungen der Satzung sind zulässig, es sei denn, dass Aktiengesetz enthält eine abschließende Regelung.

Aus diesem Grund ist die Kompetenzverteilung zwischen Vorstand und Hauptversammlung zwingend ausgestaltet. Dem Vorstand obliegt gem. §§ 76 Abs. 1, 77 Abs. 1 AktG die Leitungs- und Geschäftsführungsbefugnis der Gesellschaft. Damit ist dem Vorstand auch die grundsätzliche Kompetenz zur Durchführung von Strukturänderungen zugewiesen, es sei denn die Hauptversammlung ist nach dem Aktiengesetz oder sonstigen Gesetzen dazu ausdrücklich berufen.

Im Gegensatz zum Aktiengesetz enthält der CA 1985 keine derartige weitgehende Beschränkung der Satzungsgestaltung. Er gibt eine Mustersatzung, den sog. *Table A* vor, die grundsätzlich nach Belieben der Satzungsgeber abgeändert oder sogar ganz ersetzt werden kann. Einzig und allein von den zwingenden Vorschriften des CA 1985 kann in der Satzung nicht abgewichen werden. Wird keine eigene Satzung entworfen oder nicht von den Vorschriften der Mustersatzung abgewichen, wird die Mustersatzung automatisch adoptiert.

Nach Para. 70 der Mustersatzung obliegt in England ebenfalls dem Verwaltungsrat die Leitungs- und Geschäftsführungsbefugnis, es sei denn, dass der

CA 1985, die *articles of association* oder eine *special resolution* etwas anderes besagen. Die Leitungs- und Geschäftsführungsbefugnis des Verwaltungsrates und damit auch die Befugnis zur Vornahme von Strukturänderungen kann somit beliebig in den *articles of association* oder mittels einer *special resolution* durch die Hauptversammlung eingeschränkt werden. Darüber hinaus bestimmt der CA 1985, dass bestimmte Strukturänderungen der Hauptversammlung obliegen.

In England kann somit grundsätzlich alles, bis hin zur Organisationsstruktur, durch die Satzungsgeber in den *articles of association* und im *memorandum of association* selbst festgelegt werden. Dabei gibt es nur geringfügige zwingende Vorgaben, wie z.B. die Notwendigkeit von mindestens zwei Direktoren bei einer *public company* oder dem Aufbau einer börsennotierten *public company* nach den Regeln des Combined Code.[523] Es wird somit im Gegensatz zum deutschen Aktienrecht ein Höchstmaß an Flexibilität erreicht, wobei ein Mindestschutz durch Mindestvorgaben und eine Mustersatzung erreicht wird. Zur Begründung der Satzungsstrenge in Deutschland und damit der zwingenden Kompetenzverteilung im Aktiengesetz, verweist die herrschende Lehre auf den Schutz der Kapitalanleger und Gläubiger, die Funktionsfähigkeit der Kapitalmärkte[524] sowie die Handelbarkeit der Ware Aktie durch Standardisierung der gehandelten Gesellschaften.[525] Zwingendes Aktienrecht soll weiterhin alle gegenwärtigen und zukünftigen Aktionäre vor unliebsamen Überraschungen schützen und damit eine sozialschützende Funktion wahrnehmen.[526] Die Begründung des Regierungsentwurfs ist dagegen hinsichtlich des eigentlichen Zwecks wenig ergiebig. Dort findet sich zu § 23 Abs. 5 AktG (seinerzeit § 23 Abs. 4 AktG) lediglich:

> „Der neue Absatz 4 entspricht der herrschenden Lehre. Da aber demgegenüber die Rechtsprechung zur Frage der Zulässigkeit abweichender Sat-

---

[523] s. dazu S. 102ff.

[524] vgl. Hüffer, AktG, § 23, Rn. 34.

[525] vgl. Assmann, ZBB 1989, S. 49, 59ff, 62; ders., in: Großkomm/AktG, Einl., Rn. 386ff; Mertens ZGR 1994, 426, 428; Mülbert, Aktiengesellschaft, S. 5, 111.

[526] vgl. Eckardt, in: Geßler/Hefermehl/Eckhardt/Kropff, AktG, § 23, Rn. 106.

zungsbestimmungen kein einheitliches Bild ergibt und es sich in beiden Fragen, der Zulässigkeit abweichender und der Zulässigkeit ergänzender Satzungsbestimmungen, um das gesellschafsrechtlich sehr wichtige Verhältnis von Gesetz und Satzung handelt, erscheint eine ausdrückliche Klarstellung angebracht."[527]

Diese Einschätzung lässt sich unter Berücksichtigung der der Aktienrechtsreform von 1965 voran gegangenen Diskussion in Rechtsprechung und Literatur allerdings durchaus bezweifeln.[528]

Nicht desto trotz ist aber festhalten, dass der Gesetzgeber bei der Organisation der Aktiengesellschaft durch die Satzungsstrenge ordnungspolitisch selbst die Verantwortung für das gute Funktionieren des Unternehmensträgers übernimmt.[529] Das Aktienrecht erreicht somit ein Höchstmaß an „Rechtspaternalismus".[530]

Aus der starken Einschränkung der Gestaltungsfreiheit des Aktiengesetzes in Deutschland ergibt sich das Problem, wie weit der Unternehmensgegenstand und damit die Kompetenz des Vorstands zur Geschäftsführung eingeschränkte werden darf, ohne dass es zu einem Konflikt mit dem in § 76 Abs. 1 AktG statuierten Gebot eigenverantwortlicher Leitung der Gesellschaft durch den Vorstand kommt. Damit korrespondiert wiederum die Frage, inwieweit der Vorstand bei der Vornahme von Strukturänderungen allein ohne Befragung der Hauptversammlung entscheiden kann. Bejaht man die Zulässigkeit einer engen Fassung des Unternehmensgegenstandes könnte die Leitungs- und Geschäftsführungsbefugnis des Vorstands in größerem Umfang bei Strukturänderungen von der Hauptversammlung abhängig ausgestaltet werden.[531] Eine

---

[527] bei Kropff, Aktiengesetz, S. 44.

[528] vgl. Nachweise der Diskussion bei Geßler, FS Luther, S. 69, 70f; s. auch Hirte, Die aktienrechtliche Satzungsstrenge, S. 61, 63, 84ff.

[529] vgl. Hommelhoff, Jetzt die „Kleine" und dann noch eine „AnlegerAG", S. 65, 70.

[530] Wiedemann, Erfahrungen mit der Gestaltungsfreiheit, S. 5, 10.

[531] dies befürwortend, Wiedemann, in: Großkomm/AktG, § 179, Rn. 67.

andere Auffassung dagegen betont den Vorrang des § 76 Abs. 1 AktG und damit der eigenverantwortlichen Leitung des Vorstands, der eine enge Festlegung des Unternehmensgegenstands verbiete.[532]

Dagegen begründet sich der englische Ansatz damit, dass es die Anteilseigner als die eigentliche Quelle der Kompetenzverteilung in einer *company* ansieht. Die Direktoren erhalten ihre Kompetenz durch eine direkte Delegation von den Anteilseignern, währenddessen der Vorstand in Deutschland seine Kompetenz durch einen vorgegebenen legislativen Akt erhält.[533] Der englische Ansatz geht damit vom Vertragsgedanken aus. Dabei stellen die *articles of association* den Vertrag zwischen der *company* und ihren Anteilseigner dar. Dies kommt in Sec. 14 CA 1985 zum Ausdruck wonach:

> „Subject to the provisions of this Act the memorandum and articles shall, when registered, bind the company and its members to the same extent as if they respectively had been signed and sealed by each member, and contained covenants on the part of each member to observe all the provisions of the memorandum and of the articles.“

*Memorandum* und *articles* binden die company und die Anteilseiger somit genauso, als wäre eine solche Vereinbarung zwischen jedem Anteilseigner selbst geschlossen worden.

Vergleicht man die grundsätzlichen Ansätze der Kompetenzverteilung zwischen Verwaltung und Hauptversammlung, d.h. den „hands of approach“[534] im englischem Recht gegenüber dem starren Korsett des deutschen Gesellschaftsrechts, erscheint eine flexiblere Handhabung der Satzungsgestaltung und damit Kompetenzverteilung, wie im englischen Recht, vorzugswürdiger.

---

532 vgl. Beuthien ZIP 1993, S. 1589, 1590; Mertens, NJW 1970, S. 1718, 1720; ders., in: KölnerKomm/AktG, § 76, Rn. 40ff; ders., ZGR 1994, S. 426, 440; i.E. wohl auch Gessler, FS Luther, S. 69, 79f; Hommelhoff, Jetzt die „Kleine und die „AnlegerAG“, S. 65, 76.

533 vgl. Gower/Davis, Principles, S. 55.

534 Gower/Davies, Principles, S. 39.

So erweisen sich im Ergebnis einige der Begründungen für eine Satzungsstrenge im deutschen Aktienrecht als nicht haltbar oder könnten auch anderweitig erreicht werden. Des Weiteren würde eine höhere Gestaltungsfreiheit der Satzung Möglichkeiten bieten, Schwierigkeiten bei der Kompetenzabgrenzung in Deutschland im Ansatz zu vermeiden.[535] Zudem wäre ein höheres Maß an Flexibilität wünschenswert, da die zwingende Ausgestaltung der Kompetenzverteilung in der deutschen Aktiengesellschaft nach dem Aktiengesetz nicht unbedingt für jede Art der Unternehmung ausreichend zugeschnitten ist.[536]

Zunächst ist die Begründung der Legitimation der Satzungsstrenge nach § 23 Abs. 5 AktG für die Funktionsfähigkeit des Kapitalmarkts nicht haltbar. Ein Fehlen des zwingenden Charakters des Aktienrechts führt nicht notwendigerweise zu einem Marktversagen des Kapitalmarktes. Aus empirischen Studien ist zu erkennen, dass ein funktionierender Kapitalmarkt eine bessere Satzungsgestaltung erzwingt oder zumindest prämiert.[537] Des Weiteren verfügt England, auch ohne eine Satzungsstrenge wie in Deutschland, über einen funktionierenden Kapitalmarkt. Allerdings ist eine gewisser Mindestschutzes erforderlich, da ein marktmäßiger Kontrollmechanismus einen vollkommenen, zumindest aber einen funktionierenden Kapitalmarkt voraussetzt.[538] Dies ist aber nicht oder nicht immer der Fall. Ein erheblicher Teil der aktienrechtlichen Normen ist vielmehr eine Reaktion auf ein konkretes Marktversagen.[539] Deshalb darf das Aktienrecht keinesfalls zur vollständigen Disposition des Satzungsgebers gestellt werden. Allerdings ist von Norm zu Norm zu entscheiden, ob die Regelung zur Disposition des Satzungsgebers gestellt werden kann und nicht von einer generell zwingenden Regelung bei allen Normen auszugehen. Für die Möglichkeit einer solchen Vorgehensweise finden sich auch Anhaltspunkte im flexiblen englischen Aktienrecht. So bestimmt

---

535 s. dazu weiter unten S. 174f.

536 so auch Fleischer, FS Heldrich, S. 597, 613.

537 vlg. Hirte, Die aktienrechtliche Satzungsstrenge, S. 61, 76 mit Beispielen.

538 vgl. Procaccia, ZGR 1990, S. 169, 191; Hirte, Die aktienrechtliche Satzungsstrenge, S. 61, 76.

539 vgl. Assmann, in: Großkomm/AktG, Einl., Rn. 286.

sich die Organisationsstruktur, trotz einer hohen grundsätzlichen Gestaltungsfreiheit, für börsennotierte *public companies* zwingend nach dem Combined Code, da es bei solchen Gesellschaften aufgrund mangelnder Kontrolle des Verwaltungsrates zu Schwierigkeiten gekommen war.[540] Ebenfalls als Mindestschutz ist erforderlich, dass bestimmte Zuständigkeiten zwingend bei der Hauptversammlung verbleiben. Trotz des Erfordernisses eines Mindestschutzes bleibt somit festzuhalten, dass eine grundsätzliche Satzungsstrenge nach § 23 Abs. 5 AktG für die Funktionsfähigkeit des Kapitalmarkts nicht erforderlich ist. Vielmehr genügt es einen bestimmten Mindestschutz im Aktiengesetz festzuschreiben, der bei der Satzungsgestaltung zu beachten ist.

Neben einer Legitimation der Satzungsstrenge für eine Funktionsfähigkeit des Kapitalmarkts, erweist sich auch das Argument, nach dem eine gesetzliche Standardisierung der gehandelten Gesellschaften erforderlich ist, als nicht zwingend. Zwar ist zuzugestehen, dass ein gewisses Maß an Standardisierung auf einem organisierten Kapitalmarkt erforderlich ist, um einen Börsen- oder Marktpreis festlegen zu können. Dies bedeutet aber nur, dass die Vertragsangebote eines Emittenten an eine Vielzahl von Anlegern gleich sein müssen, nicht aber dass die Vertragsangebote andere Emittenten ebenfalls diesem Standard entsprechen müssten. So werden an der Börse auch ausländische Aktien gehandelt und an deutsche Anleger verkauft. Darüber hinaus steigt die Entwicklung neuer Finanzmarktprodukte in den letzten Jahren mit zunehmender Geschwindigkeit.[541] Neben Aktien wird eine Vielzahl weitere Finanzmarktprodukte gehandelt, die keiner genauen gesetzlichen Regelung unterliegen, wie z.B. Anleihen oder Derivate. Die hierzu notwendige Standardisierung wird allerdings nach den Anforderungen des Marktes für die Vermarktungsfähigkeit und letztendlich über eine der Marktgängigkeit entsprechende Preisfindung und nicht durch eine gesetzgeberische Reglementierung vorgenommen.[542] Im Übrigen steht es den Anlegern frei, sich zur Herstellung

---

540 s.o. S. 102ff.

541 vgl. Hey, Freie Gestaltung in Gesellschaftsverträgen, S. 173.

542 vgl. Hirte, Die aktienrechtliche Satzungsstrenge, S. 61, 80; Hey, Freie Gestaltung in Gesellschaftsverträgen, S. 173.

einer Vergleichbarkeit unabhängigen Beratern zu bedienen, wie z.B. Ratingagenturen. Somit ist die Legitimation einer umfassenden Satzungsstrenge auch nicht mit Erfordernis einer Standarisierung zu begründen.

Letztendlich ließe sich die einzige nachhaltige Begründung der Satzungsstrenge, der Schutz der Kapitalanleger und damit der Anteilseigener, nicht notwendigerweise nur durch eine weitgehend zwingende Ausgestaltung des Aktienrechts bewerkstelligen. Zwar ermöglicht die zwingende Ausgestaltung dem Aktionär ein gewisses Maß an Transparenz und eine gewisse Vorhersehbarkeit bei der Entscheidung über die Beteiligung an der Aktiengesellschaft. So kennt er dadurch seine Mindestrechte und die organisatorische Ausgestaltung und Entscheidungsabläufe. Allerdings ließe sich eine solche Transparenz ebenfalls herstellen, wenn nur bestimmte Beteiligungsrechte und Ausgestaltungen der Aktiengesellschaft zwingend vorgeschrieben wären. Diesem Ansatz folgt auch das englische Gesellschaftsrecht, indem es zwingende Beteiligungsrechte der Hauptversammlung und somit des Aktionärs im CA 1985 festschreibt und ansonsten zur genauen Ausgestaltung der Satzung und damit auch der Kompetenzverteilung schweigt. Somit lässt sich die Satzungsstrenge des deutschen Aktienrechts auch nicht mit dem Argument des Anleger- oder Aktionärsschutzes begründen, da diesem auch durch eine differenzierte Ausgestaltung in Mindestrechte einerseits und einer ansonsten dispositiven Ausgestaltung der Satzung andererseits genüge getan wäre.

Zusammenfassend ergibt sich somit, dass die besseren Argumente für eine flexiblere Satzungsgestaltungsmöglichkeit und damit Kompetenzverteilung zwischen Hauptversammlung und Vorstand sprechen, sofern ein gewisser Mindestschutz, insbesondere für die Anteilseigener, nicht unterschritten wird.[543] Ein solcher kann aber, anstatt durch eine grundsätzliche Satzungsstrenge ebenso durch das Festschreiben von einzelnen, zwingenden Normen,

---

[543] zu einer teleologischen Reduktion des § 23 Abs. 5 AktG als Lösung s. Hirte, Die aktienrechtliche Satzungsstrenge, 61, 82ff; Hey, Freie Gestaltung in Gesellschaftsverträgen, S. 181ff; zur restriktiven Auslegung s. Hopt, Gestaltungsfreiheit, S. 123, 145.

wie z.B. einer Zustimmungspflicht für bestimmte, die Anteilseigner konkret in ihren Rechten betreffenden Maßnahmen, erreicht werden.

Folgt man der obigen Argumentation und ließe eine neue Auslegung von § 23 Abs. 5 AktG zu, könnten Regelungen des Aktiengesetzes durch die Satzung abgeändert werden, solange gewisse Mindestschutzstandards gewahrt blieben. Zumindest wird man aber nach obigen Ausführungen eine größere Flexibilität bei der Gestaltung des Unternehmensgegenstandes einer Aktiengesellschaft zugestehen müssen. So muss auch eine enge Fassung desselbigen möglich sein, wonach die Leitungs- und Geschäftsführungsmacht des Vorstands durch eine sehr genaue und enge Ausgestaltung des Unternehmensgegenstandes eingeschränkt werden kann.[544] Dies würde es ermöglichen die Probleme der Kompetenzabgrenzungen bei Strukturänderungen, wie sie im deutschen Aktienrecht seit der „Holzmüller"-Entscheidung des Bundesgerichtshof bestehen, durch eine Satzungsgestaltung im Vorfeld zu regeln. So könnten bestimmte Strukturmaßnahmen wie der Beteiligungserwerb oder –verkauf sowie die Umstrukturierung durch Ausgliederungen in Tochtergesellschaften im Unternehmensgegenstand ausgeschlossen werden. Dadurch stände dem Vorstand diese Mittel zur Erreichung des Unternehmensziels der Gewinnmaximierung nicht zur Verfügung. Er wäre dann gezwungen, wollte er solche Maßnahmen trotzdem durchführen, die Hauptversammlung um eine Ausweitung seiner Kompetenz durch Änderung des Unternehmensgegenstandes oder um eine einmalige Zustimmung im Rahmen von § 119 Abs. 2 AktG zu ersuchen.

Bei der Gestaltung des Unternehmensgegenstandes besteht somit schon nach jetzigem Stand die Möglichkeit durch eine enge Fassung desselbigen eine klare Kompentenzabgrenzung zwischen Vorstand und Hauptversammlung bei Strukturänderung vorzunehmen.

---

[544] so auch Wiedemann, Großkomm/AktG, § 179, Rn. 67.

## C. Zustimmungserfordernisse der Hauptversammlung

In Bezug auf die oben dargestellte grundsätzliche Kompetenz der Verwaltung für Strukturänderungen gibt es in beiden Rechtsordnungen für bestimmte Strukturänderungen zwingende Zustimmungserfordernisse der Hauptversammlung.

### I. Änderung des Unternehmens

Die erste Gruppe der Zustimmungserfordernisse bilden dabei Strukturänderungen, die mit einer grundsätzlichen Änderung des Unternehmens einhergehen.

#### 1. Satzungsänderung

Im deutschen wie im englischen Recht bedarf zunächst die Satzungsänderung eines Beschlusses der Hauptversammlung. Dabei sind Bestimmungen der Satzung in beiden Rechtsordnungen ungültig, die der Hauptversammlung das Recht zur Änderung nehmen.

Der satzungsändernde Beschluss bedarf in Deutschland einer Mehrheit von mindestens drei Viertel des bei der Beschlussfassung vertretenen Grundkapitals, während in England drei Viertel der abgegebenen vertretenen Stimmrechte ausreichen. In beiden Rechtsordnungen sind Satzungsbestimmungen grundsätzlich abänderbar. Zudem können die für eine Satzungsänderung erforderlichen Mehrheiten bis zur Einstimmigkeit angehoben werden. In England erfolgt dies dadurch, dass die Bestimmung in das *memorandum of association* mit dem Zusatz der Unabänderlichkeit aufgenommen wird. Trotzdem ist auch dort eine Änderung mit Zustimmung aller Anteilseigner (*unanimous consent*) möglich.

Die zwingende Kompetenzzuweisung für Satzungsänderungen begründet man sowohl in Deutschland[545] als auch England[546] damit, dass die Hauptver-

---

[545] vgl. Wiedemann, in: Großkomm/AktG, § 179 Rn. 9.

sammlung jeder Zeit und nach eigenem Ermessen Zweck und Struktur ihrer Zusammenarbeit sowie andere Grundlagenfragen selbst neu bestimmen können soll.

### 2. Umwandlung

Ebenfalls hat die Hauptversammlung in beiden Rechtsordnungen die alleinige Kompetenz über die Umwandlung der Gesellschaft zu beschließen. Während es sich bei der Umwandlung im deutschen Recht um eine Rechtsformumwandlung handelt, bleibt die Rechtsform *company* im englischen Recht gewahrt, nur die Ausgestaltung ändert sich. Der Beschluss bedarf in Deutschland einer Mehrheit von drei Viertel des vertretenen Grundkapitals, in England einer Mehrheit von drei Viertel der abgegebenen, vertretenen Stimmrechte. Wird die Gesellschaft von einer Aktiengesellschaft in eine andere Gesellschaftsform umgewandelt, bei der alle Mitglieder voll haften, ist in beiden Ländern eine einstimmige Beschlussfassung nötig.

### 3. Auflösung

Neben der Satzungsänderung und Umwandlung, liegt die Kompetenz für die Auflösung der Gesellschaft in den Händen der Hauptversammlung. Der Auflösungsbeschluss bedarf in Deutschland einer Mehrheit von drei Viertel des bei der Beschlussfassung vertretenen Grundkapitals. Zudem muss dabei die Stimmmehrheit des gesamten Grundkapitals erreicht werden. In England reichen für eine Auflösung grundsätzlich drei Viertel der abgegebenen, beim Beschluss vertretenen Stimmrechte. Für den Fall, dass die Satzung die Auflösung nach einer Zeitspanne oder an den Eintritt einer Bedingung knüpft, muss in England im Gegensatz zu Deutschland noch ein Beschluss der Hauptversammlung zur Auflösung gefasst werden. Für einen Solchen reicht allerdings die einfache Mehrheit der bei der Beschlussfassung anwesenden abgegebenen Stimmrechte. Grund dafür dürfte sein, dass eine freiwillige Auflösung der Gesellschaft in England, sei es durch Hauptversammlungsbeschluss, Eintritt

---

[546] vgl. Gower/Davies, Principles, S. 295.

einer Bedingung oder Zeitablauf, nach Sec. 86 CA 1985 im Gegensatz zu Deutschland (§ 274 AktG) nicht mehr rückgängig gemacht werden kann.

## 4. Börseneinführung

Nach hier vertretener Auffassung bedarf die Entscheidung über eine Börseneinführung sowohl in Deutschland als auch in England grundsätzlich keiner Zustimmung der Hauptversammlung.[547]

In beiden Rechtsordnungen kann es allerdings zu einer Zustimmungspflicht in Verbindung mit der Börseneinführung kommen, wenn die neuen börsennotierten Anteile aus einer Kapitalerhöhung unter Bezugsrechtsausschluss der Altaktionäre stammen.

So bedarf in Deutschland nach § 186 Abs. 3 AktG ein Bezugsrechtsausschluss der Zustimmung der Hauptversammlung mit einer Mehrheit von drei Viertel des bei der Beschlussfassung vertretenen Grundkapitals. In England wurde eine solche Zustimmungspflicht erst aufgrund der Zweiten gesellschaftsrechtlichen (Kapitalschutz-)Richtlinie[548] in den CA 1985 eingeführt. Nach Sec. 80 CA 1985 bedarf der Verwaltungsrat nun ebenfalls für die Ausgabe neuer Aktien eines Beschlusses der Hauptversammlung. Alternativ genügt allerdings auch eine Ermächtigung in den *articles of association*. Für den Beschluss sowie die Abänderung der *articles of association* nach Sec. 80 (4) CA 1985 ist im Gegensatz zu Deutschland eine *ordinary resolution* und damit die einfache Mehrheit der abgegebenen Stimmen.

Dieser Unterschied beruht darauf, dass England den durch die Richtlinie eingeräumten Freiraum nach Art. 25, 29 Abs. 4, 40 Abs. 2 der Richtlinie hinsichtlich der Mehrheitserfordernisse bei einer Kapitalgesellschaft im Gegensatz zu Deutschland voll ausgenutzt hat.

---

[547] zu den anderen Auffassungen in Deutschland s.o. S. 75f.

[548] Nr. 77/91/EWG v. 13.12.1976, ABl EG Nr. L 26 v. 31.1.1977, S. 1ff.

### 5. Delisting

Im Gegensatz zur erstmaligen Börsennotierung unterscheiden sich die Zustimmungserfordernisse bei einem Delisting in Deutschland und England. Nach hier vertretener Auffassung bedarf es in Deutschland für die Entscheidung und den Antrag auf Aufhebung der Börsenzulassung keiner Zustimmung der Hauptversammlung.[549] Allerdings ist den Aktionären zum Schutz der Minderheit durch die Gesellschaft oder einen Großaktionär ein sog. Pflichtangebot zu unterbreiten. Dabei muss der Kaufpreis dem Börsenwert[550] der Aktie zum Zeitpunkt des Delisting-Beschlusses entsprechen. Des Weiteren gibt es kapitalmarktrechtliche Schutzvorschriften nach §§ 38 Abs. 4 S. 2, 52 Abs. 2 BörsG, wonach der Widerruf der Zulassung nicht dem Schutz der Anleger widersprechen darf. Die Ausformung dieses Anlegerschutzes ist allerdings den Börsenordnungen überlassen. Die Frankfurter Wertpapierbörse bspw. versucht einen solchen Schutz durch eine Fristenlösung zu wahren. Danach müssen zum Wirksamwerden des Widerrufs der Börsenzulassung sechs Monate nach dessen Veröffentlichung vergehen, in denen den Anlegern Zeit verbleiben soll, ihre betroffenen Wertpapiere über die Börse zu veräußern.

In England dagegen bedarf der Vorstand vor dem Antrag auf Aufhebung der Börsenzulassung zwingend der Zustimmung der Hauptversammlung. Der Zustimmungsbeschluss erfordert mindestens eine Dreiviertelmehrheit der bei der Beschlussfassung ausgeübten Stimmrechte. Von diesem Zustimmungsbeschluss kann dann abgesehen werden, wenn die finanzielle Situation der *company* so bedrohlich ist, dass es ohne entsprechende Gegenmaßnahmen sehr wahrscheinlich ist, dass die *company* Insolvenz anmelden muss. Zudem muss es bereits einen Vorschlag zur Überwindung der Insolvenz geben und die *company* hat gegenüber der FSA zu erklären, warum ein Börsenrückzug für die Sanierung und die Anleger unbedingt erforderlich ist. Darüber hinaus

---

[549] s. zu den Einzelheiten oben S. 78ff.

[550] so auch Habersack, in: Habersack/Mülbert/Schlitt, § 28, Rn. 13; **a.A.** „wahren" Anteilswert, BGH v. 12.3.2001, BGHZ 147, S. 108, 114ff, allerdings in anderen Zusammenhang.

bedarf es auch keiner Hauptversammlungszustimmung, wenn der Bieter durch ein Übernahmeangebot 75% der Stimmrechte der *company* erlangt und in den Angebotsunterlagen bereits erklärt hat, dass er nach einer erfolgreichen Übernahme das Delisting einleiten wird.

Ansatzpunkt für ein Schutzbedürfnis Aktionäre in beiden Rechtsordnungen ist die Ansicht, dass die Verkehrsfähigkeit der Aktie ein wertbestimmendes Merkmal darstellt, welches grundsätzlich nicht zur freien Disposition der Gesellschaft bzw. der Verwaltung stehen soll.

Bei dem Schutz der Verkehrsfähigkeit der Aktie gehen Deutschland und England unterschiedlich Wege. In Deutschland soll der Aktionärsschutz durch ein Pflichtangebot zum Kauf der verkaufsbereiten Aktionäre durch die Gesellschaft oder einen Großaktionär erreicht werden. Weiterhin wird versucht, den Aktionären einen zusätzlichen kapitalmarktrechtlichen Schutz durch eine relativ lange Zeitspanne zum Verkauf der Anteile über die Börse bis zum Wirksamwerden des Widerrufs zu gewähren. Dagegen gewährt in England das Zustimmungserfordernis der Hauptversammlung mit dem Erfordernis einer qualifizierten Mehrheit den Aktionären einen grundsätzlichen Schutz hinsichtlich der Verkehrsfähigkeit ihrer Anteile.

Das englische Recht hat mit der klaren Regelung in den Listing Rules den Vorteil, dass es Rechtssicherheit für die von einem Delisting betroffenen Parteien schafft. Zudem bietet es hinsichtlich des Sondertatbestands einer drohenden Insolvenz eine flexible Ausnahmeregelung, die zu begrüßen ist.

Für ein Delisting ist die Kombination von beiden rechtlichen Ansätzen die beste Lösung. Der augenblickliche Zustand in Deutschland verschafft zwar durch die zwingende Verpflichtung zur Abgabe eines Pflichtangebots einen gewissen Schutz. Allerdings sind die genaue Ausgestaltung und die Formalitäten hinsichtlich des Pflichtangebots weiterhin unklar, da sich der Bundesgerichtshof im „Macrotron"-Urteil[551] dazu nicht näher geäußert hat. Ebenso erscheint die Fristenlösung der Frankfurter Wertpapierbörse nicht notwendigerweise immer geeignet Anleger dadurch zu schützen, dass ihnen eine lange Frist zum Verkauf ihrer Anteile verbleibt. So spricht Einiges für die Annahme, dass mit dem Bekannt werden des Delistings ein Kursverfall der Aktien einsetzt, der es dem Anleger unmöglich macht, die von ihm investierten Vermögenswerte zu realisieren.[552] Letztendlich spricht wegen des Nebeneinanders von kapitalmarkt- und aktienrechtlichen Voraussetzung des Delistings in Deutschland und den damit verbundenen unterschiedlichen Rechtswegen und Verfahren sowie ungeklärten Fragen vieles dafür, dass der Gesetzgeber tätig wird und eine einheitliche Regelung erlässt. Diese kann, wenn gesetzgeberisch gewollt, das Erfordernis eines Hauptversammlungsbeschluss sowie einer Abfindungsregelung enthalten, welches sich an der Rechtsprechung des Bundesgerichtshofs orientieren mag. Als geeigneter Ort für eine solche Regelung erscheint, wie auch im englischen Recht, das Kapitalmarktrecht und damit das Börsengesetz.

## II. Zusammenschluss von Unternehmen

Die zweite Gruppe der Zustimmungserfordernisse der Hauptversammlung bilden diejenigen Strukturänderungen, die bei einem Zusammenschluss von Unternehmen entstehen können.

### 1. Verschmelzung

Sowohl in Deutschland als auch in England ist aufgrund der Umsetzung der Dritten gesellschaftsrechtlichen (Verschmelzungs-) Richtlinie[553] bei einer Verschmelzung grundsätzlich die Zustimmung der Hauptversammlung aller bei der Verschmelzung beteiligten Gesellschaften erforderlich.

---

551 vgl. BGHZ 153, S. 47ff.

552 so auch BGHZ 153, 47, 56f; Schwark/Geiser, ZHR 161 (1997), S. 739, 762.

553 Nr. 78/855/EWG v. 9.10.1978, ABl EG Nr. L 295 v. 20.10.1978, S. 36; zu den Einzelheiten der Umsetzung s. rechtsvergleichend auch Koller, Die europäische Harmonisierung.

Im Hinblick auf die für einen Zustimmungsbeschluss benötigte Mehrheit gelten in England allerdings strengere Regelungen als in Deutschland. So verlangt das deutsche Recht für jede Art von Zustimmungsbeschlüsse eine Mehrheit von mindestens drei Vierteln des bei der Beschlussfassung vertretenen Grundkapitals. England dagegen besitzt ein zweistufiges Mehrheitserfordernis. Danach muss zum einen für alle beteiligten Gesellschaften jede Anteilseignerklasse mit einer Mehrheit der Anzahl der bei der jeweiligen Versammlung vertretenen Gesellschafter zustimmen. Zum anderen muss diese zahlenmäßige Mehrheit jeweils mindestens drei Viertel des bei der Versammlung vertretenen Nominalwerts der Anteile repräsentieren. Dadurch werden Kapitalminderheiten besonders geschützt, da eine geringe Zahl von Personen, die einen großen Kapitalanteil halten, eine große Anzahl von Kleinanlegern nicht überstimmen können, da in jeder Klasse auch einen numerische Mehrheit nach Köpfen erreicht werden muss.

Unterbleiben kann eine Gesellschafterversammlung in England dann, wenn alle an der Verschmelzung beteiligten Parteien, d.h. die Anteilseigner beider Gesellschaften sowie die Verwaltungen beider Gesellschaften außerhalb der Versammlungen der Verschmelzung durch einen Vertrag zustimmen.

Unterschiede gibt es zudem bei der Entbehrlichkeit von Zustimmungsbeschlüsse. So brauchen in England grundsätzlich keine Zustimmungsbeschlüsse der übernehmenden Gesellschaft gefasst zu werden, wenn der Verschmelzungsplan durch das Gesellschaftsregister mindestens einen Monat vor Abhalten der Anteilseignerversammlungen der übertragenden Gesellschaft im Amtlichen Anzeiger veröffentlich worden ist. Darüber hinaus müssen die Gesellschafter der übernehmenden Gesellschaft von diesem Zeitpunkt die Möglichkeit zur Einsicht in den Verschmelzungsplan und zum Anfordern von Gratiskopien besessen haben. Letztendlich dürfen keine Gesellschafter, die zusammen mehr als fünf Prozent des eingezahlten und stimmberechtigten Anteilskapitals halten, die Einberufung einer Hauptversammlung beantragt haben.

Im Übrigen sind nach englischem Recht die Zustimmungsbeschlüsse aller beteiligten und damit der auch der übertragenden Gesellschaft entbehrlich, wenn zum Zeitpunkt der Verschmelzung alle Geschäftsanteile und stimmrechtsvermittelnden Sicherheiten der übertragenden Gesellschaft(en) von der übernehmenden Gesellschaft gehalten werden. Weiterhin muss die Mitteilung des Gesellschaftsregisters über den Erhalt des Verschmelzungsplans mindestens einen Monat vor der gerichtlichen Genehmigung der Verschmelzung erfolgt sein. Der Verschmelzungsplan sowie weitere Unterlagen müssen mindestens einen Monat vor der gerichtlichen Genehmigung der Verschmelzung ausliegen und den Gesellschaftern müssen auf Verlangen Gratiskopien davon überlassen werden. Zudem dürfen keine Gesellschafter, die zusammen mehr als fünf Prozent des eingezahlten und stimmberechtigten Anteilskapitals halten, eine Einberufung zur Abstimmung über den Verschmelzungsplan beantragt haben.

Dagegen verzichtet das deutsche Recht einzig und allein auf den Verschmelzungsbeschluss der übernehmenden Gesellschaft, und dies auch nur dann, wenn – neben der Erfüllung weiterer Voraussetzungen – die übernehmende Gesellschaft Aktien im Nennbetrag von mindestens 90% des Grundkapitals der übertragenden Gesellschaft hält. Dieselbe Regelung findet sich - neben den weiteren bereits oben aufgezeigten Ausnahmen - auch im englischen Recht. Allerdings berücksichtigt das deutsche Recht zur Ermittlung der Beteiligungsquote der übernehmenden an der übertragenden Gesellschaft eigene Aktien der übertragenden Gesellschaft nicht. Dadurch kann die Beteiligungsquote von 90% in Deutschland leichter erreicht werden.

Diese Unterschiede beruhen darauf, dass England die von der Dritten gesellschaftsrechtlichen (Verschmelzungs-) Richtlinie eröffneten Möglichkeiten zur Regelung der Entbehrlichkeit von Zustimmungsbeschlüssen in vollem Umfang ausnutzt, während Deutschland darunter bleibt.

Die volle Ausnutzung der Dritten Richtlinie durch das englische Recht ist vorzugswürdiger. So erscheint ein Hauptversammlungsbeschluss, bei Einhalten aller Formalien, einer 100% Tochter zur Verschmelzung mit der Mutter einer bloßen Formalie gleichzukommen. Darüber hinaus ist auch die Möglichkeit eines Verzichts auf einen Hauptversammlungsbeschluss der übernehmenden Gesellschaft, wie ihn das englische Recht vorsieht, überzeugender, wenn gewisse Formalien eingehalten werden und keine Gesellschafter, die mindestens 5% Anteile der übernehmenden Gesellschaft halten, eine Abstimmung über die Verschmelzung ausdrücklich verlangen. Die Interessen von Minderheitsgesellschaftern sind durch diese Möglichkeit der Einberufung und Abstimmungserzwingung der Hauptversammlung genügend gewahrt. Ein darüber hinausgehender Schutz erscheint auch aus Kostengesichtpunkten hinsichtlich der Durchführung einer Hauptversammlung überflüssig, wenn den Aktionären - wie nach englischem Recht vorgesehen - die Möglichkeit gegeben wird sich über die Verschmelzung im Vorfeld ausreichend zu informieren und eine Hauptversammlungseinberufung und Abstimmung zu verlangen.

## 2. Eingliederung

Die Rechtsfigur der Eingliederung im deutschen Recht und das damit verbundene Zustimmungserfordernis der Hauptversammlung findet kein direktes Pendant im englischen Recht. Am ehesten lässt sich die Eingliederung mit dem englischen Vergleichsplanverfahren, dem *Scheme of Arrangement*, nach Sec. 425ff CA 1985 in der Ausgestaltung der einvernehmlichen Anteilsübertragung zur Unternehmensübernahme vergleichen.[554] Trotz gewisser Gemeinsamkeiten unterscheiden sich beide Rechtsinstitute dennoch entscheidend.

So erfolgt die Anteilsübertragung zur Unternehmensübernahme in England zwingend im Einverständnis der Aktionäre der Zielgesellschaft, während eine Eingliederung nach § 320 AktG auch durch einen Mehrheitsbeschluss erfolgen kann, wodurch die verbleibenden fünf Prozent der Anteile, die sich noch nicht in der Hand der Hauptgesellschaft befinden, automatisch auf die Hauptgesellschaft übergehen. Die Minderheitsgesellschafter erhalten für den Verlust eine angemessene Abfindung.

---

[554] so auch Prinz, Umstrukturierung, S. 289, 293ff.

Weitere Unterschiede gibt es bei den Zustimmungsvorbehalten der beteiligten Gesellschaften. Ein Beschluss über eine Eingliederung wird nur mit einem Hauptversammlungsbeschluss der zukünftigen Hauptgesellschaft, in welche die Gesellschaft eingegliedert werden soll, wirksam. Dabei muss dieser mit drei Viertel des bei der Beschlussfassung vertretenen Grundkapitals beschlossen werden. Im Gegensatz dazu erfordert eine Unternehmensübernahme mittels Vergleichsplan im englischen Recht nur die Zustimmung der Hauptversammlung der Zielgesellschaft, wenn die *articles of association* der Bietergesellschaft keine anderweitigen Bestimmungen enthalten. Der Beschluss muss zum einen für jede Anteilseignerklasse mit einer Mehrheit der Anzahl der bei der jeweiligen Versammlung vertretenen Gesellschafter gefasst werden. Zum anderen muss diese zahlenmäßige Mehrheit jeweils mindestens drei Viertel des bei der Versammlung vertretenen Nominalwerts der Anteile repräsentieren.

Während die Eingliederung zum Erhalt eines umfassenden Weisungsrechts sowie einer Aufhebung der Kapitalaufbringung- und Erhaltungsvorschriften genutzt wird, erfolgt ein englisches Vergleichsplanverfahren in Ausgestaltung der einvernehmlichen Unternehmensübernahme zum Erlangen der Kontrolle von 100% der Anteile eines anderen Unternehmens.[555] Dagegen ist nach deutschem Recht die Kontrolle über mindestens 95% der Anteile der einzugliedernden Gesellschaft bereits Voraussetzung für die Möglichkeit einer Eingliederung. Somit ist trotz gewisser Gemeinsamkeiten von unterschiedlichen Regelungen mit unterschiedlichen Regelungszielen auszugehen.

In England fehlt es an einer der Eingliederung entsprechenden Regelung, da es kein spezielles gruppenspezifisches Recht wie das deutsche Konzernrecht gibt, zu dem auch die Eingliederung nach §§ 319ff AktG zählt.[556] Der Grund hierfür liegt darin, dass die Existenz eines Konzernkonflikts sehr umstritten

---

[555] vgl. Prinz, Umstrukturierung, S. 250f.

[556] vgl. Prentice, Das Recht der Gesellschaftsgruppe, S. 93; Farrar/Hannigan/Furey/Wylie, Company Law, S. 530.

ist. So machen Teile der Literatur geltend, dass weder die Minderheitsgesellschafter noch die Gläubiger der abhängigen Gesellschaft im Vergleich zur unabhängigen Gesellschaft mit einem oder mehreren Mehrheitsgesellschaftern erhöhten Gefahren ausgesetzt seien.[557] Die Außenseiter der abhängigen Gesellschaft könnten durch einen Privatmehrheitsgesellschafter in gleicher Weise geschädigt werden wie durch einen Unternehmensmehrheitsgesellschafter.[558]

Obwohl in der Literatur die Existenz eines gruppenspezifischen Interessenkonflikts überwiegend bejaht wird,[559] ist der Gesetzgeber in England bislang mit Ausnahme der, auf die Forderung des Cork Comittees zurückgehenden, Einführung von Sec. 214 IA 1986 untätig geblieben. Nach Sec. 214 IA 1986 kann ein Direktor für die Verbindlichkeiten der Gesellschaft haftbar gemacht werden, wenn die Gesellschaft wegen Insolvenz aufgelöst wird und der Direktor einige Zeit vor der Insolvenz „wusste oder hätte wissen müssen, dass es keine vernünftige Aussicht gibt, dass die Gesellschaft nicht insolvent würde". Bedeutender Gesichtpunkt dieser Regelung im Hinblick auf Konzerne ist, dass sie auch auf Muttergesellschaften Anwendung findet, wenn diese ihren Tochtergesellschaften Anweisungen erteilen.[560] Das Vorgehen, nach welchem einzelne allgemeine Regelungen an die gruppenspezifischen Probleme angepasst werden, führt dazu, dass eine Gesamtregelung eines Konzernrechts bislang nicht erfolgt ist.[561]

Diese Zurückhaltung des englischen Gesetzgebers bei der Formulierung spezieller Regelungen für die Probleme der Unternehmensgruppe entspricht darüber hinaus der englischen Rechtstradition. Anstatt allgemeine Prinzipien aufzustellen, die alle unvorhergesehenen Fälle erfassen, werden die sich stel-

---

557 vgl. Prentice, Some comments on the law, S. 371, 372.

558 vgl. Prentice, Das Recht der Gesellschaftsgruppe, S. 93, 114.

559 Hadden, Die Regelung der Konzerne, S. 329, 330f, 337f; Wooldridge, Aspects of the Regulation of Groups of Companies, S. 103, 111ff.

560 s. zu den Einzelheiten, Prentice, Das Recht der Gesellschaftsgruppe, S. 93, 105ff.

561 vgl. Bloß, Die Unternehmensgruppe, S. 113.

lenden Fragen individuell und ad hoc beantwortet. Dies gilt im Besonderen auch für die Wirtschafsgesetzgebung, in der Anwälte einer Gesetzgebung mit weit formulierten Prinzipien feindlich gegenüberstehen.[562] Aus diesem Grund wird eine Umsetzung der Neunten gesellschaftsrechtlichen (Konzern-) Richtlinie und die Einführung eines europaweiten einheitlichen Konzernrechts auch weiterhin am Widerstand Englands scheitern.[563]

Deutschland dagegen hat sich zur Einführung eines speziellen gruppenspezifischen Ansatzes in den §§ 291 ff AktG im Jahr 1965 entschieden, in denen auch die Eingliederung als eine Form der Konzernierung geregelt wurde. Ziel der Aufnahme einer gruppenspezifischen Regelung in das Aktiengesetz war die durch die Bildung einer Unternehmensgruppe drohende Gefährdung der Außenseiter zu neutralisieren.[564]

### 3. Abschluss von Unternehmensverträgen

Weitere grundlegende Unterschiede weist das Zustimmungserfordernis und die Anwendung von Unternehmensverträgen auf.

Während Unternehmensverträge und dort im besonderen der Beherrschungsvertrag in Deutschland dazu genutzt werden mehrere Unternehmen unter eine einheitliche Leitung zu stellen und sie somit zu beherrschen,[565] sind sie im englischen Recht nach überwiegender Auffassung nichtig.[566]

Selbst wenn man den Abschluss eines Unternehmensvertrages für zulässig erachtet, können englische Unternehmen auf einen Abschluss eines Unternehmensvertrages schon deshalb verzichten, da die Gesellschafter ein direk-

---

[562] vgl. Prentice, Das Recht der Gesellschaftsgruppe, S. 93, 95f.

[563] s. dazu auch oben S. 167.

[564] BegrRegE, bei Kropff, Aktiengesetz, S.373ff; zur Einführung eines dem Vergleichsplanverfahren zur Unternehmensübernahme ähnlich Rechtsinstitut im deutschen Recht s. Prinz, Umstrukturierung, S. 298ff.

[565] vgl. Emmerich/Sonnenschein/Habersack, Konzernrecht, S. 159f.

[566] s. dazu Bloß, Die Unternehmensgruppe, S. 64ff.

tes Weisungsrecht in allen Fragen der Geschäftsführung haben.[567] Die Ausübung dieses Weisungsrechts ist jedoch verfahrensrechtlich dadurch erschwert, dass auch dort jede Weisungserteilung einen besonderen Gesellschafterbeschluss erfordert. Die englischen Unternehmen verlassen sich deshalb in der Rechtspraxis auf die einfachere Form der Einflussnahme mittels der Stimmrechtsmehrheit und die sich daraus ergebende direkte Personalhoheit über die Leitungsorgane der Tochtergesellschaft nach Sec. 303 CA 1985.[568] Die Muttergesellschaft kann in der Hauptversammlung der Tochter deren Direktoren nach Sec. 303 (1) CA 1985 grundsätzlich durch einfache Gesellschaftermehrheit absetzen und durch andere ersetzen.[569]

Zwar kann auch in Deutschland ein Mehrheitsgesellschafter ohne ein rechtlich begründetes Weisungsrecht, wie durch einen Unternehmensvertrag, die Entscheidungen in der Gesellschaft über den Aufsichtsrat beeinflussen, der nach § 101 Abs. 1 S. 1 AktG von der Hauptversammlung bestellt wird und somit von ihm abhängig ist.[570] Der Aufsichtsrat bestimmt gem. § 84 Abs. 1 S. 1 AktG die Besetzung des Vorstands, dessen Mitglieder sich aus Furcht, nicht wiederbestellt zu werden, dem Willen des Aufsichtsrats und damit letztlich des Mehrheitsgesellschafters beugen werden.[571] Der Vorstand ist daher zwar nicht rechtlich, aber faktisch den Weisung des herrschenden Unternehmens unterworfen. Allerdings ist es der Muttergesellschaft verwehrt eine solche Konzernführung rechtlich durchzusetzen. So hat der Vorstand der Tochtergesellschaft gem. § 76 Abs. 1 AktG die Gesellschaft grundsätzlich unter eigener Verantwortung zu leiten. Neben dem rechtlich durchsetzbaren Weisungsrecht nach § 308 Abs. 1 AktG ermöglicht ein Unternehmensvertrag zudem erst gegenüber der Tochtergesellschaft auch nachteilige Weisungen zu erteilen. Ohne einen Unternehmensvertrag ist eine solche Nachteilszufügung

---

567 s.o. S. 110ff.

568 vgl. Bloß, Die Unternehmensgruppe, S. 70.

569 s.o. S. 105f.

570 vgl. Zöllner, in: KölnerKomm/AktG, § 119, Rn. 3, 25.

571 vgl. Hefermehl, in: Geßler/Hefermehl/Eckhardt/Kropff, AktG, Vorb. § 76, Rn. 19; Sonnenschein, Organschaft, S. 144f.

dagegen nach § 311 Abs. 2 AktG in einer faktischen Unternehmensgruppe nur eingeschränkt zulässig.

Eine nachteilige Weisung bei der Beherrschung eines Tochterunternehmens bedarf dagegen in England keines Abschlusses eines Unternehmensvertrages. Der Schutz einer die Tochtergesellschaft benachteiligende Gruppenleitung wird in England durch andere allgemeine gesellschaftsrechtliche Instrumente, wie außenseiterschützende Regelungen in Sec. 459 CA 1985 und Sec. 214 IA 1986[572] gewährleistet und untersagt.[573] England hat und braucht wegen dieser Regelungen kein spezielles gruppenspezifisches Recht, wie es das deutsche Konzernrecht in den §§ 291ff AktG vorgibt.[574]

In England haben somit die Direktoren und die Verwaltung durch ihre generelle Geschäftsführungsbefugnis die Möglichkeit Tochterunternehmen in ihrem Sinne zu beherrschen. Die Hauptversammlung hat außer durch eine entsprechende Satzungsgestaltung oder direkte Weisung durch *special resolution* keine Möglichkeit auf die Direktoren einzuwirken. In Deutschland dagegen müssen die Hauptversammlungen der herrschenden und der verpflichteten Gesellschaft dem Abschluss eines Unternehmensvertrages zustimmen.

Auch hier zeigt sich wieder der grundsätzliche Unterschied des deutschen und englischen Ansatzes im Gesellschaftsrecht. Auf der einen Seite eine starre generelle Regelung im deutschen Recht, auf der anderen Seite die Anwendung von allgemeinen Rechtsgrundsätzen im englischen Recht. Welche der beiden Lösungsansätze im Hinblick auf den Konzern vorzugswürdiger erscheinen, kann und soll in dieser Untersuchung nicht geleistet werden.[575]

---

[572] s. dazu oben. S. 186.

[573] vgl. Bloß, Die Unternehmensgruppe, S. 129f.

[574] s. zu den Gründen oben, S. 185ff.

[575] zu den Vorteilen der englischen Regelung gruppenspezifischer Konflikte mit allgemeinen Rechtsinstituten und gegen die gruppenspezifische Regelung mittels eines Unternehmensvertrags, s. Bloß, Die Unternehmensgruppe, S. 153ff.

### 4. Beteiligungserwerb

Nach hier vertretener Auffassung bedarf der Beteiligungserwerb in Deutschland[576] als auch in England grundsätzlich keiner Genehmigung durch die Hauptversammlung, sondern kann in eigener Verantwortung durch die Verwaltung der Gesellschaft geplant und durchgeführt werden. Das gleiche gilt wenn einzelne Vermögensgegenstände oder Unternehmensteile erworben werden. In England kann eine dahingehende Befugnis der Verwaltung allerdings durch die Satzung eingeschränkt werden, währenddessen eine solche Einschränkung in Deutschland wohl gegen § 76 Abs. 1 AktG und die dort festgeschriebene alleinige Leitungsverantwortung des Vorstands verstoßen würde.[577]

Wird ein Beteiligungserwerb durch einen Anteilstausch mit dem Verkäufer durchgeführt und werden dazu neue Anteile ausgegeben, erfordert dies in beiden Rechtsordnungen eine Zustimmung der Hauptversammlung, falls das Bezugsrecht der Altaktionäre ausgeschlossen wird. So verlangt der Bezugsrechtsausschluss in Deutschland nach § 186 Abs. 3 AktG und in England nach Sec. 80A CA 1985 bzw. für börsennotierte *companies* nach Para. 4.33 und 9.20 Listing Rules die Zustimmung der Hauptversammlung.[578] Ein Bezugsrechtausschluss liegt bei einem Anteilstausch zur Finanzierung des Erwerbs einer Beteiligung i.d.R. vor, da dem Verkäufer regelmäßig nur so Anteile am Käufer gewährt werden können.

Ausnahmeweise kann die Gesellschaft dem Käufer eigene Anteile abtreten, falls sie solche hält. Der Erwerb und Besitz eigener Anteile ist allerdings in beiden Rechtsordnungen nur eingeschränkt möglich[579] und dürfte deshalb zu einem größeren Beteiligungserwerb nicht ausreichen.

---

576 zu den Einzelheiten s.o. S. 64ff.

577 s. aber die Möglichkeiten bei der Gestaltung des Unternehmensgegenstands oben S. 174.

578 s. dazu Weinberg and Blank on Takeovers and Mergers, Rn. 2-3006, 2-2056

579 s. zum deutschen Recht, Hirte, Kapitalgesellschaftsrecht, Rn. 5.95ff; zum englischen Recht, Gower/Davies, Principles, S. 245ff.

Im Gegensatz zu Deutschland unterliegt ein Beteiligungserwerb in England neben der oben geschilderten Ausnahme, bei Vorliegen bestimmter Voraussetzung, darüber hinaus einem Zustimmungsvorbehalt der Hauptversammlung. So bedarf zunächst ein Beteiligungserwerb von Direktoren oder ihnen nahe stehenden Personen durch die *company* ab einem bestimmten Transaktionsvolumen nach Sec. 320 CA 1985 der vorherigen Zustimmung der Anteilseigner. Der Wert ab dem die Anteilseigner einem solchen Erwerb von einem Direktor zustimmen müssen, beträgt nach Sec. 320 (2) CA 1985 £ 100.000 oder 10% der Aktiva der company, wenn diese mehr als £ 2.000 betragen. Die Regelung soll die Gesellschaft davor schützen, Wirtschaftsgüter zu einem überhöhten Preis zu erwerben bzw. unter Wert zu veräußern.[580] So sollen mögliche Interessenkonflikte, die das Urteilsvermögen des betroffenen Dirktors beeinträchtigen könnten, von vornherein ausgeschlossen werden.[581]

Da Sec. 320 CA 1985 zur Verhinderung der Umgehung auch dem Direktor nahe stehende Personen mit einschließt, gilt dieser Zustimmungsvorbehalt auch für den Beteiligungserwerb von einer anderen Gesellschaft, an welcher der Direktor wesentlich beteiligt ist oder auf welche er beherrschenden Einfluss ausübt.

Wird eine Transaktion, die den Vorschriften der Sec. 320 CA 1985 unterliegt, ohne die Zustimmung der Hauptversammlung vorgenommen, kann sie von der *company* angefochten werden, sofern eine Rückabwicklung möglich ist. Zudem haften der *company* nach Sec. 322 (1) CA 1985 alle Direktoren, welche die Vereinbarung oder die darauf folgende Transaktion entgegen Sec. 320 CA 1985 bewilligt haben, für alle aus der Transaktion entstandenen Verluste.

Mit dieser Vorschrift korrespondieren die Regelungen in Chapter 11 der Listing Rules, welche allerdings nur für börsennotierte *companies* gelten. Hiernach bedarf eine Transaktion mit einem Direktor oder seinen Angehörigen

---

580 vgl. Gower/Davies, Principles, S. 405.

581 vgl. British Racing Drivers' Club Ltd. v Hextall Erskine & Co. [1996] 3 All E.R. 667, 681.

(*associates*) ebenfalls der Zustimmung der Hauptversammlung. Allerdings gelten für dieses Zustimmungserfordernis andere Kennzahlen hinsichtlich der Transaktionsgrößen. Zudem sind von dem Zustimmungsvorbehalt nach Para. 11.4 (1) Listing Rules auch Transaktionen und somit der Beteiligungserwerb von wesentlichen Anteilseigner der börsennotierten *company* erfasst. Als wesentliche Anteilseigner gelten nach Appendix 1.1 der Listing Rules alle Personen, die in den letzen 12 Monaten vor der Transaktion die Kontrolle über 10% der Stimmrechte auf der Hauptversammlung der börsennotierten company hatten.

Noch weiter gehen die Zustimmungserfordernisse der Hauptversammlung von börsennotierten companies nach Chapter 10 der Listing Rules. Danach gilt eine generelle Zustimmungspflicht für alle Arten von Transaktionen und damit auch für einen Beteiligungserwerb, wenn diese eine bestimmte Größenordnung überschreiten. So ist eine Zustimmung der Hauptversammlung dann erforderlich, wenn eine *class 1 transaction* oder ein *reverse takeover* vorliegt. Das Zustimmungserfordernis gilt ebenfalls, wenn nicht die börsennotierte *company* selbst den Beteiligungserwerb vornimmt, sondern wenn dieser durch eine Tochtergesellschaft erfolgt. Eine *class 1 transaction* liegt immer dann vor, wenn eine bestimmte Verhältnisquote überschritten ist. Dieses ergibt sich aus einem Vergleich von Kennzahlen der börsennotierten *company* und dem von dem Beteiligungserwerb betroffenen Vermögen.

Als Grund für die Zustimmungspflicht der Anteilseigner wird angegeben, die Größe einer *class 1 transaction* sei neben einer Geschäftsführungs- genauso eine Investitionsentscheidung, welche die Anteilseigner beurteilen können und auch sollen.[582]

Die Rechtsfolge eines Verstoßes gegen die Listing Rules ist nicht die Unwirksamkeit der Transaktion, sondern Sanktionen der FSA gegenüber der

---

[582] vgl. Gower/Davies, Principles, S. 299.

börsennotierten *company*, welche bis zu einem Zwangsdelisting reichen können.

In Deutschland gibt es dagegen keine derartigen Regelungen, die eine zwingende Zustimmung der Hauptversammlung vorschreiben.

Transaktionen der Gesellschaft mit Vorstandsmitgliedern unterliegen § 112 AktG. Danach vertritt der Aufsichtsrat die Gesellschaft gegenüber Vorstandsmitgliedern gerichtlich und außergerichtlich. Obwohl in § 112 AktG keine Aussage über die Geschäftsführungsbefugnis getroffen wird, ist seine Regelungsgehalt so zu verstehen, dass dem Aufsichtsrat auch die Geschäftsführung bei Eigengeschäften des Vorstands und damit bei Tranksaktionen mit dem Vorstand zugewiesen ist. Andernfalls würde die Vorschrift ihren Zweck, nämlich der Gefahr der Interessenkollision vorzubeugen, nicht erfüllen.[583]
Ein Geschäft, das gegen § 112 AktG verstößt und ohne Aufsichtsratbefassung mit dem Vorstand abgeschlossen wird, ist nichtig.[584]

Für Rechtsgeschäfte und damit auch Transaktionen der Aktiengesellschaft an denen ein Vorstandsmitglied nicht im rechtlichen Sinne direkt beteiligt ist und nur ein indirektes Interesse hat, fehlt im Aktiengesetz eine ausdrückliche Regelung. Solche Geschäfte fallen aber in den Anwendungsbereich sog. der Treuepflicht. Für börsennotierte Gesellschaften gelten weiterhin die Empfehlungen des Deutsche Corporate Governance Kodex, der Grundsätze zu Interessenkonflikten und Eigengeschäften im weiteren Sinne enthält, wenn die Aktiengesellschaft eine Entsprechungserklärung nach § 161 AktG abgegeben hat.[585]

Neben der Zuständigkeitsverlagerung für Transaktionen mit Vorstandsmitgliedern wird in Deutschland eine Zustimmungspflicht der Hauptversamm-

---

583 vgl. Semler, FS Rowedder, S. 441, 443f.

584 str. s. dazu Thoma, Eigengeschäfte des Vorstands, S. 181f.

585 s. zu diesem Komplex, auch rechtsvergleichend, Thoma, Eigengeschäfte des Vorstands, S. 188ff.

lung für einen Beteiligungserwerb ab einer bestimmten Größenordnung unter dem Stichwort „ungeschriebene Hauptversammlungskompetenz“ diskutiert.[586] Eine solche ist aus den bereits ausgeführten Gründen abzulegen.[587] Deutschland und England unterscheiden sich somit grundsätzlich hinsichtlich eines Zustimmungsbedürfnisses der Hauptversammlung bei bestimmten Beteiligungserwerben der Gesellschaft, die ein gewisses Transaktionsvolumen überschreiten.

Eine ausdrückliche Regelung nach der für einen Beteiligungserwerb eine Hauptversammlungszuständigkeit gegeben ist, wie in England, hat den Vorteil, dass sie allen Parteien eine gewisse Rechtssicherheit gibt, ab welchen Schwellenwerten eine Zustimmung eingeholt werden muss. Zu überlegen ist deshalb, ob nicht auch in Deutschland eine dem englischen Rechts vergleichbare Regelung eingeführt werden sollte, um den Streit über die Erforderlichkeit einer solchen Zustimmung zu klären.

Zunächst ist aber für eine Implementierung einer dem englischen Recht nachempfundenen Regelung zu untersuchen, ob die Hauptversammlung und damit die Aktionäre einer Publikumsgesellschaft für einen Beteiligungserwerb und damit für Investitionsentscheidung der Gesellschaft überhaupt zuständig sein sollen.

Gegen die Beteiligung der Hauptversammlung könnten zunächst die Gründe, der Effizienz, Schnelligkeit und Vertraulichkeit sprechen, die bei einem Beteiligungserwerb häufig nötig sind. Diesem könnte die aufwendige Durchführung einer Hauptversammlung entgegenstehen. Fraglich ist des Weiteren, inwiefern die einzelnen Aktionäre einer Publikumsaktiengesellschaft ein Interesse und die Fähigkeiten besitzen, sich mit einer solchen Maßnahme zu befassen.

---

[586] s.o. S. 64f.
[587] s.o. S. 65ff.

Die oben aufgeworfenen Fragen korrespondieren mit der Problematik, ob zum Schutz der Aktionäre bei einer Publikumsgesellschaft auf eine Stärkung der Mitverwaltungsrechte oder eher auf einen verstärkten Vermögensschutz der Aktionäre abgestellt werden muss.

Ausgangspunkt für die Beantwortung dieser Fragen ist die Hauptversammlung als Gremium, da in ihr die Mitgliedschaftsrechte wahrgenommen werden.

In Publikumsaktiengesellschaften geht die Anzahl der Aktionäre in die Hunderttausende und Millionen. So beträgt bspw. bei der DaimlerChrysler AG die Anzahl der Aktionäre 1,7 Millionen[588] und bei der Deutschen Bank immerhin noch knapp 500.000 Aktionäre.[589] Aktionärszahlen, die in die Hunderttausende gehen sind somit keine Seltenheit. Schon diese Zahlen machen deutlich, dass die Beteiligung jedes Einzelnen bei Publikumsaktiengesellschaften fast immer minimal ist. Bei knapp der Hälfte der börsennotierten großen Publikumsaktiengesellschaften lag der Streubesitz der Aktien höher als 40%.[590] Durch die hohe Zahl von Aktionären entsteht für die Aktiengesellschaft ein immenser finanzieller und bürokratischer Aufwand, der dem wirtschaftlichen Ziel der Gewinnerzielung der Aktiengesellschaft entgegenstehen dürfte. So liegen die Kosten der Hauptversammlung im Bereich zwischen € 650 bei 13 teilnehmenden Aktionären und vier Millionen Euro bei 4.700 anwesenden Aktionären.[591] Die Vorbereitung und Durchführung der Hauptversammlung bindet große Ressourcen der Aktiengesellschaft und nimmt Wochen in Anspruch.[592] Auch für den einzelnen Aktionär führt die Teilnahme an der Hauptversammlung zu beträchtlichen Kosten. So muss er unter Umständen einen langen Fahrtweg sowie Unterkunftskosten tragen, wenn die Hauptversammlung nicht in der Nähe seines Wohnortes stattfindet.

---

588 Daimler Chrysler AG Geschäftsbericht 2004, S. 14.

589 Deutsche Bank AG Geschäftsbericht 2004, S. 16.

590 vgl. Schieber, Die dezentrale Hauptversammlung, S. 15ff.

591 vgl. Schieber, Auswirkungen des Interneteinsatzes, S. 216, Rn. 280.

592 s. zum Bedarf an Hilfskräften, Schieber, Auswirkungen des Interneteinsatzes, S. 217, Rn. 281.

Diese Kosten stehen häufig in keinem Verhältnis zu dem Gewinn, der mit den Aktien innerhalb eines Jahres erzielt werden kann.[593] Aus diesem Grund nimmt in der Praxis nur ein verschwindend geringer Anteil der Aktionäre an der Hauptversammlung teil. So lag bspw. die Präsenz auf der Hauptversammlung 2005 der DaimlerChrysler AG nur bei 37,84%[594] und auf der Hauptversammlung der Deutschen Bank AG sogar nur bei 25,47% des Grundkapitals.[595] Nach unterschiedlichen Studien betrug die Anwesenheit der Aktionäre großer deutscher Aktiengesellschaften auf Hauptversammlungen zwischen 35% und 79%.[596] Der Drei-Jahres-Durchschnitt bei DAX 30-Unternehmen zwischen 1998 und 2005 lag bei nur 47,4%.[597] Selbst die Aktionäre, die an der Hauptversammlung teilnehmen, können aufgrund ihres minimalen Anteils oder aufgrund ihrer mangelnden Sachkenntnis die Hauptversammlung und damit die Rendite nicht entscheidend beeinflussen.[598] Sogar wenn der Aktionär einen Einfluss seiner Stimmausübung auf den Entscheidungsausgang erwartet, ist für ihn die Informationsbeschaffung, Auswertung und die Ausübung seines Stimmrechts nur dann sinnvoll, wenn der mit seiner Stimme erfolgte Beschluss zur Mehrung seines Vermögensanteils beiträgt. Zwar führen alle sinnvollen Hauptversammlungsbeschlüsse auch zu einer Vermögensmehrung bei allen anderen Aktionären. Der Gesamtnutzen einzelner Stimmabgaben mag also wesentlich höher sein, als die vom einzelnen Aktionär aufgewandeten Kosten. Allerdings ist es dem einzelnen Aktionär unmöglich einen zusätzlichen Nutzen der nicht abstimmenden oder uninformiert abstimmenden Aktionäre zu erhalten, noch kann er diese Aktionäre vom Nutzen seiner

---

593 vgl. Peltzer, AG 1996, S. 26f.

594 http://www.daimlerchrysler.com/Projects/c2c/channel/documents/648068_abstimmungsergebnisse_hv2005.pdf.

595 http://www.deutsche-bank.de/hauptversammlung/; allgemein zur geringen Präsenz bei hohem Streubesitz, Schieber, Auswirkungen des Interneteinsatzes, S. 214, Rn. 278.

596 vgl. Baums/Fraune, AG 1995, S. 97, 101f; Schneider/Burgard, FS Beusch, S. 783, 786; Schieber, Die dezentrale Hauptversammlung, S. 18.

597 Deutsche Schutzvereinigung für Wertpapierbesitz e.V., HV-Präsenzen der DAX 30-Unternehmen (1998-2005) in Prozent.

598 vgl. Baums/v. Randow, AG 1995, S. 145, 147; Adams, AG 1994, S. 148, 152; Sünner, AG 2000, S. 492, 494; Mülbert, Aktiengesellschaft, S. 114.

Stimmabgabe ausschließen.[599] Der Kleinaktionär würde somit am besten stehen, wenn er keine Kosten für die eigene Stimmausübung aufwendet, aber von der Stimmausübung anderer Aktionäre profitiert.[600] Es gibt aber keine effizienten Möglichkeiten für einzelne Aktionäre sich untereinander abzustimmen, um durch eine kollektive Wahrnehmung ihrer Stimmrechte einen gewünschten Hauptversammlungsbeschluss zu erreichen.

Für den Kleinaktionär einer Publikumsgesellschaft steht daher eher die Verwaltung seines Protofolios im Vordergrund.[601] Ihn interessieren an seiner Beteiligung in erster Linie die Börsenkursentwicklung und die Gewinnausschüttung in der Gesellschaft.[602] Letztendlich steht ihm im Falle der Unzufriedenheit mit der Verwaltung und seines Investments jederzeit die Möglichkeit offen, seine Aktien an der Börse zu verkaufen, was für ihn trotz eines eventuellen Verlustes die einfachere Möglichkeit darstellt als die, nach seiner Sicht sowieso aussichtslose, Stimmabgabe.

Neben privaten Kleinaktionären gibt es institutionelle Investoren und andere Aktionäre mit größeren Aktienpaketen. Für institutionelle Investoren gibt es keine einheitliche Definition. Man kann sie aber am besten als Institutionen, die Gelder von Kunden oder Anlegern oder Pensionsgelder zusammenfassen und – unter anderem – in Aktien investieren, beschreiben.[603]

Vom privaten Investor unterscheidet den institutionellen Investor, dass der institutionelle Investor bei ihm angelegte Fremdgelder in Beteiligungen transformiert; vom unternehmerischen Investor unterscheidet ihn, dass er im Regelfall keine unternehmerischen Ziele verfolgt.[604] In Deutschland rechnet man

---

599 vgl. Baums/v. Randow, AG 1995, S. 145, 147.

600 vgl. Baums/v. Randow, AG 1995, S. 145, 147.

601 vgl. Mertens, AG 1990, S. 49, 53; Mülbert, Aktiengesellschaft, S. 102; Baums, Gutachten F, S. F24ff.

602 vgl. Kessler, AG 1993, S. 252, 260; Mülbert, Aktiengesellschaft, S. 89, 99.

603 vgl. Baums, Rechtstatsachen, S. 324.

604 vgl. Baums, Rechtstatsachen, S. 324.

zu den institutionellen Investoren vor allem Investmentfonds, Versicherungen, Pensionsfonds und Banken.[605] Teilweise werden ausländische Investoren als weitere Sondergruppe erörtert.[606] Banken stellen in dieser Gruppe einen Sonderstatus dar, weil sie neben der Stimmrechtsausübung aus Eigenbesitz nach §§ 128, 135 AktG grundsätzlich auch Vollmachtstimmrecht ihrer Depotkunden ausüben können. Diese Stimmrechtsausübung aus Vollmachtstimmrechten und Eigenbesitz ergeben zum Teil beachtlich hohe Anteilszahlen am Grundkapital von Aktiengesellschaften.[607] Bei der Ausübung von Vollmachtstimmrechten unterliegen die Banken allerdings gewissen Einschränkungen.[608]

Institutionelle Investoren und sonstige Aktionäre mit höheren Aktienpaketen haben gegenüber den Kleinaktionären allerdings die Möglichkeit ihren Einfluss direkt über den Aufsichtsrat auf den Vorstand auszuüben. Zwar steht dem Aufsichtsrat keine direkte Weisungsmöglichkeit gegenüber dem Vorstand und seinen Entscheidungen zu. Allerdings kann der Aufsichtsrat über sein Entsenderecht bei der Besetzung der Vorstandsposten nach § 84 Abs. 1 S. 1 AktG indirekten Einfluss nehmen. Es besteht somit eine faktische Einflussnahme durch den Aufsichtsrat und dadurch durch die Aktionäre, die wiederum den Aufsichtsrat besetzen.[609] So erfolgte in letzter Zeit eine solche indirekte Beeinflussung bei einem Beteiligungserwerb, dem Übernahmeversuch der Londoner Börse durch die Deutschen Börse AG, bei dem der Vorstandsvorsitzende Seifert auf Druck eines Großaktionärs seine Übernahmepläne aufgeben und zurücktreten musste.[610] Häufig reichen für die Beeinflussung und Besetzung des Aufsichtsrates und damit die Bestimmung der Vorstandsposten auch geringere Mehrheiten als ein Anteilspaket von 50%. Da

[605] vgl. Baums, Rechtstatsachen, S. 324.

[606] vgl. Baums/Fraune, AG 1995, S. 97ff.

[607] s. dazu Baums/Fraune, AG 1995, S. 97, 103, Tabelle 6.

[608] zur Ausübung des Depotstimmrecht s. Hüther, Aktionärsbeteiligung, S. 23ff; allgemein zum Einfluß institutioneller Investoren s. Fraune, Der Einfluß institutioneller Anleger.

[609] vgl. Hefermehl, in: Geßler/Hefermehl/Eckhardt/Kropff, AktG, Vorb. § 76, Rn. 19; Sonnenschein, Organschaft, S. 144f.

[610] Börsenchef Seifert tritt zurück, FAZ v. 10.5.2005, S. 15.

aufgrund des oben beschriebenen Sachverhalts, die Präsenz von Kleinaktionären auf einer Hauptversammlung bei einer Publikumsgesellschaft häufig sehr gering ist, reichen häufig Anteilspakete von 20-30% zur Besetzung des Aufsichtsrates. Grund dafür ist, dass bei der Besetzung des Aufsichtsrats nach § 133 Abs. 1 AktG nur die einfache Mehrheit des auf der Hauptversammlung vertreten Grundkapitals erforderlich ist, wenn die Satzung dies nicht anders bestimmt. Das gleiche gilt hinsichtlich der Abberufung eines Aufsichtsratsmitglied und der Neubesetzung durch die Anteilseigner. Zwar verlangt § 103 Abs. 1 AktG zur vorzeitigen Abberufung einen Hauptversammlungsbeschluss mit Dreiviertelmehrheit. Allerdings kann in der Satzung von diesem Erfordernis explizit abgewichen werden, so dass auch eine einfache Mehrheit ausreicht.[611] Eine solche Klausel ist bei vielen großen Aktienunternehmen wie bspw. der DaimlerChrysler AG üblich.[612] Aus diesen Gründen gibt es inzwischen auch bei vielen großen Publikumsaktiengesellschaften sog. Investor-Relation Abteilungen, die dem Verlangen nach Einzelgesprächen zwischen solchen Investoren und der Verwaltung sowie der Kontaktpflege nachkommen.[613]

Es bleibt festzuhalten, dass Anteilseigner wie institutionelle Investoren oder sonstige Aktionäre mit einem größeren Aktienpaket, die im Gegensatz zu einem Kleinaktionär zwar die Kenntnisse und das Interesse an einer Beurteilung und Beteiligung an einem Beteiligungserwerbs haben. Sie können aber ihren Einfluss anderweitig indirekt ausüben und müssen dafür nicht den Weg über die langwierige, teure und unflexible Hauptversammlung gehen. Für solche Einflussmöglichkeiten genügen aufgrund des großen Streubesitzes und der fehlenden Präsenz auf der Hauptversammlung vielfach Aktienpakete, welche weit unter der absoluten Anteilsmehrheit am Grundkapital liegen.
Die Ergebnisse des mangelnden Beteiligungsinteresses und der fehlenden Sachkenntnis der Kleinaktionäre sprechen gegen die Implementierung einer

[611] vgl. Semler, in: MünchKomm/AktG, § 103 , Rn. 20.
[612] Daimler-Chrysler ist kein zweiter Fall Deutsche Börse, FAZ v. 24.8.2005, S. 13.
[613] vgl. Glabus/Jahn, Capital 2005, S. 53, 56f.

dem englischen Recht entsprechenden Regelung bei einem Beteiligungserwerb in Deutschland.

Andere Anleger, wie institutionelle Investoren, haben andere Möglichkeiten auf die Entscheidungen der Verwaltung einzuwirken, als durch eine mit großem finanziellem und organisatorischem Aufwand verbundene Hauptversammlung.

Daneben würde es bei einer zwingenden Hauptversammlungsdurchführung an Flexibilität, Schnelligkeit und Vertraulichkeit fehlen, die für einen Beteiligungserwerb mit unter von Nöten sein können. Dies ist insbesondere der Fall, wenn, wie in Zeiten der Globalisierung, mehrere Unternehmen als Bieter um eine lukrative Beteiligung wettstreiten.

Darüber hinaus bietet sich als weitere Kontrollmöglichkeit des Vorstands der neu gestaltete § 111 Abs. 4 S. 2 AktG an, wonach die Satzung oder der Aufsichtsrat zu bestimmen hat, das bestimmte Arten von Geschäfte nur mit der Zustimmung des Aufsichtsrats vorgenommen werden dürfen.[614] Der Beteiligungserwerb ab einer bestimmten Größenordnung dürfte zu den Maßnahmen gehören, die „von existenzieller Bedeutung für das künftige Schicksal der Gesellschaft sind",[615] wie es in der Begründung zur Einführung des neuen § 111 Abs. 4 S. 2 AktG gefordert wird.

Die Einführung einer gesetzlichen Regelung einer Chapter 10 der englischen Listing Rules entsprechenden Reglung in Deutschland erscheint deshalb nicht geboten. Aufgrund der obigen Ergebnisse sollte anstatt einer Stärkung der Mitverwaltungsrechte für Kleinaktionäre vielmehr ein Augenmerk auf einen größeren Vermögensschutz dieser Gruppe gelegt werden, der im Kapitalmarktrecht und nicht im Gesellschaftsrecht anzusieden wäre.

---

[614] s. zu den Einzelheiten o. S. 22ff.

[615] Begründung zum Regierungsentwurf des TransPubG, BT-Drucks. 14/8769, S. 17.

## 5. Abgabe Übernahmeangebot

In beiden Rechtssystemen bedarf die eigentliche Abgabe eines Übernahmeangebots keiner Zustimmung der Hauptversammlung der Bietergesellschaft. Eine anderweitige Auffassung, die für die Abgabe eines Übernahmeangebots einer deutschen Aktiengesellschaft eine ungeschriebene Hauptversammlungskompetenz verlangt, ist abzulehnen.[616]

Zustimmungsbedürftig sind allerdings in beiden Rechtsordnungen Maßnahmen, die unter Umständen mit einem Übernahmeangebot in Zusammenhang stehen, wie bspw. eine Kapitalerhöhung unter Bezugsrechtsausschluss zum Aktientausch oder die Erhöhung des Eigenkapitals als Gegenleistung eines Übernahmeangebots.[617]

Darüber hinaus muss in England die Hauptversammlung zustimmen, wenn eine freundliche Übernahme mittels eines *Scheme of Arrangement* durchgeführt werden soll, bei dem die Anteilseigner der zu übernehmenden Gesellschaft als Gegenleistung Anteile an der Bietergesellschaft erhalten.[618] Aufgrund des Fehlens eines solchen Verfahrens in Deutschland gibt es dort kein dementsprechendes Zustimmungserfordernis.[619]

Nur in England erfordert bei börsennotierten *companies* jegliches Übernahmeangebot nach Chapter 10 der Listing Rules eine Zustimmung der Hauptversammlung, wenn bestimmte Transaktionsvolumen überschritten werden.[620]

---

[616] s. zu den Gründen S. 74f.

[617] s. zu den Einzelheiten im deutschen Recht, Stohlmeier, in: Semler/Volhard, Arbeitshdb/HV, § 39, Rn. 4ff; im englischen Recht, Weinberg and Blank on Takeovers and Mergers, Rn. 2-2061ff, 2-3006ff.

[618] s.o. S. 122ff.

[619] zur Übertragungsmöglichkeit des englischen Verfahrens auf Deutschland s. Prinz, Umstrukturierung, S. 298ff.

[620] s. zu den Einzelheiten oben, S. 142ff.

Gegen die Übertragung der englischen Regelungen eines Zustimmungserfordernisses bei börsennotierten Gesellschaften nach Chapter 10 sprechen dieselben Gründe wie gegen die Beteiligung der Hauptversammlung bei einem gewöhnlichen Beteiligungserwerb ohne ein Übernahmeangebot. Es macht keinen Unterschied, wie der Beteiligungserwerb vollzogen wird, ob durch den Erwerb einer Zielgesellschaft von einer Vielzahl von Investoren über die Börse oder durch den direkten Erwerb von einem einzelnen Anteilseigner. Der Hintergrund der Ungeeignetheit einer Hauptversammlungszuständigkeit bleibt derselbe, so dass auf die zuvor gemachten Ausführungen verwiesen werden kann.[621]

## 6. Abwehrmaßnahmen bei Übernahmeangebot

Einen grundlegenden Unterschied weisen Deutschland und England bei dem Zustimmungsbedürfnis der Hauptversammlung bei Abwehrmaßnahmen gegen ein vorliegendes Übernahmeangebot auf. Es wird allerdings abzuwarten sein, ob durch die Verabschiedung der Dreizehnte (Übernahme-) Richtlinie[622] nunmehr doch eine Angleichung der Rechtssystem erfolgen wird.[623]

Während in England für Abwehrmaßnahmen nach Regel 21 des City Code nach Vorliegen eines Übernahmeangebots zwingend ein Hauptversammlungsbeschluss erforderlich ist, bedürfen Abwehrmaßnahmen des Vorstands in Deutschland nach § 33 Abs. 1 S. 2 Alt. 3 WpÜG nur der Zustimmung des Aufsichtsrats. Eine alternativ mögliche Ermächtigung der Hauptversammlung zu Abwehrmaßnahmen muss die Abwehrmaßnahmen der Art nach bestimmen und bedarf einer Mehrheit, die mindestens drei Viertel des bei der Beschlussfassung vertretenen Grundkapitals umfasst. Dabei kann die Satzung eine größere Kapitalmehrheit und weitere Erfordernisse bestimmen (§ 33 Abs. 2 S. 2 u. 3 WpÜG). Allerdings dürfte aufgrund der Möglichkeit Abwehrmaßnahmen durch den Aufsichtsrat zu legitimieren für eine Ermächti-

---

[621] s.o. S. 194ff.

[622] Nr. 2004/25/EG v. 21.04.2004, ABl EG Nr. L 142 v. 30.04.2004.

[623] s. dazu weiter unter S. 206ff.

gung durch die Hauptversammlung nach Vorliegen eines Angebots nur noch ein begrenztes Anwendungsfeld bestehen.[624]

Hinter dem strikten Verbot jedweder Angebotsvereitlung (*frustrating action*) im englischen Recht ab Kenntnis vom Bevorstehen eines Übernahmeangebots, steht der Gedanke, dass es die Aktionäre sind, die über den Erfolg oder Misserfolg eines Übernahmeversuchs entscheiden sollen, da sie die Eigentümer der Gesellschaft sind. Zugleich trägt das Neutralitätsgebot der Gefahr Rechnung, dass das *board of directors* im Konflikt zwischen den Fremdinteressen der Aktionäre und den eigenen Interessen am Erhalt des Arbeitsplatzes eigensüchtig entscheidet.[625]

Die Ausnahmevorschrift nach § 33 Abs. 1 S. 2 Alt. 3 WpÜG wurde in Deutschland nach eingehenden Diskussionen über den dem Vorstand zu gewährenden Spielraum zur Abwehr unerwünschter Übernahmeversuche in der Schlussphase der parlamentarischen Beratung auf Grund einer Beschlussempfehlung des Finanzausschusses[626] in das Gesetz aufgenommen. Zuvor bedurften alle Handlungen des Vorstands und des Aufsichtsrats der Zielgesellschaft, durch die der Erfolg des Übernahmeangebots verhindert werden könnte, der Ermächtigung der Hauptversammlung.[627] Die nunmehr geltende Regelung erweitert den Handlungsspielraum des Vorstands in nicht unerheblichen Maß, da sie es diesem ermöglicht, gezielte Abwehrmaßnahmen auch ohne Einschaltung der Hauptversammlung zu ergreifen.

Gegen die Ausnahmevorschrift des § 33 Abs. 1 S. 2 Alt. 3 WpÜG könnten in Hinblick auf Art. 14 GG verfassungsrechtliche Bedenken bestehen.[628] Im Fall des Aufsichtsratsvorbehalts wird geltend gemacht, den Aktionären werde

624 vgl. Zech, Verhaltenspflichten, S. 189f; Winter/Harbarth, ZIP 2002, S. 1, 13.

625 vgl. Gower/Davies, Principles, S. 705; Davies, The Regulation of Defensive Tactics, S. 195, 199f.

626 Beschlussempfehlung und Bericht des Finanzausschusses, BT-Drucks. 14/7477, S. 25f, 53.

627 so noch im Gesetzentwurf der Bundesregierung, BT-Drucks. 14/7034, S. 16, 58.

628 so Winter/Harbarth, ZIP 2002, S. 1, 8; Zschocke, DB 2002, S. 79, 82f.

durch diesen von vornherein die Möglichkeit genommen, ihre Anteile zu veräußern.[629] Dies ist vor dem Hintergrund des „Mitbestimmungsurteils“ des Bundesverfassungsgerichts[630] bedenklich. Das Bundesverfassungsgericht hat dort ausgeführt, dass für das Ausmaß zulässiger Sozialbindung des Anteilseigentums an größeren Unternehmen dessen Eigenart von Bedeutung sei. Von der Veräußerung oder Belastung abgesehen, stünden dem Aktionär Verfügungsbefugnisse nur mittelbar über die Organe der Gesellschaft zu.[631] Durch die Möglichkeit eine Abwehrmaßnahme durch bloße Zustimmung des Aufsichtsrats durchzuführen, würde der Aktionär aber gerade bei der Veräußerung seines Anteils gravierend beeinträchtigt. Dieses sei deshalb so kritisch zu sehen, da der Aufsichtsrat von börsennotierten Aktiengesellschaften keine Art Aktionärsausschuss darstelle, sondern regelmäßig nach Maßgabe des Mitbestimmungsgesetzes 1976 qualifiziert mitbestimmt sei.[632]

Trotz der vorgebrachten Bedenken dürfte § 33 Abs. 1 S. 2 Alt. 3 WpÜG verfassungsgemäß sein und einer Überprüfung durch das Bundesverfassungsgericht standhalten. So wird den Aktionären auch bei Abwehrmaßnahmen, die erst durch die Zustimmung des mitbestimmten Aufsichtsrats möglich werde, nicht generell die Möglichkeit genommen, ihre Anteile zu veräußern. Den Aktionären wird - den Erfolg der Abwehrmaßnahme vorausgesetzt - nur die Möglichkeit genommen an den Bieter zu veräußern. Diese Beschränkung kommt folglich keinem Veräußerungsverbot gleich. Sie mag zwar wirtschaftliche Auswirkungen auf den Verkaufspreis haben, da ein öffentliches Übernahmeangebot in aller Regel über dem aktuellen Börsenkurs liegt.[633] Trotz alledem bleibt es dem Aktionär auch nach Scheitern des Übernahmeangebots ungenommen, seine Aktien über den Kapitalmarkt zu veräußern.[634]

---

[629] vgl. Zschocke, DB 2002, S. 79, 83.
[630] vgl. BVerfGE 50, S. 290ff.
[631] vgl. BVerfGE 50, S. 290 342.
[632] vgl. Winter/Harbarth, ZIP 2002, S. 1, 8.
[633] s. dazu Hirte, in: KölnerKomm/WpÜG, Einleitung, Rn. 5.
[634] so auch Zech, Verhaltenspflichten, S. 164ff.

Der Verfassungsmäßigkeit zum trotz, gibt es allerdings rechtpolitische Gründe, die gegen den Aufsichtsratvorbehalt und für eine zwingende Zustimmungspflicht der Hauptversammlung sprechen.[635] Vor allem erscheint die Verlagerung der Zustimmungskompetenz von der Hauptversammlung auf den Aufsichtsrat aufgrund der Interessendivergenz zwischen Aktionären, Vorstand und Aufsichtsrat problematisch. So haben Vorstand und Aufsichtsrat häufig gänzlich andere Interessen als die Aktionäre als wirtschaftliche Eigentümer der Aktiengesellschaft. Den Aktionären als Investoren und Anlegern kommt es vornehmlich auf die Börsenkursentwicklung und die Gewinnausschüttung an,[636] während es den Arbeitnehmervertretern im mitbestimmten Aufsichtsrat eher um den Erhalt und die Sicherung Arbeitsplätze im Unternehmen geht.[637] Diese Arbeitsplätze erscheinen nach einer erfolgreichen Übernahme, je nach Interesse der neuen Eigentümer, die allerdings zumeist auf Synergieeffekte und Kostenersparnis zielen, in Gefahr.[638] Dem Vorstand kommt es häufig ebenfalls auf seine Macht- und Einflusserhalt an.[639] Da nun Vorstand und Aufsichtsrat, vorbei an der Hauptversammlung, Maßnahmen beschließen können, welche die Annahme eines günstigen, den Börsenkurs übersteigenden Angebots, gemeinsam verhindern können, werden die Aktionäre als eigentliche Eigentümer der Aktiengesellschaft und ihr Interesse an einer Gewinnoptimierung ihres Investments übergangen.[640]

Diese Überlegungen sprechen für die englische Regelung, die für Abwehrmaßnahmen zwingend die Zustimmung der Hauptversammlung verlangt und so einen Interessenkonflikt schon im Ansatz verhindert. Darüber hinaus ist zu bedenken, dass zu weitgehende Verhinderungsmöglichkeiten des Vorstands und des Aufsichtsrats bei einem Übernahmeangebot dazu führen, dass die

[635] so auch Krause, AG 2002, S. 133, 136f; Ekkenga/Hofschroer, DStR 2002, S. 724, 733; Zschocke, DB 2002, S. 79, 83; insbesondere Drygala, ZIP 2001, S.1861, 1865ff, 1871.
[636] vgl. Kessler, AG 1993, S. 252, 260; Mülbert, Aktiengesellschaft, S. 89, 99.
[637] vlg. Kessler, AG 1993, S. 252, 260.
[638] s. dazu Hirte, in: KölnerKomm/WpÜG, Einleitung, Rn. 12ff; 23ff.
[639] vgl. Grunewald, AG 2001, S. 288.
[640] Kritisch auch Zech, Verhaltenspflichten, S. 178f.

Aktie auf dem Kapitalmarkt nicht mehr so attraktiv ist, da faktisch die Entscheidungsfreiheit des Aktionärs seine Anteile bei einem günstigen Übernahmeangebot zu veräußern, verhindert wird. Dies ist am Kapitalmarkt mit Kursabschlägen und einer erschwerten Kapitalbeschaffung verbunden.[641]

Nach fast 30-jährigem Streiten[642] ist im März 2004 die Dreizehnte (Übernahme-)Richtlinie[643] verabschiedet worden, welche allerdings in Deutschland noch nicht umgesetzt wurde.[644] Art. 9 Abs. 3 der Richtlinie enthält eine Neutralitätspflicht des Vorstands und damit ein Verbot von Abwehrmaßnamen, von welcher der Vorstand nur mit Zustimmung der Hauptversammlung entbunden werden kann. Allerdings führt die Richtlinie nach Art. 12 hinsichtlich der Abwehrmaßnahmen ein sog. Optionsmodell ein. Dieses Optionsmodell ist zweistufig: Auf der ersten Stufe sind die Mitgliedstaaten berechtigt, von der Umsetzung der Neutralitätspflicht nach Art. 12 Abs. 1 abzusehen („Opt-out“). Auf der zweiten Stufe müssen Mitgliedstaaten nach Art. 12 Abs. 2, die von ihrem „Opt-Out“-Recht Gebrauch machen, den Gesellschaften mit Sitz in ihrem Hoheitsgebiet die Möglichkeit zur Verfügung stellen, sich den Beschränkungen der Richtlinie durch Hauptversammlungsbeschluss mit satzungsändernder Mehrheit individuell unterwerfen zu können („Opt-in“).[645] Daneben erscheint es noch eine dritte Umsetzungsmöglichkeit zu geben, wonach die Hauptversammlung ein Austritt aus dem strengen Schutzkonzept und der Neutralitätspflicht erst selbst beschließen müsste, dem sog. „Opt-Out-Recht der Gesellschaft“.[646]

---

641 so auch Krause, BB 2005, S. 113, 119.

642 Ein erster Regelungsvorschlag lag der EU-Kommission 1974 mit dem sog. Pennington-Bericht (EG-Komm.-Doc. XI/56/74) vor.

643 Nr. 2004/25/EG v. 21.04.2004, ABl EG Nr. L 142 v. 30.04.2004.

644 zu den Einzelheiten hinsichtlich der Richtlinie s. Seibt/Heiser, ZGR 2005, S. 200ff; Krause, BB 2005, S. 113.

645 zu den Möglichkeiten der Umsetzung in das deutsche Recht s. Seibt/Heiser, ZGR 2005, S. 200, 231ff.

646 so Seibt/Heise, ZGR 2005, S. 200, 231.

Ob und wie Deutschland von diesem Optionsrecht Gebrauch machen wird, bleibt abzuwarten. Allerdings ist aufgrund der augenblicklichen Rechtslage, d.h. einer weit gefassten Vereitlungsmöglichkeit, zu erwarten, dass sich der deutsche Gesetzgeber für die Einführung eines Optionsmodells entscheidet und den Gesellschaftern ein Wahlrecht einräumen wird.[647] Hintergrund dürfte weiterhin die Furcht vor Übernahmen deutscher Gesellschaften vor allem durch ausländische Bieter sein. So forderten schon vor In-Kraft-Treten der jetzigen Regelung BDI, DIHK, Arbeitgeberverbände und die Versicherungswirtschaft in einer gemeinsamen Stellungnahme in der Anhörung des Finanzausschusse zum Wertpapiererwerbs- und Übernahmegesetz am 18.10.2001 eine weitere Aufweichung des Neutralitätsgebots.[648] Dies führte letztendlich auch zur Einführung der Zustimmungsmöglichkeit des Aufsichtsrats für Abwehrmaßnahmen.

Es wäre allerdings aus oben gesagten Gründen wünschenswert das Optionsmodell nicht einzuführen, so dass die strengen Neutralitätspflichten, die in England gelten, auch in Deutschland anwendbar wären. Sollte die Anwendung des Optionsmodells gewählt werden, wäre zumindest die Variante des „Opt-Out-Rechts der Gesellschaft" zu bevorzugen, wonach die Aktionäre jeder Gesellschaft selbst mit Zweidrittelmehrheit beschließen müssten, dass sie von den strengen Neutralitätsregeln keinen Gebrauch machen wollen.

## III. Trennung von Unternehmen

Die dritte und letzte Gruppe von Zustimmungserfordernissen der Hauptversammlung kann bei der Trennung von Unternehmen entstehen. Unter der Trennung wird hier die Abspaltung, Aufspaltung, Ausgliederung sowie die Veräußerung von Beteiligungen verstanden.

---

647 so auch Mülbert, NZG 2004, S. 663, 634; Seibt/Heiser, ZGR 2005, S. 200, 231.

648 Bei Übernahmegesetz nicht auf EU warten, FAZ vom 19.10.2001, S. 18.

## 1. Abspaltung und Aufspaltung

In beiden Rechtsordnungen bedarf es für die Abspaltung sowie für die Aufspaltung eines Unternehmensteils bzw. eines Unternehmens grundsätzlich einer Zustimmung der an der Abspaltung bzw. Aufspaltung beteiligten Hauptversammlungen.

Spaltet eine Gesellschaft eine Gesellschaftsteil auf eine bereits bestehende Gesellschaft ab, müssen sowohl die Hauptversammlung der abspaltenden Gesellschaft als auch die Hauptversammlung der übernehmenden Gesellschaft der Abspaltung zustimmen. Das gleiche gilt, wenn sich eine Gesellschaft auf zwei oder mehrere bestehende Gesellschaften aufspaltet. Bei beiden Spaltungsarten macht es dabei keinen Unterschied, ob die übernehmenden Gesellschaften bereits vor der Spaltung bestanden hat oder für diese neu gegründet wurden. In England wurde das Zustimmungserfordernis der übernehmenden Gesellschaften erst durch die Sechste gesellschaftsrechtliche (Spaltungs-) Richtlinie[649] eingeführt.

Für den Zustimmungsbeschluss ist in Deutschland eine Mehrheit von drei Viertel des bei der Beschlussfassung vertretenen Grundkapitals erforderlich. Dagegen bedarf es in England - wie bei der Verschmelzung - der strengeren doppelt qualifizierten Mehrheit. Danach muss sowohl jede Anteilseignerklasse mit einer Mehrheit der Anzahl der bei der jeweiligen Versammlung vertretenen Gesellschafter zustimmen, als auch diese zahlenmäßige Mehrheit jeweils mindestens drei Viertel des bei der Versammlung vertretenen Nominalwerts der Anteile repräsentieren.

Unterschiede gibt es - wie bei der Verschmelzung - hinsichtlich der Ausnahmetatbestände, nach denen eine Zustimmung der übernehmenden Gesellschaften nicht erforderlich ist.

---

[649] Nr. 82/891/EWG v. 17.12.1982, ABl EG Nr. L 378 v. 31.12.1992, S. 47.

So brauchen in England grundsätzlich keine Zustimmungsbeschlüsse der übernehmenden Gesellschaft gefasst zu werden, wenn gewisse Formalien[650] eingehalten werden und keine Gesellschafter, die zusammen mehr als fünf Prozent des eingezahlten und stimmberechtigten Anteilskapitals halten, eine Einberufung einer Hauptversammlung beantragt haben.

Darüber hinaus sind nach englischem Recht die Zustimmungsbeschlüsse aller beteiligten Gesellschaften und damit auch der übertragenden Gesellschaft entbehrlich, wenn zum Zeitpunkt der Verschmelzung alle Geschäftsanteile und stimmrechtsvermittelnden Sicherheiten der übertragenden Gesellschaft(en) von der übernehmenden Gesellschaft gehalten werden. Darüber hinaus müssen wiederum gewisse Formalien[651] eingehalten werden und keine Gesellschafter, die zusammen mehr als fünf Prozent des eingezahlten und stimmberechtigten Anteilskapitals halten, dürfen eine Einberufung zur Abstimmung über den Spaltungsplan beantragen haben.

Dagegen verzichtet das deutsche Recht beim einzigen Ausnahmetatbestand nur auf den Spaltungsbeschluss der übernehmenden Gesellschaft für den Fall, dass – neben der Erfüllung weiterer Voraussetzungen[652] – die übernehmende Gesellschaft Aktien im Nennbetrag von mindestens 90% des Grundkapitals der übertragenden Gesellschaft hält. Dieselbe Regelung findet sich ebenfalls im englischen Recht. Die englische Regelung mit ihren weitergehenden Ausnahmetatbeständen ist, wie bei den Ausnahmetatbeständen der Verschmelzung, der deutschen vorzuziehen. Einerseits sind die nach deutschem Recht verlangten Hauptversammlungsbeschlüsse reiner Formalismus, andererseits werden Minderheitsgesellschafter durch die englische Regelung ebenso geschützt wie durch die Deutsche.[653]

---

[650] s. diesbezüglich bei der Verschmelzung, S. 181ff.
[651] s. diesbezüglich bei der Verschmelzung, S. 181ff.
[652] s. dazu oben S. 39f.
[653] s. dazu die Begründung bei der Verschmelzung, S. 181ff.

## 2. Ausgliederung

Im Gegensatz zur Abspaltung und Aufspaltung bestehen bei der Ausgliederung zwischen beiden Rechtsordnungen gravierende Unterschiede.

Zunächst gibt es im deutschen Recht zwei rechtliche Alternativen, eine Ausgliederung durchzuführen. Zum einen wurde die Ausgliederung im Wege der sog. partiellen Gesamtrechtsnachfolge als eine mögliche Art der Spaltung ausdrücklich 1995 in das Umwandlungsgesetz aufgenommen. Zu anderen besteht weiterhin die Möglichkeit eine Ausgliederung im Wege der Übertragung einzelner Gegenstände und der Überleitung einzelner Verbindlichkeiten herbeizuführen.[654]

Wesentlicher Unterschied zwischen beiden Ausgliederungsarten ist das Merkmal der partiellen Gesamtrechtsnachfolge bei der Ausgliederung nach dem Umwandlungsgesetz. Mit Eintragung der Ausgliederung in das Handelsregister des Sitzes des übertragenden Rechtsträgers gehen nach § 131 Abs. 1 Nr. 1 UmwG die ausgegliederten Teile des Vermögens, einschließlich der Verbindlichkeiten, entsprechend der im Spaltungs- und Übernahmevertrag vorgesehenen Aufteilung jeweils als Gesamtheit auf die übernehmenden Rechtsträger über.[655] Dagegen muss für die Ausgliederung außerhalb des Umwandlungsgesetzes jeder Gegenstand sowie jede Verbindlichkeit einzeln nach dem Bestimmtheitsgebot auf die andere Gesellschaft übertragen werden. Eine Ausgliederung nach dem Umwandlungsgesetz bedarf grundsätzlich einer Zustimmung der Hauptversammlung der übertragenden sowie übernehmenden Gesellschaft, wobei der erforderliche Beschluss mit einer Mehrheit von drei Viertel des bei der Beschlussfassung vertretenen Grundkapitals zuzüglich einer Stimmmehrheit zu fassen ist (§§ 125, 135 Abs. 1 i.V.m. §§ 13, 65 Abs. 1 UmwG). Ausnahmsweise bedarf es nach §§ 125 S. 1, 62 Abs. 1 S. 1 UmwG keines Zustimmungsbeschlusses der übernehmenden Gesellschaft,

[654] Begründung zum RegE des UmwG, BT-Drucks. 12/6699, S. 80.
[655] zu den Einzelheiten s. Dietz, Die Ausgliederung, S. 101ff.

wenn sich mindestens neun Zehntel des Grundkapitals der übertragenden Gesellschaft in ihren Händen befindet.

Eine Ausgliederung außerhalb des Umwandlungsgesetzes mittels einer Einzelrechtsübertragung auf eine andere Gesellschaft bedarf grundsätzlich keiner Zustimmung der Hauptversammlung. Grenzen sind bei einer solchen Ausgliederung von Vermögensgegenständen auf eine andere Gesellschaft allerdings zum einen durch § 179a AktG gesetzt. Danach erfordert die Übertragung des gesamten Vermögens einer Aktiengesellschaft die Zustimmung der Hauptversammlung. Der Beschluss erfordert eine Dreiviertelmehrheit des bei der Beschlussfassung vertretenen Grundkapitals. Für eine Anwendung des § 179a AktG und damit einem Zustimmungserfordernis, muss es sich keineswegs um das ganze Vermögen handeln. Nach hier vertretener Ansicht bedarf es bereits eines Zustimmungsbeschlusses, wenn die Gesellschaft mit dem verbliebenen Betriebsvermögen den Unternehmensgegenstand nicht mehr fortführen kann.[656]

Zum anderen ist eine Kompetenz der Hauptversammlung nach hier vertretener Auffassung auch dann anzuerkennen, wenn nach dem Unternehmensgegenstand durch Auslegung nicht genau zu ermitteln ist, ob der Vorstand zur Ausgliederung von Vermögenswerten auf andere Gesellschaften befugt sein soll und die Ausgliederung in ihrer Reichweite und Schwere einer Satzungsänderung und damit einer Hauptversammlungskompetenz analog § 179 Abs. 1 AktG gleichkommt. Dies ist immer dann der Fall, wenn der unternehmerische Schwerpunkt der Gesellschaft bzw. das charakteristische Gepräge des Unternehmens spürbar verändert wird.[657]

Der Hauptversammlungsbeschluss bedarf dann, wie bei einer Satzungsänderung, einer Dreiviertelmehrheit des bei der Beschlussfassung vertretenen Grundkapitals.

---

[656] zu den Einzelheiten s.o. S. 26ff.

[657] zu den Einzelheiten s.o. S. 56f, 61ff.

Grund für die Anerkennung einer Kompetenz der Hauptversammlung im Zusammenhang mit einer einzelvertraglichen Ausgliederung ist die Schutzbedürftigkeit der Aktionäre wegen der Gefahr einer Mediatisierung ihrer Herrschaftsrechte und damit einer Gefährdung ihres Vermögens. Der Vorstand könnte ansonsten, wenn die Satzung keine dahingehenden Begrenzungen aufweist, bis zur Grenze des § 179a AktG konsequent Vermögen der Hauptgesellschaft auf Tochter- oder Enkelgesellschaften verlagern. Dort haben die Aktionäre der Hauptgesellschaft keine direkten Einflussmöglichkeiten mehr, da die Stimmrechte in den Tochter- oder Enkelgesellschaften vom Vorstand als Geschäftsführungsorgan der Hauptgesellschaft ausgeübt werden. Im Gegensatz zu einem Beteiligungserwerb wird so die Entscheidungsstruktur des Konzerns entgegen der ursprünglichen Konzeption entscheidend verändert, so dass ein Mitspracherecht der Aktionäre dringend erforderlich erscheint.

In England dagegen ist die Ausgliederung außerhalb der Vorschriften über das *demerger* bzw. der *division* mittels eines *Scheme of Arrangement* gem. Sec. 425ff CA 1985 für nicht börsennotierte *companies* nicht geregelt. Der Verwaltungsrat kann das gesamte Unternehmen oder Vermögen einer *company* an eine andere *company* übertragen, wenn das *memorandum of association* keine explizite Zustimmung der Hauptversammlung verlangt. Ein solche Klausel ist nicht in der Mustersatzung des CA 1985 enthalten und darüber hinaus auch nicht üblich.[658]

Unter Umständen bedarf es der Zustimmung der Hauptversammlung zu einer Änderung des Unternehmensgegenstands, wenn nach diesem eine Ausgliederung nicht möglich ist, da nach der Ausgliederung entweder der im Unternehmensgegenstand beschriebene Geschäftsbetrieb nicht aufrechterhalten werden kann oder die Gründung und das Führen des Geschäftsbetriebs in Tochtergesellschaften nicht erlaubt ist. Weiterhin bedarf es bei einer nicht börsennotierten company einer Zustimmung der Hauptversammlung, wenn an

[658] vgl. Weinberg and Blank on Takeovers and Mergers, Rn. 2-2062.

der Ausgliederung ein Direktor oder ihm nahe stehende Personen direkt beteiligt sind.[659]

Ansonsten findet die Verwaltungsratkompetenz bei einer Ausgliederung bei nicht börsennotierten *companies* lediglich darin eine Begrenzung, dass der Verwaltungsrat für die Übertragung eine angemessene Gegenleistung aushandeln muss und seine Sorgfalts- und gesellschaftsrechtlicher Treupflichten nicht verletzen darf.[660]

Einzig und allein eine börsennotierte *company* bedarf dagegen bei Vorliegen bestimmter Transaktions- und damit Ausgliederungsgrößen nach Chapter 10 der Listing Rules einer vorherigen Zustimmung der Hauptversammlung. Der Zustimmungsbeschluss erfordert dann eine Dreiviertelmehrheit der ausgeübten Stimmrechte. Dabei macht es auch keinen Unterschied, ob die Transaktion und damit die Ausgliederung von Vermögenswerten auf Ebene der Mutter-, Tochter- oder Enkelgesellschaft erfolgt. Neben der Zustimmung ist die Transaktion der FSA als zuständiger Behörde anzuzeigen, die auch darüber vorab entscheidet, ob die Transaktion wirklich ein Zustimmungserfordernis der Hauptversammlung auslöst. Des weitern kann die FSA in bestimmten Konstellationen auch Ausnahmen von dem Zustimmungserfordernis zulassen.[661]

Bei einem Vergleich zwischen Deutschland und England fällt zunächst auf, dass in England hinsichtlich der Ausgliederungskompetenz bei nicht börsennotierten Gesellschaften entscheidend auf die *articles of association* als Satzungsbestandteil und die darin enthaltenen Kompetenzregelung abgestellt wird. Darüber hinaus ist die Hauptversammlung in England nur zu befragen, wenn das auszugliedernde Vermögen ein bestimmtes Volumen übersteigt. In Deutschland ist dagegen nach dem geschriebenen Recht nur bei der Ausglie-

---

[659] zu den Einzelheiten s.o. S. 139ff.

[660] vgl. Weinberg and Blank on Takeovers and Mergers, Rn. 2-2066.

[661] zu den Einzelheiten s.o. S. 142ff.

derung nach dem Umwandlungsgesetz sowie bei Übertragung des ganzen Vermögens nach § 179a AktG eine Hauptversammlungszustimmung erforderlich. Daneben ist auch bei Ausgliederungen, die nicht Umwandlungsgesetz unterliegen, bei Vorliegen bestimmter qualitativer Merkmale eine Zustimmungspflicht der Hauptversammlung nach hier vertretener Auffassung anzuerkennen.

Die englische Herangehensweise ähnelt der hier vertretenen Auffassung, wonach hinsichtlich der Frage einer Hauptversammlungskompetenz zunächst die Regelungen in der Satzung heranzuziehen sind. Erst wenn die Satzung schweigt oder sich durch Auslegung kein eindeutiges Ergebnis hinsichtlich einer Vorstandskompetenz ermitteln lässt, sollte für eine Ausgliederung in dem Ausnahmefall einer die Struktur der Gesellschaftsgruppe ändernden Maßnahme, die den bisherigen Schwerpunkt der Obergesellschaft betrifft, eine Hauptversammlungskompetenz angenommen werden. Ist der Fall dagegen in der Satzung geregelt und hat der Vorstand aus diesem Grund die ausdrückliche Kompetenz, haben sich die Aktionäre durch die Satzungsgestaltung ihres Mitbestimmungsrechts begeben und können ein solches auch nur durch eine entsprechende Satzungsänderung zurückerlangen.

Bei Publikumsgesellschaften mit großem Streubesitz ist allerdings anzuerkennen, dass eine die Ausgliederung betreffende Regelung häufig nicht in der Satzung enthalten ist, sondern sich mit Dienstlichkeitsklauseln beholfen wird. Diese Dienstlichkeitsklauseln sind sehr unbestimmt und geben dem Vorstand so z.B. häufig das Recht zur Geschäftsführung Tochtergesellschaften zu gründen. Sie besagen allerdings nichts darüber, ob dazu eine Ausgliederung von Vermögen erfolgen darf und wenn ja in welcher Höhe. Die Einführung einer die Ausgliederung regelnden Klausel durch eine Satzungsänderung scheitert an der bei großem Streubesitz schwer zu erreichenden für eine Satzungsänderung notwendigen Dreiviertelmehrheit.

Es fragt sich daher für Publikumsgesellschaften, ob nicht eine gesetzliche Regelung ein Zustimmungserfordernis mit quantitativen Kennzahlen auch bei der Ausgliederung im Wege der Einzelrechtsnachfolge explizit festlegen sollte, wie dies bei den Listing Rules in England der Fall ist.

Für eine Regelung mit quantitativen Kennzahlen spricht vor allem die Rechtssicherheit, die eine entsprechende Bestimmung von festen Kennzahlen für ein Zustimmungserfordernis geben würde. Bei der hier vertretenen Ansicht für eine ungeschriebene Hauptversammlungszuständigkeit anhand von qualitativen Merkmalen, wie einer unternehmerischen Schwerpunktsverlagerung bzw. Veränderung des charakteristischen Gepräges des Unternehmens, wird es immer zu dem Problem der genauen Abgrenzung des Vorliegens eines solchen Falls kommen. Eine klare gesetzliche Regelung mit eindeutigen Schwellenwerten, wie in England, ab denen eine Hauptversammlungszustimmung erforderlich ist, entginge dieser Problematik. Bei der Festlegung der Höhe der quantitativen Kennzahlen könnten dann die qualitativen Merkmale miteinfließen. Dies würde bedeuten, dass eher höhere Kennzahlen bestimmt werden, da nur bei solchen eine Veränderung des charakteristischen Gepräges anzunehmen sein wird.

Eine solche Regelung sollte allerdings nur für Publikumsaktiengesellschaften mit einer Vielzahl von Aktionären und großem Streubesitz, wie es typischerweise bei börsennotierten Gesellschaften der Fall ist, getroffen werden. Andere Gesellschaften können durch eine entsprechende Satzungsgestaltung die Vorstandskompetenz, falls gewünscht, begrenzen und die Problematik somit selbst regeln. Dies ist bei Publikumsaktiengesellschaften aufgrund des hohen Streubesitzes und dem deshalb schwer zu erreichenden Mehrheitserfordernis für eine Satzungsänderung nicht möglich.

Der Einführung einer gesetzlichen Regelung widerspräche auch nicht das Argument, sie würde nicht als abschließend betrachtet und nicht erfasste Konstellationen blieben weiterhin unsicher.[662] Nach hier vertretener Ansicht verbleibt als einziger möglicher Fall einer ungeschriebenen Hauptversamm-

---

[662] vgl. Baums, Bericht der Regierungskommission, S. 118, Rn.81.

lungskompetenz - von Fragen des Bezugsrechtsausschluss in Tochter- oder Enkelgesellschaften abgesehen - die Ausgliederung im Wege der Einzelrechtsübertragung. Dementsprechend würde durch eine Regelung dieses Falls eine diesbezüglich weiterhin bestehende Rechtsunsicherheit geklärt werden. Eine gesetzliche Regelung könnte in § 119 AktG nur für börsennotierte Gesellschaften i.S.v. § 3 Abs. 2 AktG als ein neuer Absatz 3 eingeführt werden:

„(3) [1]Die Hauptversammlung einer börsennotierten Aktiengesellschaft hat einer Ausgliederung von Vermögen, die nicht schon dem Umwandlungsgesetz unterfällt, durch Beschluss zuzustimmen. [2]Der Beschluss bedarf einer Mehrheit von drei Viertel des bei der Beschlussfassung vertretenen Grundkapitals. [3]Ein Zustimmungsbeschluss ist entbehrlich, wenn der Wert des auszugliedernden Vermögens im Vergleich zum verbleibenden Vermögen keine der in Absatz 4 Kennzahlen erreicht:“

Bei den Kennzahlen, nach denen Zustimmungsbeschluss entbehrlich ist, könnte man sich an den Kennzahlen orientieren, die nach Annex 1 Chapter 10 der Listing Rules zur Bestimmung der Verhältnisquoten genannt werden und sich in England bewährt haben. Diese sind Gesamtvermögen, Gewinn sowie Bruttokapital. Die Kennzahl Kaufpreis im Vergleich zur Marktkapitalisierung bringt keinen Nutzen, da bei einer Ausgliederung kein Vermögen verkauft wird. Nach den Listing Rules löst das Erreichen einer der Kennzahlen bereits ein Zustimmungserfordernis aus. Dementsprechend sollte auch in Deutschland das Erreichen einer der drei Kennzahlen eine Zustimmungspflicht auslösen.

Hinsichtlich der Höhe der Kennzahlen bei der eine Zustimmungspflicht ausgelöst wird, gibt es verschiedene Möglichkeiten. Einerseits könnte man sich an der Höhe der durch die Rechtsprechung des Bundesgerichthofs festgelegten Kennzahlen orientieren. In seiner „Gelatine“-Entscheidung bestätigte er nochmals, dass eine Hauptversammlungskompetenz erst bei Maßnahmen eingreife, deren „wirtschaftliche Bedeutung in etwa die Ausmaße wie in dem

Senatsurteil BGHZ 83, 122 erreicht."[663] Die „wirtschaftliche Bedeutung" dieser „Holzmüller"-Entscheidung betrug 80% des Vermögens der übertragenden Gesellschaft. Mithin wäre die Höhe der Kennzahl bei 80% festzulegen. Andererseits könnte man sich an den Vorgaben des Chapter 10 der Listing Rules orientieren, welche eine zwingende Zustimmungspflicht der Hauptversammlung bereits bei Erreichen eine Höhe von 25% der Kennzahlen festlegen. Darüber hinaus wurden Kennzahlen im Gesetzgebungsverfahren des Umwandlungsgesetzes diskutiert, bei denen, sollten sie nicht erreicht werden, ein Zustimmungserfordernis für die Ausgliederung nach dem Umwandlungsgesetz entfallen sollte (§ 204 Abs. 1 S. 1 Diskussionsentwurf zum UmwG).[664] Dabei wurde eine 10% Grenze in Anlehnung an die Nachgründungsvorschriften des § 52 AktG vorgeschlagen.[665]

Vergleicht man die Höhe der unterschiedlichen Modelle, deren Erreichen eine Zustimmungspflicht auslöst, ergibt dies eine weite Spannweite zwischen 10% und 80%. Der Ansatz wonach bereits 10% eine Zustimmungspflicht auslösen soll, ist abzulehnen, da selbst in England eine weitaus höhere Quote für eine Zustimmungspflicht der Hauptversammlung angenommen wird. Zudem ging es bei diesem Ansatz um eine Ausnahmeregelung zu der generellen Zustimmungspflicht bei einer Ausgliederung nach dem Umwandlungsgesetz. Der Schwellenwert nach den Listing Rules erscheint nach den Untersuchungsergebnis zum Schutzbedürfnis und dem Interesse der Aktionäre an der Beteiligung bei der Leitung der Aktiengesellschaft in Deutschland sehr niedrig.[666] Durch die vom Aktiengesetz grundsätzlich vorgegebene Aufgabentrennung und -teilung, die durch eine Verlagerung der Kompetenz für Ausgliederungen im Wege der Einzelrechtsnachfolge auf die Hauptversammlung eingeschränkt würde, empfiehlt es sich einen weitaus höheren Schwellenwert festzulegen.

---

[663] BGHZ 159, S. 30, 45.

[664] Diskussionsentwurf Gesetz zur Bereinigung des Umwandlungsrechts, Bundesministerium der Justiz, Az. III A1-3501/1, S. 110.

[665] s. Begründung in: Diskussionsentwurf Gesetz zur Bereinigung des Umwandlungsrecht, Bundesministerium der Justiz, Az. III A1-3501/1, S. 165.

[666] s.o. S. 195ff.

Dies entspräche auch der Rechtsprechung des Bundesgerichtshofs, nach welcher der Grenzwert für eine Hauptversammlungsbeteiligung bei 80% des von der Ausgliederung betroffenen Vermögens anzusiedeln ist.

Deshalb erscheint es angemessen, einen Schwellenwert von mindestens 75% festzulegen ab dessen Erreichen eine Hauptversammlungsbeteiligung bei Ausgliederungsvorgängen auf jeder Ebene des Konzerns erforderlich ist. Auch diese Zahl ist willkürlich bestimmt und es bleibt letztendlich dem Gesetzgeber überlassen, Höhe und Kennzahlen festzulegen, ab deren Erreichen ein Hauptversammlungsbeschluss für eine Ausgliederung im Wege der Einzelrechtsnachfolge erforderlich ist. Diesbezüglich wäre eine empirische Untersuchung von Vorteil, in der festzustellen ist, wie oft und in welcher Höhe in den letzten Jahren bei Publikumsaktiengesellschaften Vermögen innerhalb des Konzerns ohne Beteiligung der Hauptversammlung ausgegliedert wurde und wie die Unternehmensentwicklung darauf verlief. Aufgrund dieses Zahlenwerks könnte mittels einer politischen Entscheidung festgelegt werden, ab welchen Schwellenwerten ein Ausgliederungsvorgang ein Schutzinteresse der Aktionäre auslöst.

Absatz 4 von § 119 AktG könnte somit lauten:

„(4)[1] a) 75% des Gesamtvermögens der ausgliedernden Gesellschaft im Verhältnis zum auszugliedernden Vermögen oder
b) 75% des Gewinn der ausgliedernden Gesellschaft im Verhältnis zum dem mit dem auszugliedernden Vermögen erzielten Gewinn oder
c) 75% des Bruttokapitals der ausgliedernden Gesellschaft im Verhältnis zum Bruttokapital des auszugliedernden Vermögens.

[2] Dabei sind die Volumina einzelner Ausgliederungsmaßnahmen ein Jahr nach der ersten durchgeführten Ausgliederung kumulativ heranzuziehen, wenn die Ausgliederungen in einem wirtschaftlichen Zusammenhang stehen.“

Satz 2 von Absatz 4 soll dabei einem möglichen Umgehungsversuch vorbeugen, eine Ausgliederung in mehrere Ausgliederungsvorgänge zu unterteilen, um unter den Kennzahlen zu bleiben und damit dem Erfordernis einer Hauptversammlungszustimmung zu entgehen. Eine ähnliche Regelung findet sich auch in Para. 10.2.10 Listing Rules.[667] In einem Absatz 5 wären dann die Kennzahlen Gesamtvermögen, Gewinn und Bruttokapital anhand der Vorgaben aus Chapter 10 der Listing Rules zu definieren.

Möchte man Ausgliederungsvorgänge mit einer geringeren Kennzahlenhöhe einer Zustimmungspflicht unterwerfen, gibt § 111 Abs. 4 S. 2 AktG letztlich noch die Möglichkeit diese Ausgliederungsvorgänge von einer Zustimmung des Aufsichtsrats abhängig zu machen.[668]

### 3. Beteiligungsveräußerung

Wie der Beteiligungserwerb erfordert die Beteiligungsveräußerung nach hier vertretener Ansicht in Deutschland[669] sowie in England generell keine Zustimmung durch die Hauptversammlung. Das gleiche gilt, wenn Beteiligungsteile oder einzelne Vermögensgegenstände veräußert werden. In England kann eine dahingehende Befugnis der Verwaltung, wie beim Beteiligungserwerb allerdings wiederum in der Satzung eingeschränkt werden.

Im Gegensatz zu Deutschland unterliegt die Beteiligungsveräußerung in England darüber hinaus in gewissen Konstellationen einem Zustimmungsvorbehalt der Hauptversammlung. So bedarf eine Beteiligungsveräußerung - wie ein Beteiligungserwerb - ab einem Volumen von £ 100.000 oder 10% der Aktiva, wenn diese mehr als £ 2.000 betragen, nach Sec. 320 CA 1985 einer Hauptversammlungszustimmung, wenn Direktoren oder ihnen nahe stehende Personen an der Transaktion beteiligt sind. Im Übrigen ist bei der Konstellation nach Sec. 315 (1)(c) CA 1985 eine Zustimmung der Hauptversammlung

[667] s. dazu oben S. 147.

[668] s. zu den Einzelheiten oben S. 22ff.

[669] zu den Gründen s.o. S. 68ff; **a.A.** s. Teil 2, Fn. 251.

erforderlich, wenn im Rahmen einer Beteiligungsveräußerung Direktoren für den mit einer Beteiligungsveräußerung in Verbindung stehenden Verlust ihrer Position eine Kompensation erhalten.[670]

Für börsennotierte companies hat die Hauptversammlung nach Chapter 11 der Listing Rules zuzustimmen, wenn an der Tranksaktion ein Direktor, ehemaliger Direktor oder dessen *associates* sowie wesentliche Anteilseigner beteiligt sind und ein gewisses Transaktionsvolumen überschritten wird.[671] Des weiteren haben die Anteilseigner einer börsennotierten *company* alle Beteiligungsveräußerungen ab einem bestimmten Transaktionsvolumen nach Chapter 10 der Listing Rules zuzustimmen, wenn sie als *class 1 transaction* oder *reverse takeover* einzuordnen sind.

In Deutschland finden sich dagegen keine expliziten gesetzlichen Regelungen, die bei einer Beteiligungsveräußerung eine Zustimmung der Hauptversammlung verlangen. Transaktionen mit Vorstandsmitgliedern und damit auch Beteiligungsveräußerungen an diese unterliegen - wie ein Beteiligungserwerb - § 112 AktG. Danach hat der Aufsichtsrat die Gesellschaft bei Geschäften gegenüber Vorstandsmitgliedern und damit auch bei direkten Beteiligungsveräußerungen an ein Vorstandsmitglied zu vertreten.

Für eine indirekte Beteiligung eines Vorstandsmitglieds an einer Beteiligungsveräußerung gibt es in Deutschland keine ausdrückliche Regelung. Eine solche Beteiligung unterliegt allerdings dem Anwendungsbereich der Treuepflicht und bei Vorliegen einer Entsprechungserklärung nach § 161 AktG den Empfehlungen des Deutschen Corporate Governance Kodex.[672]

Die Implementierung einer dem englischen Recht nachempfundenen Regelung, wie nach Chapter 10 der Listung Rules, ist aus denselben Gründen wie

---

[670] s. zu den Einzelheiten oben S. 141.

[671] s. zu den Einzelheiten oben S. 150ff.

[672] s. zu weiteren Einzelheiten beim Beteiligungserwerb oben, S. 193.

bei einem Beteiligungserwerb abzulehnen.[673] Die Beteiligungsveräußerung stellt nur das Spiegelbild des Beteiligungserwerbs dar, weshalb dieselben Grundsätze hinsichtlich der Effizienz, Schnelligkeit und Vertraulichkeit bei solchen Investitionsentscheidungen gelten. Dasselbe gilt auch bezüglich des Interesses und der Fähigkeit der Aktionäre hinsichtlich einer Beteiligung an einer solchen Maßnahme. Institutionelle Investoren und sonstige Anteilseigner mit einem größeren Aktienpaket haben, wie beim Beteiligungserwerb, andere Möglichkeiten auf den Vorstand einer Aktiengesellschaft einzuwirken als durch die teure, langwierige und unflexible Durchführung einer Hauptversammlung.

## D. Zusammenfassendes Ergebnis

Durch die europäische Harmonisierung im Gesellschaftsrecht ist es in den letzten drei Jahrzehnten, auch im Bereich der Strukturänderungen, zu einer erheblichen Anpassung des Rechts in Deutschland und England gekommen.

Nichtsdestotrotz unterscheiden sich die Grundsätze der Kompetenzzuweisung in der Aktiengesellschaft in beiden Rechtsordnungen weiterhin erheblich. Während in England durch einen grundsätzlichen „hands off approach“[674] des Gesetzgebers gilt, erreicht das Aktienrecht in Deutschland durch die Satzungsstrenge des § 23 Abs. 5 AktG ein Höchstmaß an „Rechtspaternalismus“.[675] So ist in England die Kompetenzverteilung grundsätzlich den Satzungsgebern und damit den Aktionären überlassen, wogegen die Kompetenzverteilung in Deutschland größtenteils zwingend nach dem Aktiengesetz vorgegeben ist. Diese starre Organisationsstruktur in Deutschland ist auf längere Sicht unvorteilhaft, da eine solche schablonenhafte Kompetenzverteilung nicht notwendigerweise für jede Art der Unternehmung ausreichend zugeschnitten ist. Für einen Aktionärsschutz ausreichend, wäre auch - wie im englischen Modell - die Ausgestaltung der Satzung und damit die Kompetenzver-

---

673 s.o. S. 195ff.

674 Gower/Davies, Principles, S. 39.

675 Wiedemann, Erfahrungen mit der Gestaltungsfreiheit, S. 5, 10.

teilung den Aktionären zu überlassen und einen gewissen Mindestschutz durch Festschreibung von einzelnen, zwingenden Normen zu gewährleisten. Dabei könnte eine Organisationsstruktur, wie in England, durch eine Art Mustersatzung vorgegeben werden, von der dann mehr oder weniger weitgehend abgewichen werden kann.[676]

Ein gewisser Mindestaktionärsschutz wird in England dadurch erreicht, dass die Aktionäre zwingend an wesentlichen Strukturänderungen, die sie in ihren Rechten unmittelbar betreffen, zu beteiligt sind. So bedürfen in England als auch in Deutschland die Satzungsänderung und als Strukturänderung die Änderung des Unternehmensgegenstandes, die Umwandlung, die Auflösung, die Verschmelzung sowie die Ab- und Aufspaltung zwingend einer Zustimmung der Hauptversammlung. Der Zustimmungsbeschluss muss dabei in beiden Rechtsordnungen mit einer qualifizierten Dreiviertelmehrheit getroffen werden. Dabei bedarf es in Deutschland einer Mehrheit des bei der Beschlussfassung vertretenen Grundkapitals, in England der abgegebenen, vertretenen Stimmrechte.

Bei Verschmelzung, Ab- und Aufspaltung gilt in England zudem ein zweistufiges Mehrheitserfordernis, wonach zunächst eine Mehrheit der Anzahl der bei der jeweiligen Anteilseignerversammlung vertretenen Stimmen erreicht werden muss, die zum anderen mindestens drei Viertel des bei der Versammlung vertretenen Nominalwerts der Anteile entsprechen muss. Durch das doppelte Mehrheitserfordernis werden so insbesondere Minderheiten geschützt, da ein Großaktionär aufgrund der erforderlichen einfachen Mehrheit der auf der Versammlung vertretenen Stimmen, sich nicht gegen den Willen der Minderheit durchsetzen kann.

In beiden Rechtsordnungen ist die Börseneinführung grundsätzlich ohne die Zustimmung der Hauptversammlung möglich, obwohl es in Deutschland

[676] zu den Möglichkeiten der Reglungstechnik durch Mustersatzungen s. Fleischer, ZHR 168 (2004), S. 674ff.

Stimmen gibt, die eine solche als Strukturänderung einem Hauptversammlungsbeschluss unterwerfen wollen. Diese Auffassung ist abzulehnen. Sowohl in Deutschland als auch in England bedarf es nur einer Befassung der Hauptversammlung mit der Börseneinführung, wenn die Anteile für eine Börseneinführung aus einer Kapitalerhöhung mit Bezugsrechtsausschluss der Altaktionäre stammen.

Grundsätzliche Unterschiede gibt es dagegen beim Abschluss von Unternehmensverträgen und der Eingliederung einer Aktiengesellschaft in eine andere Aktiengesellschaft. Die Eingliederung ist in England nicht bekannt und der Unternehmensvertrag ist dort unzulässig bzw. wird nicht angewandt. Dies liegt daran, dass England kein kodifiziertes Konzernrecht kennt, welches in Deutschland für bestehende Konzerne existiert. Ein Aktionärsschutz wird durch einen Eingangsschutz bei der Konzernentstehung sowie durch allgemeine Rechtsinstitute aus dem Insolvenz- und Gesellschaftsrecht bei bestehenden Konzernen gewahrt. Die Beherrschung eines Unternehmens erfolgt in England durch eine Berufung des Verwaltungsrates durch die Obergesellschaft, welche den Verwaltungsrat bei einer Anteilsmehrheit an einer Gesellschaft komplett bestimmen kann. Es besteht im Gegensatz zu Deutschland für den Fall, dass mit der Untergesellschaft kein Beherrschungsvertrag abgeschlossen oder diese nicht in den Konzern eingegliedert wurden, kein Verbot nachteiliger Weisungen an Untergesellschaften.

Aufgrund der verschiedenen Rechtslage im Konzernrecht unterscheiden sich beide Rechtsordnungen ebenfalls beim Zustimmungserfordernis für Abwehrmaßnahmen bei Vorliegen eines Übernahmenangebots. Während es in Deutschland für Abwehrmaßnahmen des Vorstands ab der Veröffentlichung der Entscheidung zur Abgabe eines Übernahmenangebots nur einer Aufsichtsratzustimmung bedarf, ist in England nach Vorliegen eines Übernahmeangebots oder bei Kenntnis eines bevorstehenden Übernahmeangebots für Abwehrmaßnahmen des Verwaltungsrats eine Zustimmung der Hauptversammlung zwingend erforderlich. Dieser Unterschied erklärt sich einerseits mit den unterschiedlichen Ansätzen im Konzernrecht. So versucht England im Gegensatz zu Deutschland mit einem Konzerneingangsschutz einen Aktionärsschutz bei der Konzernierung schon im Vorfeld zu gewährleisten. Dagegen gedenkt Deutschland, den Gefahren einer Konzernierung durch Regelungen bei einem bestehenden Konzern entgegenzutreten. Andererseits dürfte zudem die Furcht vor Übernahmen deutscher Gesellschaften vor allem durch ausländische Bieter, Auslöser für ein vereinfachtes Verfahren bei Abwehrmaßnahmen ohne Beteiligung der Hauptversammlung sein. Für die Zukunft wird abzuwarten sein, wie die gerade verabschiedete Dreizehnte gesellschaftsrechtliche (Übernahme-)Richtlinie, die ein Optionsrecht zur Einführung einer zwingenden Zustimmungspflicht der Hauptversammlung gewährt, in Deutschland umgesetzt wird.

Neben den konzernrechtlichen Zustimmungserfordernissen nach deutschem Recht, unterscheiden sich beide Rechtsordnungen hinsichtlich der Befassung der Hauptversammlung mit einem Beteiligungserwerb sowie der Beteiligungsveräußerung bei börsennotierten Aktiengesellschaften. Während in Deutschland generell und in England bei nicht börsennotierten Aktiengesellschaften der Vorstand bzw. Verwaltungsrat einen Beteiligungserwerb oder eine -veräußerung in Eigenverantwortung durchführen kann, bedarf es bei börsennotierten Aktiengesellschaften in England eines Zustimmungsbeschlusses der Hauptversammlung, sofern gewisse Transaktionsvolumina erreicht werden. Die Einführung einer solchen Zustimmungspflicht auch in Deutschland, welche nach teilweiser Auffassung auch schon jetzt vorliegt, ist abzulehnen. Gegen die Einführung bzw. das Bestehen eines Zustimmungserfordernisses spricht die fehlende Flexibilität, Effektivität und Schnelligkeit des Erfordernisses der Durchführung einer Hauptversammlung. Zudem fehlt es Kleinaktionären am Interesse und Wissen sich mit den komplexen Entscheidungen hinsichtlich eines Beteiligungserwerbs bzw. eines Beteiligungsverkaufs zu beschäftigten. Andere Anteilseignergruppen, wie bspw. institutionelle Investoren, haben neben der Hauptversammlung andere Möglichkeiten ihren Einfluss bei einem Beteiligungserwerb bzw. Beteiligungsverkauf gelten zu machen.

Mit den Differenzen beim Beteiligungserwerb und –verkauf korrespondieren in beiden Rechtsordnungen die Unterschiede bei der Abgabe eines Übernahmenangebots. Während die Abgabe eines solchen Angebots in Deutschland, entgegen einer anderen Auffassung, grundsätzlich im freien Ermessen des Vorstands liegt, wenn nicht für die Übernahme neue Aktien unter Bezugsrechtsausschluss der Altaktionäre ausgegeben werden müssen, bedarf der Verwaltungsrat bei börsennotierten Aktiengesellschaften in England ab bestimmten Transaktionsvolumina einer Zustimmung der Hauptversammlung. Ebenfalls unterschiedlich ist in Deutschland und England die Ausgestaltung der Hauptversammlungsrechte bei einer Ausgliederung. Während in England die Ausgliederung nicht als Sonderfall der Spaltung geregelt ist, ist die Ausgliederung in Deutschland als Unterfall der Spaltung ins Umwandlungsgesetz aufgenommen worden. Bei einer Ausgliederung nach dem Umwandlungsgesetz bedarf die Ausgliederung zwingend der Zustimmung der Hauptversammlung. Neben dem Ausgliederungsverfahren nach dem Umwandlungsgesetz gibt es aber in Deutschland weiterhin die Möglichkeit der Ausgliederung im Wege der Einzelrechtsnachfolge, die bislang nicht geregelt ist. Für eine solche Ausgliederung wird in Deutschland nach hier vertretener Auffassung für den Sonderfall, dass das charakteristische Gepräge der Gesellschaft spürbar geändert wird, ebenfalls eine Zustimmungspflicht angenommen. Dagegen bedarf eine Ausgliederung in England, sofern sie nicht schon nach der Satzung eine Zustimmung der Hauptversammlung erfordert, nur bei börsennotierten Gesellschaften bei Vorliegen gewisser Ausgliederungsvolumina einer zwingenden Hauptversammlungsbefassung. Bei nicht börsennotierten Aktiengesellschaften steht somit die Ausgliederung im freien Ermessen des Verwaltungsrats, sofern ihm die Satzung die Durchführung einer Solchen erlaubt.

Aus Gründen der Rechtssicherheit erscheint auch in Deutschland die Einführung einer quantitativen Regelung angebracht, nach der, bei Vorliegen bestimmter Ausgliederungsvolumina, bei börsennotierten Aktiengesellschaften eine Zustimmungspflicht der Hauptversammlung ausgelöst wird.

Letztendlich unterscheiden sich in beiden Rechtsordnungen die Regelungen hinsichtlich der Hauptversammlungsbeteiligung bei einem Delisting der Aktiengesellschaft. Während in Deutschland ein Zustimmungsbeschluss der Hauptversammlung nach hier vertretener Auffassung bei jetziger Rechtslage entbehrlich ist, da es sich bei einem Delisting eben nicht um eine Strukturänderung handelt, bedarf das Delisting in England zwingend eines Hauptversammlungsbeschlusses. Grund für die Unterschiede sind die unterschiedlichen Ansätze zum Schutz der Fungibilität der Aktie. So wird in Deutschland ein solcher Schutz durch den Zwang der Abgabe eines Pflichtangebots der Gesellschaft oder eines Großaktionärs an die Aktionäre der Gesellschaft vor dem Delisting sowie durch Fristen, bei deren Ablauf ein Delisting erst wirksam wird, gewahrt. Durch die Fristen soll den Aktionären die Chance gegeben werden, ihre Aktien vor dem Delisting über die Börse zu verkaufen. Dagegen setzt England auf eine zwingende Beteiligung der Hauptversammlung. Für Deutschland erscheint eine gesetzliche Regelung, welche die kapitalmarkt- und gesellschaftsrechtlichen Voraussetzungen des Delistings eint und aufeinander abstimmt, angebracht. Denn trotz nunmehr vorliegender höchstrichterlicher Rechtsprechung kann von einer ausreichende Rechtssicherheit aufgrund der unterschiedlichen Ausgestaltung von Vorschriften im Zivil- und Verwaltungsverfahren sowie aufgrund von Lücken in der Rechtsprechung keine Rede sein.

# Teil 5. Schlussbetrachtung

Die Ausgangsfrage dieser Arbeit - die Frage nach der Kompetenzabgrenzung zwischen Verwaltung und Hauptversammlung bei Strukturänderungen - konnte dahin gehend geklärt werden, dass der Verwaltung grundsätzlich die Planung, Vorbereitung und Durchführung von solchen Maßnahmen obliegt. Bestimmte Maßnahmen bedürfen dabei der ausdrücklichen Zustimmung der Hauptversammlung. Darüber hinaus kann in bestimmten Fällen die Hauptversammlung den Vorstand anweisen, gewisse Strukturänderungen zu planen und durchzuführen, die zuvor von ihr beschlossen wurden.

Bei den verschiedenen Strukturänderungen, die ein ausdrückliches Zustimmungserfordernis der Hauptversammlung verlangen, handelt es sich in beiden untersuchten Rechtsordnungen um die Satzungsänderung, Umwandlung, Auflösung, Spaltung und Verschmelzung. All diesen Maßnahmen ist gemein, dass sie die Rechte der Aktionäre unmittelbar betreffen. Die Entscheidung der Durchführung von solchen Maßnahmen obliegt deshalb letztendlich den Aktionären.

Daneben wurden in Deutschland nach der „Holzmüller"-Entscheidung des Bundesgerichtshofs unter dem Begriff „ungeschriebene" Hauptversammlungskompetenzen für verschiedenste andere Maßnahmen ein unbedingtes Zustimmungserfordernis der Hauptversammlung diskutiert und nach teilweiser Ansicht auch gefordert. Zu diesen Maßnahmen zählten neben der Ausgliederung im Wege der Einzelrechtsnachfolge, der Beteiligungserwerb, die Beteiligungsveräußerung, Abwehrmaßnahmen gegen Übernahmeangebote, die Abgabe von Übernahmeangeboten, die Börseneinführung der Gesellschaft, das Delisting, Konzernleitungsmaßnahmen sowie die Börseneinführung von Tochtergesellschaften. Wie im Verlauf dieser Untersuchung dargestellt wurde, handelt es sich allerdings bei den meisten dieser Maßnahmen nicht um Strukturänderungen, die einem zwingenden Zustimmungsbedürfnis der Hauptversammlung unterliegen. Einzig und allein für die Ausgliederung und gewisse Konzernleitungsmaßnahmen ist ein zwingendes Zustimmungserfordernis der Hauptversammlung anzuerkennen. Auch dort löst aber nicht jede Ausgliederung bzw. Konzernleitungsmaßnahme ein Zustimmungserfordernis aus. Nur wesentlichen Ausgliederungen oder Konzernleitungsmaßnahmen bedürfen einer Zustimmung der Hauptversammlung. Wesentlich sind Maßnahmen, die das charakteristische Gepräge bzw. den unternehmerischen Schwerpunkt des Unternehmens ändern. Aufgrund der Unbestimmtheit dieses qualitativen Wesentlichkeitsbegriffs, wurde im 4. Teil der Arbeit ein Vorschlag für einen Gesetzesänderung mit der Einführung quantitativer Kennzahlen gemacht, ab welchen die Hauptversammlung befragt werden muss. Die Kennzahlen orientieren sich an den in England bereits dafür geltenden Regelungen der Listing Rules der Londoner Börse.

Die Einführung weitere gesetzlicher Zustimmungsvorbehalte für andere Maßnahmen, wie bspw. den Beteiligungserwerb oder -verkauf, ist aufgrund der Untersuchungsergebnisse zum Aktionärsinteresse an einer Beteiligung sowie den Fähigkeiten der Aktionäre hinsichtlich der Beurteilung einer solchen Maßnahme abzulehnen. So stellte sich heraus, dass Kleinaktionäre oft kein Interesse an der Beteiligung von Maßnahmen wie dem Beteiligungserwerb oder -verkauf haben sowie häufig auch nicht über einen ausreichenden Kenntnisstand verfügen, um solche Maßnahmen ausreichend beurteilen zu können. Anderen Aktionären mit größeren Aktienpaketen, wie bspw. institutionelle Investoren, stehen schnellere, diskretere und effektivere Möglichkeiten zur Verfügung, um ihre Interesse bei solchen Maßnahmen zu wahren. Sie bedürfen deshalb nicht des Schutzes mittels der Durchführung einer teuren, unflexiblen und langwierigen Hauptversammlung, um ihre Aktionärsrechte wahrzunehmen. Aus diesem Grund sollte die Kompetenz für solche Maßnahmen, wie bisher auch, bei der Verwaltung verbleiben.

Ist ein größerer Schutz von Kleinaktionären hinsichtlich ihres getätigten Investments gewünscht, wäre einem solchen mit einer Weiterentwicklung des Vermögensschutzes und durch die Einführung weiterer Anlegerschutzvorschriften zu begegnen. Aufgrund des mangelnden Interesses an der Wahrnahme ihrer Mitgliedschaftsrechte erscheint dagegen eine Ausweitung des Mitgliedschaftsschutzes und damit die Einführung von weiteren Mitgliedschaftsrechten zum Schutz der Kleinaktionäre nicht geeignet.

# LITERATURVERZEICHNIS

## QUELLEN


Begründung zum Regierungsentwurf des UmwG, BT-Drucks. 12/6699

Begründung zum Regierungsentwurf des TransPubG, BT-Drucks. 14/8769

Beschlussempfehlung und Bericht des Finanzausschusses, BT-Drucks. 14/7477

DAI-Factbook, Frankfurt am Main, 2004

Deutsche Schutzvereinigung für Wertpapierbesitz e.V., HV-Präsenzen der DAX 30- Unternehmen (1998-2005) in Prozent

Directors' Remuneration, Report of a Study Group, London 1995

Diskussionsentwurf Gesetz zur Bereinigung des Umwandlungsrechts, Bundesministerium der Justiz, Az. III A1-3501/1

Financial Service Authority UKLA Guidance Manual, London 2004

Geschäftsbericht Daimler Chrysler AG 2004, Stuttgart 2004

Geschäftsbericht Deutsche Bank AG 2004, Frankfurt am Main 2004

Gesetzentwurf der Bundesregierung eines Gesetzes zur Regelung von öffentlichen Angeboten zum Erwerb von Wertpapieren und von Unternehmensübernahmen, BT-Drucks. 14/7034

Report of the Committee on the Financial Aspects of Corporate Governance, London 1992

The Department of Trade and Industry, Companies in 2003-2004, Norwich 2004

## SEKUNDÄRLITERATUR

*Adams, Michael,* Die Usurpation von Aktionärsbefugnissen mittels Ringverflechtung in der „Deutschland AG“, AG 1994, S. 148-158

*Adolff, Johannes/Tieves, Johannes,* Über den rechten Umgang mit einem entschlusslosen Gesetzgeber: Die aktienrechtliche Lösung des BGH für den Rückzug von der Börse, BB 2003, S. 797-805

*Altmeppen, Holger,* Anmerkung zum Urteil des BGH v. 26.4.2004 – II ZR 155/02, ZIP 2004, S. 999-1001

*Assmann, Heinz-Dieter,* Konzeptionelle Grundlagen des Anlegerschutzes, ZBB, S. 49-63

*Baums, Theodor/Fraune, Christian,* Institutionelle Anleger und Publikumsgesellschaft: Eine empirische Untersuchung, AG 1995, S. 97-112

*Baums, Theodor./v. Randow, Philipp,* Der Markt für Stimmrechtsvertreter, AG 1995, S. 145-163

*Baums, Theodor,* Gutachten F für den 63. Deutschen Juristentag, Empfiehlt sich eine Neuregelung des aktienrechtlichen Anfechtungs- und Organhaftungsrechts, insbesondere der Klagemöglichkeiten von Aktionären, München 2000

*Baums, Theodor.,* Rechtstatsachen zu „Institutionellen Investoren und Publikumsgesellschaft“, in: Dieter Feddersen (Hrsg.), Corporate Governance: Optimierung der Unternehmensführung und der Unternehmenskontrolle im deutschen und amerikanischen Aktienrecht, Köln 1998, S. 324-330

*Baums Theodor (Hrsg.),* Bericht der Regierungskommission Corporate Governance, Köln 2001

*Baums, Theodor/Thoma, Georg F. (Hrsg.),* WpÜG Kommentar zum Wertpapiererwerbs- und Übernahmegesetz, Köln, Loseblatt, Stand: Mai 2004

*Barz, Carl Hans/Brönner, Herbert/u.a. (Hrsg.),* Großkommentar zum Aktiengesetz, Bd. 4, §§ 291-410, Einführungsgesetz zum Aktiengesetz, Berlin 1971ff

*Becker, Florian/Fett, Torsten,* Börsengang im Konzern – Über ein „Zuteilungsprivileg“ zum Schutz der Aktionärsinteressen, WM 2001, 549-556

*Benecke, Martina,* Gesellschaftsrechtliche Voraussetzungen des Delistings – zur Begründung und Fortentwicklung der neuen Rechtsprechung des BGH zum freiwilligen Rückzug von der Börse, WM 2004, S. 1122-1126

*Berle, Adolf A./Means, Gardiner C.,* The Modern Corporation and Private Property, Revised Edition, New York 1968

*Bernhardt, Wolfgang,* Unternehmensführung und Hauptversammlung – Holzmüller und die Folgen -, DB 2000, S. 1873-1881

*Beuthien, Volker,* Konzernbildung und Konzernleitung kraft Satzung, ZIP 1993, S. 1589-1599

*Bloß, Henning,* Die Unternehmensgruppe im englischen und deutschen Recht der Kapitalgesellschaften, Frankfurt am Main 1999

*Boyle, A.J./Potts, Robin/Sealy, Leonard S.,* Gore-Browne On Companies, 44. Auflage, Bristol 1986, Loseblatt, Stand 48. Ergänzungslieferung Juni 2004

*Bungert, Hartwin,* Festschreibungen der ungeschriebenen „Holzmüller“ – Hauptversammlungszuständigkeiten, BB 2004, S. 1345-1352

*Button, Maurice (Hrsg.),* A Practitioner's Guide to the City Code on Takeovers and Mergers, Old Woking 2001

*Button, Maurice. (Hrsg.),* A Practitioner's Guide to the Financial Service Authority Listing Rules, Old Woking 2003

*Davies, Paul L.,* The Regulation of Defensive Tactics in the United Kingdom and the United States, in: Klaus Hopt/Eddy Wymeersch (Hrsg.), European Takeovers, London 1992, S. 195-216

*Decher, Christian E.,* Information im Konzern und Auskunftsrecht der Aktionäre gem. § 131 Abs. 4 AktG, ZHR 158 (1994), S. 473-494

*Decher, Christian E.,* Rechtsfragen des grenzüberschreitenden Merger of Equals, in: Festschrift für Marcus Lutter, Köln 2000, S. 1209-1225

*Dietz, Steffen,* Die Ausgliederung nach dem Umwandlungsgesetz und nach „Holzmüller“, Frankfurt am Main 2000

*Druey, Jean Nicolas,* Verantwortlichkeit aus Leitung, in: Festschrift für Wolfgang Zöllner, Band I, Köln 1998, S. 129-141

*Drygala, Tim,* Die neue deutsche Übernahmeskepsis und ihre Auswirkungen auf § 33 WpÜG, ZIP 2001, S. 1861-1871

*Ebenroth, Carsten,* Konzernbildungs- und Konzernleitungskontrolle – Ein Beitrag zu den Kompetenzen von Vorstand und Hauptversammlung, Konstanz 1987

*Ehricke, Ulrich/Ekkenga, Jens/Oechsler, Jürgen,* Wertpapiererwerbs- und Übernahmegesetz Kommentar, München 2003

*Ekkenga, Jens/Hofschroer, Josef,* Wertpapiererwerbs- und Übernahmegesetz, DStR 2002, S. 724-734, 768-777

*Ekkenga, Jens,* „Macrotron“ und das Grundrecht auf Aktieneigentum – der BGH als der bessere Gesetzgeber? – Zugleich Besprechung der Entscheidung BGH WM 2003, 53 -, ZGR 2003, S. 878-910

*Emmerich, Volker/Sonnenschein, Jürgen/Habersack, Mathias,* Konzernrecht, 7. Auflage, München 2001

*Emmerich, Volker/ Habersack, Mathias,* Aktien- und GmbH-Konzernrecht, 3. Auflage, München 2003

*Emmerich, Volker/Habersack, Mathias,* Aktien-und GmbH-Konzernrecht, 4. Auflage, München 2005

*Farrar, John H./Hannigan, Brenda M/Furey, Nigel E./Wylie, Philip,* Farrar's Company Law, 4. Auflage, London 1998

*Feddersen, Dieter/Kiem, Roger,* Die Ausgliederung zwischen „Holzmüller“ und dem neuem Umwandlungsrecht, ZIP 1994, S. 1078-1087

*Fleischer, Holger,* Börseneinführung von Tochtergesellschaften, ZHR 165 (2001), S. 513-549

*Fleischer, Holger,* Zur Leitungsaufgabe des Vorstands im Aktienrecht, ZIP 2003, S. 1-11

*Fleischer, Holger,* Ungeschriebene Hauptversammlungszuständigkeiten im Aktienrecht: Von „Holzmüller“ zu „Gelatine“, NJW 2004, S. 2335-2339

*Fleischer, Holger,* Gesetz und Vertrag als alternative Problemlösung im Gesellschaftsrecht Prolegomena zu einer Theorie gesellschaftsrechtlicher Regelsetzung, ZHR 168 (2004), S. 674-707

*Fleischer, Holger.,* Zur Kompetenzverteilung zwischen Verwaltung und Hauptversammlung im englischen und deutschen Aktienrecht, in: Festschrift für Andreas Heldrich, München 2005, S. 597-613.

*Fraune, Christian,* Der Einfluß institutioneller Anleger in der Hauptversammlung, Köln 1996

*Fuchs, Andreas,* Der Schutz der Aktionäre beim Börsengang von Tochtergesellschaften, in: Henze, Hartwig/Hoffmann-Becking, Michael (Hrsg.), RWS-Forum 20 Gesellschaftsrecht, Köln 2001, S. 259-285

*Fuhrmann, Lambertus,* „Gelatine" und die Holzmüller-Doktrin: Ende einer juristischen Irrfahrt?, AG 2004, S. 339-342

*Geßler, Ernst,* Bedeutung und Auslegung des § 23 Abs. 5 AktG, in: Festschrift für Martin Luther, München 1976, S. 69-84

*Geßler, Ernst,* Einberufung und ungeschriebene Hauptversammlungszuständigkeiten, in: Festschrift für Walter Stimpel, Berlin 1985, S. 771-789

*Geßler, Ernst/Hefermehl, Wolfgang/Eckhardt, Ulrich/Kropff, Bruno,* Aktiengesetz, Band I, §§ 1-75, München 1973ff

*Geßler, Ernst/Hefermehl, Wolfgang/Eckhardt, Ulrich/Kropff, Bruno,* Aktiengesetz, Band II, §§ 76-147, München 1974f

*Geßler, Ernst/Hefermehl, Wolfgang/Eckhardt, Ulrich/Kropff, Bruno,* Aktiengesetz, Band IV, §§ 179-240, München 1993f

*Geßler, Ernst/Hefermehl, Wolfgang/Eckhardt, Ulrich/Kropff, Bruno,* Aktiengesetz, Band VI, §§ 291-410, München 1976ff

*Gillessen, Frederick,* Europäische transnationale Sitzverlegung und Fusion im Vereinigten Königreich und in Irland, Frankfurt am Main, 2000

*Glabus, Wolfgang/Jahn, Thomas,* Warten auf den Tag X, Capital 2005, S. 52-58

*Goette, Wulf,* Anmerkung zum BGH Urteil v. 26.4.2004 II ZR 155/02, DStR 2004, S. 922-928

*Götz, Heinrich,* Die Sicherung der Rechte der Aktionäre der Konzernobergesellschaft bei Konzernbildung und Konzernleitung, AG 1984, S. 85-94

*Götze, Cornelius,* „Gelatine“ statt „Holzmüller“ – Zur Reichweite ungeschriebener Mitwirkungsbefugnisse der Hauptversammlung, NZG 2004, S. 585-589

*Gore-Browne, Sir Francis,* On Companies, hrsg. von A.J. Boyle, Robin Pots, Leonard S. Sealy, 44. Auflage, Bristol 1986, Loseblatt, Stand: 48. Ergänzungslieferung Juni 2004

*Goutier, Klaus/Knopf, Rüdiger/Tulloch, Anthony,* Kommentar zum Umwandlungsgesetz, Heidelberg 1996

*Gower, Laurence C.B./Davies, Paul L.,* Gower and Davies' Principles of Modern Company Law, 7. Auflage, London 2003

*Groß, Wolfgang,* Zuständigkeit der Hauptversammlung bei Erwerb und Veräußerung von Unternehmensbeteiligungen, AG 1994, S. 266-276

*Groß, Wolfgang,* Rechtsprobleme des Delisting, ZHR 165 (2001), S. 141-166

*Großfeld, Bernhard/Brondics, Klaus,* Die Aktionärsklage – nun auch im deutschen Recht, JZ 1982, S. 589-592

*Großkommentar zum Aktiengesetz,* hrsg. von Carl Hans Barz, Herbert, Brönner, u.a., 3. Auflage, Berlin 1973ff

*Großkommentar zum Aktiengesetz,* hrsg. von Claus Hopt, Herbert Wiedemann, 4. Auflage, Berlin 1992ff.

*Grunewald, Barbara,* Rückverlagerung von Entscheidungskompetenzen der Hauptversammlung auf den Vorstand, AG 1990, S. 133-139

*Grunewald, Barbara,* Europäisierung des Übernahmerechts, AG 2001, S. 288-291

*Grupp, Alexander,* Börseneintritt und Börsenaustritt, Sternfels – Berlin 1995

*Güthoff, Julia,* Gesellschaftsrecht in Großbritannien, 3. Auflage, München 2004

*Habersack, Mathias,* „Holzmüller" und die schönen Töchter – zur Frage eines Vorerwerbsrechts der Aktionäre beim Verkauf von Tochtergesellschaften, WM 2001, S. 545-549

*Habersack, Mathias,* Mitwirkungsrechte der Aktionäre nach Macrotron und Gelatine, AG 2005, S. 137-149

*Habersack, Mathias/Mülbert, Peter O/Schlitt, Michael,* Unternehmensfinanzierung am Kapitalmarkt, Köln 2005

*Hadden, Tom,* Die Regelung der Konzerne in Großbritannien, in: Mestmäker, Ernst-Joachim (Hrsg.), Das Gesellschaftsrecht der Konzerne im internationalen Vergleich: ein Symposium des Max-Planck-Instituts für Ausländisches und Internationales Privatrecht, Hamburg, Baden-Baden 1991, S. 329-338

*Heidkamp, Britta,* Die Rechte der Aktionäre beim Börsengang von Tochtergesellschaften, Aachen, 2003

*Heinsius, Theodor,* Organzuständigkeiten bei Bildung, Erweiterung und Umorganisation des Konzerns, ZGR 1984, S. 383-411

*Henze, Hartwig,* Minderheitenschutz durch materielle Kontrolle der Beschlüsse über die Zustimmung nach § 179a AktG und die Änderung des Unternehmensgegenstands der Aktiengesellschaft, in: Festschrift für Karlheinz Boujong, München 1996, S. 233-250

*Henze, Hartwig,* Leitungsverantwortung des Vorstands – Überwachungspflichten des Aufsichtsrats, BB 2000, S. 209-216

*Henze Hartwig,* Holzmüller vollendet das 21. Lebensjahr, in: Festschrift für Peter Ulmer, Berlin 2003, S. 211-242

*Hess, Klaus-Peter,* Der „ultra vires"-Grundsatz im britischen Gesellschaftsrecht, RIW/AWD 1992, S. 638-639

*Hey, Felix,* Freie Gestaltung in Gesellschaftsverträgen und ihre Schranken, München 2004

*Hirte, Heribert,* Bezugsrechtausschluß und Konzernbildung: Minderheitenschutz bei Eingriffen in die Beteiligungsstruktur der Aktiengesellschaft, Köln 1986

*Hirte, Heribert,* Die Behandlung unbegründeter oder missbräuchlicher Gesellschafterklagen im Referentenentwurf eines Umwandlungsgesetzes – Die Regelung der vorläufigen Eintragung einer Umwandlung -, DB 1993, S. 77-80

*Hirte, Heribert,* Die aktienrechtliche Satzungsstrenge: Kapitalmarkt und sonstige Legitimation versus Gestaltungsfreiheit, in: Marcus Lutter/Herbert Wiedemann (Hrsg.), Gestaltungsfreiheit im Gesellschaftsrecht, ZGR-Sonderheft 13, Berlin 1998, S. 61-96

*Hirte, Heribert,* Kapitalgesellschaftsrecht, 4. Auflage, Köln 2003

*Hirte, Heribert/ von Bülow, Christoph,* Kölner Kommentar zum WpÜG, Köln 2003

*Hoffmann-Becking, Michael (Hrsg.),* Münchener Handbuch des Gesellschaftsrechts, Band 4, Aktiengesellschaft, 2. Auflage, München 1999

*Hommelhoff, Peter,* Die Konzernleitungspflicht, Köln 1982

*Hommelhoff, Peter,* Jetzt die „Kleine" und dann noch eine „AnlegerAG", in: Johannes Semler (Hrsg.), Reformbedarf im Aktienrecht, ZGR-Sonderheft 12, Berlin 1994, S. 65-84

*Hopt, Klaus J.,* Gestaltungsfreiheit im Gesellschaftsrecht in Europa - Generalbericht -, in: Lutter, Marcus/Wiedemann, Herbert (Hrsg.), Gestaltungsfreiheit im Gesellschaftsrecht, ZGR-Sonderheft 13, Berlin 1998, S. 123-147

*Hopt, Klaus J.,* Das Dritte Finanzmarktförderungsgesetz, in: Festschrift für Ulrich Drobnig, Tübingen 1998, S. 525-548

*Hopt, Klaus J,* Europäisches Gesellschaftsrecht – Krise und neue Anläufe , ZIP 1998, S. 96-106

*Hopt, Klaus J,* Verhaltenspflichten des Vorstands der Zielgesellschaft bei feindlichen Übernahmen, in: Festschrift für Marcus Lutter, Köln 2000, S. 1361-1400

*Hopt, Klaus J,* Europäisches Gesellschaftsrecht und deutsche Unternehmensverfassung – Aktionsplan und Interdependenzen, ZIP 2005, S. 461-474

*Hopt, Klaus J./Wiedemann, Herbert (Hrsg.),* Großkommentar zum Aktiengesetz, 1. Lieferung: Einleitung A-D, Berlin 1992

*Hopt, Klaus J./Wiedemann, Herbert (Hrsg.),* Großkommentar zum Aktiengesetz, 7. Lieferung: §§ 23-40, Berlin 1996

*Hopt, Klaus J./Wiedemann, Herbert (Hrsg.),* Großkommentar zum Aktiengesetz, 19. Lieferung: §§ 76-83, Berlin 2003

*Hopt, Klaus J./Wiedemann, Herbert (Hrsg.),* Großkommentar zum Aktiengesetz, 14. Lieferung: §§ 118-120, Berlin 1999

*Hopt, Klaus J./Wiedemann, Herbert (Hrsg.),* Großkommentar zum Aktiengesetz, 5. Lieferung: §§ 179-191, Berlin 1995

*Hornberg, Matthias,* Corporate Governance: the combined code 1998 as a standard for director's duties, Halle 2004

*Hübner, Ulrich,* Die Ausgliederung von Unternehmensteilen, in: Festschrift für Walter Stimpel, Berlin 1985, S. 791-809

*Hüffer, Uwe,* Zur Holzmüller-Problematik: Reduktion des Vorstandsermessen oder Grundlagenkompetenz der Hauptversammlung?, in: Festschrift für Peter Ulmer, Berlin 2003, S. 279-303.

*Hüffer, Uwe,* Aktiengesetz, 6. Auflage, München 2004

*Hüther, Mario,* Aktionärsbeteiligung und Internet: Eine rechtsvergleichende Bestandsaufnahme korporativer Willensbildung im Zeitalter neuer Medien, Köln 2002

*Joost, Detlef,* „Holzmüller 2000" vor dem Hintergrund des Umwandlungsgesetzes, ZHR 163 (1999), S. 164-186

*Kallmeyer, Harald,* Pflichten des Vorstands der Aktiengesellschaft zur Unternehmensplanung, ZGR 1993, S. 104-117

*Kessler, Manfred H.,* Interessen- und Kompetenzkonflikte in einer Aktiengesellschaft aus juristischer und betriebswirtschaftlicher Sicht, AG 1993, S. 252-273

*Klausing, Friedrich (Hrsg.),*Gesetz über Aktiengesellschaften und Kommanditgesellschaften auf Aktien mit „Amtlicher Begründung", Berlin 1937

*Koller, Torsten,* Die europäische Harmonisierung des Rechts der Verschmelzung – Eine rechtsvergleichende Betrachtung der Verschmelzung von Aktiengesellschaften in Deutschland sowie der Verschmelzung von Public Companies in England und Wales nach Umsetzung der Dritten Richtlinie 78/855/EWG, Frankfurt am Main 2004

*Kort, Michael,* Bestandsschutz fehlerhafter Strukturänderungen im Kapitalgesellschaft, München 1998

*Kölner Kommentar zum Aktiengesetz,* hrsg. von Wolfgang Zöllner, 2. Auflage, Köln 1989ff.

*Kölner Kommentar zum WpÜG,* hrsg. von Heribert Hirte, Christoph von Bülow, Köln 2003

*Krause, Hartmut,* Übernahmekampf und Organzuständigkeit für Abwehrmaßnahmen, AG 2000, S. 217-222

*Krause, Hartmut,* Prophylaxe gegen feindliche Übernahmeangebote, AG 2002, S. 133-144

*Krause, Hartmut,* BB-Europareport: Die Übernahmerichtlinie – Anpassungsbedarf im Wertpapiererwerbs- und Übernahmegesetz, BB 2005, S. 113-119

*Krämer, Lutz Robert/Theiß, Simone,* Delisting nach der Macrotron-Entscheidung des BGH, AG 2003, S. 225-241.

*Krieger, Gerd,* Aktionärsklage zur Kontrolle von Vorstand und Aufsichtsrat, ZHR 163 (1999), S. 343-363

*Kropff, Bruno,* Aktiengesetz, Textausgabe mit Begründung des Regierungsentwurfs und Bericht des Rechtsausschusses des Deutschen Bundestages, Düsseldorf 1965

*Kropff, Bruno/Semler, Johannes,* Münchener Kommentar zum Aktiengesetz, Band 3, §§ 76-117 AktG MitbestG, § 76 BetrVG 1952, 2. Auflage, München 2004

*Kropff, Bruno/Semler, Johannes,* Münchener Kommentar zum Aktiengesetz, Band 4, §§ 118-147, 2. Auflage, München 2004

*Kropff, Bruno/Semler, Johannes,* Münchener Kommentar zum Aktiengesetz, Band 6, §§ 179-221, 2. Auflage, München 2005

*Kropff, Bruno/Semler, Johannes,* Münchener Kommentar zum Aktiengesetz, Band 7, §§ 222-277, 2. Auflage, München 2001

*Kropff, Bruno/Semler, Johannes,* Münchener Kommentar zum Aktiengesetz, Band 8, §§ 278-328, 2. Auflage, München 2000

*Kropff, Bruno/Semler, Johannes;* Münchener Kommentar zum Aktiengesetz, Band 9/1, §§ 327a-327f AktG WpÜG SpruchG, 2. Auflage, München 2004

*Larenz, Karl/Canaris, Claus-Wilhelm,* Methodenlehre der Rechtswissenschaft, 3. Auflage, Berlin 1995

*Liebscher, Thomas,* Konzernbildungskontrolle, Berlin 1995

*Liebscher, Thomas,* Ungeschriebenen Hauptversammlungszuständigkeiten im Lichte von Holzmüller, Macrotron und Gelatine, ZGR 2005, S. 1-33

*Lieder, Jan,* Zustimmungsvorbehalte des Aufsichtsrats nach neuer Rechtslage, DB 2251-2255

*Lutter, Marcus,* Zur Binnenstruktur des Konzerns, in: Festschrift für Harry Westermann, Karlsruhe 1974, S. 347-368

*Lutter, Marcus,* Organzuständigkeiten im Konzern, in: Festschrift für Walter Stimpel, Berlin 1985, S. 825-854

*Lutter, Marcus,* Zur Vorbereitung und Durchführung von Grundlagenbeschlüssen in Aktiengesellschaften, in: Festschrift für Hans-Joachim Fleck, ZGR-Sonderheft 7, Berlin 1988, S. 169-190

*Lutter, Marcus,* Unternehmensplanung und Aufsichtsrat, AG 1991, S. 249-255

*Lutter, Marcus/Drygala, Tim,* Rechtsfragen beim Gang an die Börse, in: Festschrift für Peter Raisch, Köln 1995, S. 239-253

*Lutter, Marcus,* Europäisches Unternehmensrecht, ZGR- Sonderheft 1, 4. Auflage, Berlin 1996

*Lutter, Marcus,* Gesellschaftsrecht und Kapitalmarkt, in: Festschrift für Wolfgang Zöllner, Band I, Berlin 1998, S. 363-383

*Lutter, Marcus/Leinekugel, Rolf,* Der Ermächtigungsbeschluss der Hauptversammlung zu grundlegenden Strukturmaßnahmen – zulässige Kompetenzübertragung oder unzulässige Selbstentmachtung?, ZIP 1998, S. 805-817

*Lutter, Marcus/Hommelhoff, Peter,* GmbH-Gesetz. Kommentar, 16. Auflage, Köln 2004

*Lutter, Marcus/Winter, Martin (Hrsg.),* Umwandlungsgesetz Kommentar, 3. Auflage, Köln 2004

*Martens, Klaus-Peter,* Die Entscheidungsautonomie des Vorstands und die „Basisdemokratie" in der Aktiengesellschaft, ZHR 147 (1983), S. 377-428

*Mayson, Stephen W./French, Derek/Ryan, Christopher, L.,* Company Law, 20. Auflage, New York 2003

*Mecke, Thomas,* Konzernstruktur und Aktionärsentscheid, Baden-Baden 1992

*Mertens, Hans-Joachim,* Politisches Programm in der Satzung der Aktiengesellschaft, NJW 1970, S. 1718-1724

*Mertens, Hans-Joachim,* Unternehmensgegenstand und Mitgliedschaftsrecht, AG 1978, S. 309-313

*Mertens, Hans-Joachim,* Der Aktionär als Wahrer des Rechts? Aktuelle Probleme der Durchsetzung von Aktionärsrechten, AG 1990, S. 49-55

*Mertens, Hans-Joachim,* Satzungs- und Organisationsautonomie im Aktien- und Konzernrecht, ZGR 1994, S. 426-441

*Morse, Geofrey (Hrsg.),* Palmer's Company Law, 25. Auflage, London 1992, Loseblatt, Stand: 100. Lieferung April 2005

*Morse, Geofrey,* Palmer's Limited Liability Partnership Law, London 2002

*Mülbert, Peter O.,* Aktiengesellschaft, Unternehmensgruppe und Kapitalmarkt: die Aktionärsrechte bei Beteiligung und Umbildung einer Unternehmensgruppe zwischen Verbands- und Anlegerschutz, 2. Auflage, München 1996

*Mülbert, Peter O.,* Die Zielgesellschaft im Vorschlag 1997 einer Takeover-Richtlinie – zwei folgenreiche Eingriffe ins deutsche Aktienrecht, IStR 1999, S. 83-94

*Mülbert, Peter O.,* Rechtsprobleme des Delisting, ZHR 165 (2001), S. 104-140

*Mülbert, Peter O.,* Umsetzungsfragen der Übernahmerichtlinie – erheblicher Änderungsbedarf bei den heutigen Vorschriften des WpÜG, NZG 2004, S. 633-642

*Müller, Welf/Rödder, Thomas(Hrsg.),* Beck'sches Handbuch der AG, München 2004

*Münchener Handbuch des Gesellschaftsrechts: Band 4: Aktiengesellschaft,* hrsg. von Michael Hoffmann-Becking, 2. Auflage, München 1999

*Münchener Kommentar zum Aktiengesetz,* hrsg. von Bruno Kropff, Johannes Semler, 2. Auflage, München 2000ff.

*Neye, Hans-Werner,* Der Regierungsentwurf zur Reform des Umwandlungsrecht, ZIP 1994, S. 165-169

*Obermüller, Walter/Werner, Winfried/Winden, Kurt/Butzke, Volker,* Die Hauptversammlung der Aktiengesellschaft, 4. Auflage, Stuttgart 2001

*Obst, Jean Stephan,* Der Schutz des Kleinaktionärs im börsennotierten Konzern: eine Grundsatzkritik der Holzmüller-Doktrin, Frankfurt am Main 2004

*Palmer's Company Law,* hrsg. von Geoffrey Morse, 25. Auflage, London 1992, Loseblatt, Stand: 100. Lieferung April 2005

*Peltzer, Martin,* Die Vertretung der Aktionäre in Hauptversammlungen von Publikumsgesellschaften, AG 1996, S. 26-32

*Pennington, Robert R.,* Company Law, 5.Auflage, London 1985

*Pettet, Ben G.,* Company Law, Longman 2001

*Pluskat, Sorika,* Going Privat durch reguläres Delisting, WM 2002, S. 833-839

*Prentice, Dan D.*, Some comments on the law relating to corporate groups, in: McCahery, Joseph, u.a. (Hrsg.), Corporate Control and Accountability, Oxford 1993, S. 371-374

*Prentice, Dan D.*, Das Recht der Gesellschaftsgruppe in Großbritannien, in: Lutter, Marcus (Hrsg.), Konzernrecht im Ausland, ZGR-Sonderheft 11, Berlin 1994, S. 93-114

*Prinz, Udo,* Umstrukturierung durch Schemes of Arrangement mit Gesellschaftern im englischen Recht – ein Vorbild?, Frankfurt am Main 2004

*Procaccia, Uriel,* The Corporate Code as a Standard Form Contract: General Theoretical Remarks and Implications for German Law, ZGR 1990, S. 169-202

*Rabinowitz, Laurence/Dick, J.O./Lasok, Paul/Underhill, William (Hrsg.),* Weinberg and Blank on Takeovers and Mergers, 5. Auflage, London 1989, Loseblatt, Stand: 31. Lieferung Januar 2005

*Raiser, Thomas,* Recht der Kapitalgesellschaften, 3. Auflage, München 2001

*Rajak, Harry,* Die Gestaltungsfreiheit im Gesellschaftsrecht im Vereinigten Königreich, in: Lutter, Marcus/Herbert Wiedemann (Hrsg.), Gestaltungsfreiheit im Gesellschaftsrecht, ZGR Sonderheft 13, Berlin 1998, S. 187-214

*Rehbinder, Eckard,* Ausgründung und Erwerb von Tochtergesellschaften und Recht der Aktionäre, in: Festschrift für Helmut Coing, Band II, München 1982, S. 423-439

*Rehbinder, Eckard,* Zum konzernrechtlichen Schutz der Aktionäre eine Obergesellschaft – Besprechung der Entscheidung BGHZ 83, 122 „Holzmüller“, ZGR 1983, S. 92-108

*Reichert, Jochem,* Die Ausstrahlungswirkung der Ausgliederungsvoraussetzungen nach UmwG, in: Habersack, Mathias/Koch, Ulrich/Winter, Martin (Hrsg.), Die Spaltung im neuen Umwandlungsrecht und ihre Rechtsfolgen, Heidelberg 1999, S. 24-76

*Reichert, Jochem,* Börseneinführung von Tochtergesellschaften, ZHR 165 (2001), S. 513-549

*Reichert, Jochem,* Mitwirkungsrecht und Rechtsschutz der Aktionäre nach Macrotron und Gelatine, AG 2005, S. 150-160

*Renner, Wolfgang,* Holzmüller-Kompetenz der Hauptversammlung beim Erwerb einer Unternehmensbeteiligung, NZG 2002, S. 1091-1094

*Rheinstein, Max/von Borries, Reimer,* Einführung in die Rechtsvergleichung, 2. Auflage, München 1987

*Schieber, Dietmar,* Die dezentrale Hauptversammlung, Wiesbaden 2001

*Schieber, Dietmar,* Auswirkungen des Interneteinsatzes auf die Präsenz bei Hauptversammlungen, in: Dirk Zetsche (Hrsg.), Die virtuelle Hauptversammlung, Berlin 2002

*Schmidt, Christoph,* Das umwandlungsrechtliche Unbedenklichkeitsverfahren und die Reversibilität registrierter Verschmelzungsbeschlüsse, ZGR 1997, S. 493-521

*Schmidt, Karsten,* Gesellschaftsrecht, 4. Auflage, München 2002

*Schmidt, Karsten,* Macrotron oder: weitere Ausdifferenzierung des Aktionärsschutzes durch den BGH, NZG 2003, S. 601-606

*Schneider, Uwe H./Burgard, Ulrich,* Maßnahmen zur Verbesserung der Präsenz auf der Hauptversammlung, in: Festschrift für Karl Beusch, Berlin 1993, S. 783-803

*Schwark, Eberhard/Geiser, Frank,* Delisting, ZHR 161 (1997), S. 739-773

*Seibt, Christoph H./Heiser, Kristian J.,* Analyse der EU-Übernahmerichtlinie und Hinweise für eine Reform des deutschen Übernahmerechts, ZGR 2005, S. 200-251

*Semler, Johannes,* Einschränkung der Verwaltungsbefugnis der Aktiengesellschaft, BB 1983, S. 1566-1573

*Semler, Johannes,* Die Unternehmensplanung in der Aktiengesellschaft, ZGR 1983, S. 1-33

*Semler, Johannes,* Geschäfte einer Aktiengesellschaft mit Mitgliedern ihres Vorstands, in: Festschrift für Heinz Rowedder, München 1994, S. 441-457

*Semler, Johannes,* Leitung und Überwachung der Aktiengesellschaft, 2. Auflage, Köln 1996

*Semler, Johannes/Stengel, Arndt,* Umwandlungsgesetz, München 2003

*Semler, Johannes/Volhard, Rüdiger,* Arbeitshandbuch für die Hauptversammlung, 2. Auflage, München 2003

*Seydel, Eberhard,* Konzernbildungskontrolle bei der Aktiengesellschaft, Baden-Baden 1995

*Simon, Stefan,* Von „Holzmüller“ zu „Gelatine“ – Ungeschriebene Hauptversammlungszuständigkeiten im Lichte der BGH-Rechtsprechung, DStR 2004, S. 1482-1486 (Teil I), 1528-1530 (Teil II)

*Sonnenschein, Jürgen,* Organschaft und Konzerngesellschaft: unter Berücksichtigung des Wettbewerbsrechtes und des Mitbestimmungsrechts, 1.Aufl., Baden-Baden 1976

*Steinmeyer, Roland/Häger, Michael,* WpÜG Kommentar zum Wertpapiererwerbs- und Übernahmegesetz mit Erläuterungen zum Minderheitenausschluss nach §§ 327a ff. AktG, Berlin 2002

*Streit, Georg,* Delisting Light – Die Problematik der Vereinfachung des freiwilligen Rückzugs von der Frankfurter Wertpapierbörse, ZIP 2002, S. 1279-1289

*Sünner, Eckart,* Effizienz von Unternehmensorganen als Grundsatz der Corporate Governance, AG 2000, S. 492-498

*Thoma, Katrin,* Eigengeschäfte des Vorstands mit der Aktiengesellschaft, Eine rechtsvergleichende Untersuchung zum englischen, U.S.-amerikanischen und deutschem Recht, Frankfurt am Main 2003

*Tieves, Johannes,* Der Unternehmensgegenstand der Kapitalgesellschaft, Köln 1998

*Timm, Wolfram,* Hauptversammlungskompetenzen und Aktionärsrecht in der Konzernspitze, AG 1980, S. 172-187

*Timm, Wolfram,* Die Aktiengesellschaft als Konzernspitze, Köln 1980

*Timm, Wolfram,* Zur Sachkontrolle von Mehrheitsentscheidungen im Kapitalgesellschaftsrecht, ZGR 1987, S.403-442

*Timm, Wolfram,* Minderheitenschutz und unternehmerische Entscheidungsfreiheit im Mutterunternehmen, ZHR 153 (1989) S. 60-72

*Timm, Wolfram,* Anmerkung zum Urteil des OLG Köln v. 24.11.1922 – 22 U 72/92, ZIP 1993, S. 114-118

*Trapp, Christoph/Schick, Werner,* Die Rechtsstellung des Aktionärs der Obergesellschaft beim Börsengang von Tochtergesellschaften, AG 2001, S. 381-391

*Triebel, Volker/Hodgson, Stephen/Kellenter, Wolfgang/Müller, Georg,* Englisches Handels- und Wirtschaftsrecht, 2. Auflage, Heidelberg 1995

*Ulmer, Peter,* Ungeschriebene Mitwirkungsbefugnisse der Hauptversammlung? Eine Buchbesprechung, AG S. 15-16

*Veil, Rüdiger,* Aktuelle Probleme im Ausgliederungsrecht, ZIP 1998, S. 361-369

*Vollmer, Lothar/Grupp, Alexander,* Der Schutz der Aktionäre beim Börseneintritt und Börsenaustritt, ZGR 1995, S. 459-480

*von Gumpert, Tilman,* Rechtsfolgen der Überschreitung des Unternehmensgegenstandes im Gemeinschaftsprivatrecht, Baden-Baden 2002

*Wagner, Jens,* Beteiligungserwerb ohne „Holzmüller-Hauptversammlung", DStR 2004, S. 141-146

*Wahlers, Henning,* Konzernbildungskontrolle durch die Hauptversammlung der Konzernobergesellschaft, Köln 1995

*Weinberg and Blank on Takeovers and Mergers,* hrsg. von Laurence Rabinowitz, J.O. Dick, Paul Lasok, William Underhill, 5. Auflage, London 1989, Loseblatt, Stand: 31. Lieferung Januar 2005

*Werner, Winfried,* Zuständigkeitsverlagerung durch Richterrecht? Besprechung der Entscheidung BGHZ 83, S. 122ff., ZHR 147 (1983), S. 429-453

*Westermann, Harm Peter,* Organzuständigkeiten bei Bildung, Erweiterung und Umorganisation des Konzerns, ZGR 1984, S. 352-382

*Westermann, Harm Peter,* Die Zweckmäßigkeit der Verschmelzung als Gegenstand des Verschmelzungsberichts, der Aktionärsentscheidung und der Anfechtungsklage, in: Festschrift für Johannes Semler, Berlin 1993, S. 651-670

*Widmann, Siegfried/Mayer, Dieter (Hrsg.),* Kommentar zum Umwandlungsrecht, Band 7, Bonn Loseblattsammlung, Stand: 71. Lieferung September 2003

*Wiedemann, Herbert,* Grundfragen der Unternehmensverfassung, ZGR 1975, S. 385-432

*Wiedemann, Herbert,* Gesellschaftsrecht I, München 1980

*Wiedemann, Herbert,* Die Unternehmensgruppe im Privatrecht, Tübingen 1988

*Wiedemann, Herbert,* Erfahrungen mit der Gestaltungsfreiheit im Gesellschafsrecht, in: Marcus Lutter/Herbert Wiedemann (Hrsg.), Gestaltungsfreiheit in Europa, ZGR-Sonderheft 13, Berlin 1998, S. 5-31

*Winter, Martin/Harbarth, Stephan,* Verhaltenspflichten von Vorstand und Aufsichtsrat der Zielgesellschaft bei feindlichen Übernahmeangeboten nach dem WpÜG, ZIP 2002, S. 1-18

*Wollburg, Ralph/Gehling, Christian,* Umgestaltung des Konzerns – Wer entscheidet über die Veräußerung von Beteiligungen einer Aktiengesellschaft, in: Festschrift für Ottfried Lieberknecht, München 1997, S. 133-161

*Wooldridge, Frank,* Aspects of the Regulation of Groups of Companies in European Laws, in: Druey, Robert, u.a. (Hrsg.), European Company Laws, Aldershot, 1991, S. 103-125

*Zech, Alexandra,* Verhaltenspflichten des Vorstands der Zielgesellschaft in Bezug auf Abwehrmaßnahmen nach dem Wertpapiererwerbs- und Übernahmegesetz (WpÜG), Münster 2003

*Zimmermann, Klaus/Pentz, Andreas,* „Holzmüller" – Ansatzpunkt, Klagefristen, Klageantrag, in: Festschrift für Welf Müller, München 2001

*Zinser, Alexander,* Übernahmeangebote (takeover bids) im englischen und deutschen Recht, Frankfurt am Main 2000

*Zöllner Wolfgang (Hrsg.),* Kölner Kommentar zum Aktiengesetz, Band 1, §§ 1-147, 1. Auflage, Köln 1970ff

*Zöllner, Wolfgang (Hrsg.),* Kölner Kommentar zum Aktiengesetz, Band 2, 1. Lieferung, §§ 76-94 , 2. Auflage, Köln 1989

*Zöllner, Wolfgang (Hrsg.),* Kölner Kommentar zum Aktiengesetz, Band 5/3, §§262-290, 2. Auflage, Köln 2004

*Zschocke,Christian,* Europapolitische Mission: Das neue Wertpapiererwerbs- und Übernahmegesetz, DB 2002, S. 79-85

*Zweigert, Konrad/Kötz, Hein,* Einführung in die Rechtsvergleichung auf dem Gebiete des Privatrechts, 3. Auflage, Tübingen 1996

FSC
www.fsc.org
MIX
Papier | Fördert gute Waldnutzung
FSC® C083411

Kolibri 360 GmbH
Ferdinand-Jühlke-Straße 7
99095 Erfurt, Deutschland
produktsicherheit@kolibri360.de

Druck:
CPI Druckdienstleistungen GmbH
im Auftrag der
Kolibri 360 GmbH
Ferdinand-Jühlke-Str. 7
99095 Erfurt